成功家教丛书

杜希福 主编

花开有声

如何让孩子快乐成长

东方 李青 等 编著

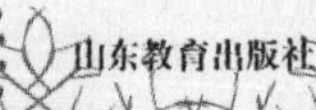

山东教育出版社

图书在版编目(CIP)数据

花开有声——如何让孩子快乐成长/东方等编著. —济南:
山东教育出版社,2011
(成功家教丛书/杜希福主编)
ISBN 978－7－5328－6811－7

Ⅰ.①花… Ⅱ.①东… Ⅲ.①家庭教育—研究 Ⅳ.①G78

中国版本图书馆 CIP 数据核字(2011)第 039342 号

成功家教丛书
杜希福 主编
花开有声
——如何让孩子快乐成长
东 方 李 青 等编著

主 管:山东出版集团
出 版 者:山东教育出版社
(济南市纬一路 321 号 邮编:250001)
电 话:(0531)82092663 传真:(0531)82092661
网 址:http://www.sjs.com.cn
发 行 者:山东教育出版社
印 刷:山东临沂新华印刷物流集团有限责任公司
版 次:2011 年 6 月第 1 版第 1 次印刷
规 格:787mm×1092mm 16 开本
印 张:20 印张
字 数:240 千字
书 号:ISBN 978－7－5328－6811－7
定 价:29.80 元

(如印装质量有问题,请与印刷厂联系调换)
(电话:0539—2925659)

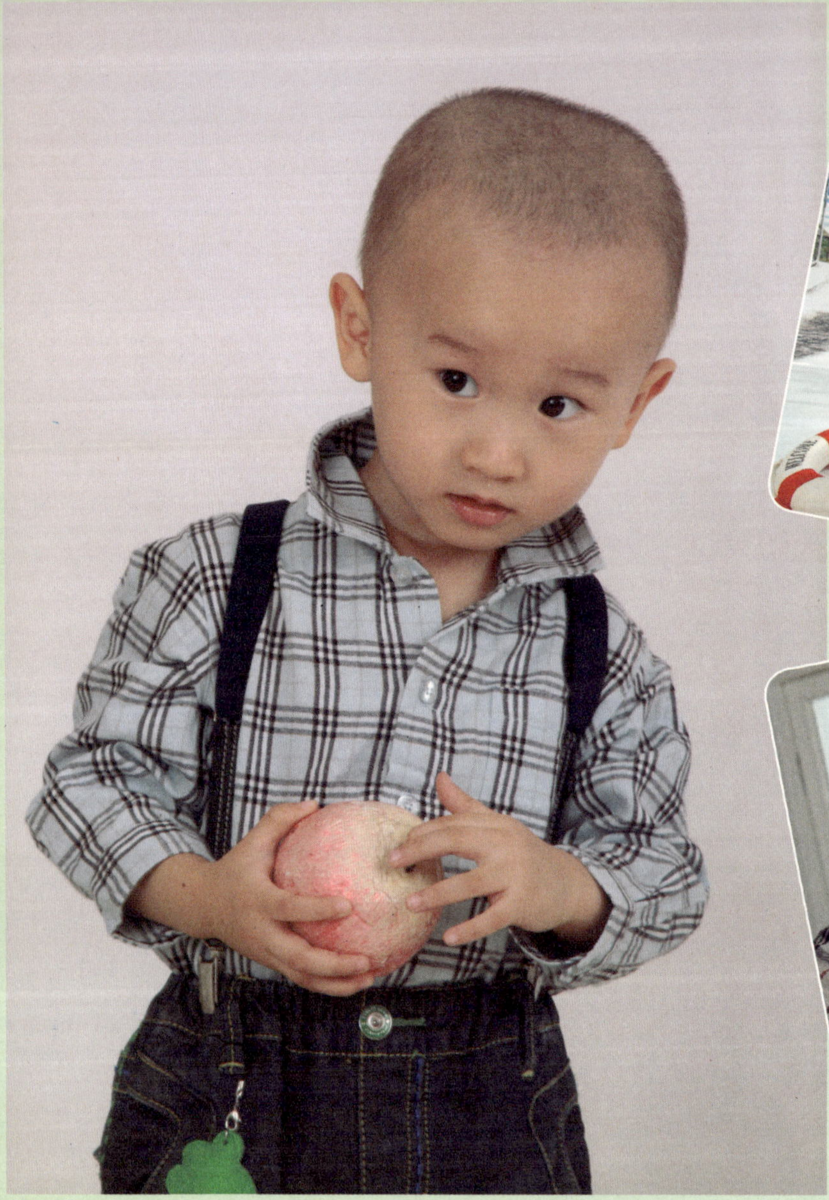

出版说明

“家庭是孩子的第一所学校。”“父母是孩子的第一任老师。”“好父母胜过好老师。”如今，这些教育名言已成为家长们的共识。因为成功的家庭教育是孩子走向成功的基础，所以，天下父母都想为孩子打牢这个基础，都希望孩子在人生道路上快乐前进，走向成功。

而在现实生活中，绝大多数的父母并不是教师。那么，怎样才能成为胜过“好老师”的“好父母”呢？怎样才能成为合格的“第一任老师”？怎样才能真正担当起孩子家庭教育的重任呢？

学习，父母需要学习。学习最先进的教育理念，学习一些教育学、心理学知识，学习教育孩子的方法和技巧，学习他人教育子女的成功经验。

罗丹说过，我们生活中不是缺少天才，而是我们的教育中缺少发现和认识天才的能力。

每个孩子都是潜在的天才，孩子身上都蕴藏着巨大的、不可估量的潜力，只要教育得法，看似普通的孩子，也能做出非凡的成就。

心理学的研究发现，0～13岁是人一生中大脑发育最迅速的时期，是记忆力最佳时期，是一生中最可塑的阶段，也是奠定人的智能和性格的重要阶段。这个阶段，特别是学龄前，孩子与家长相处的时间最长，所以，家庭教育对孩子的成长与成才起着关键作用。父母不仅要爱孩子，还要用最适合的方法教育孩子。反之，错误的教育方法则会贻误孩子一生。适合的教育方法是最好的。用适合的方法教育自己的孩子，才是父母对孩子真正的爱，才能教出成功的孩子，才能成就孩子辉煌的一生。

所以说，教育孩子，方法最重要。

比如，很多孩子都喜欢“搞破坏”，父母应该怎样对待孩子的这种行为？如果父母见孩子“破坏”东西，不问青红皂白就是一巴掌，这一巴掌很可能把一个天才打成一个蠢才。如果对孩子的这种行为加以分析、引导、指导、教育、启发、鼓励，很可能培养出一个爱迪生或爱因斯坦。

比知识重要的是能力，比能力重要的是兴趣；好成绩不如好心态，好心态才有好未来。

在教育孩子时，父母应该树立这样的理念：父母给孩子的不能只是富裕的生活，或是英俊的外貌，最重要的是给孩子一个成功、快乐、幸福的人生。

其实，天下所有的父母都期望孩子有一个成功、快乐、幸福的人生。那么，怎样才能使期望变成现实呢？

请读一读《成功家教丛书》吧，您能从中找到答案。

本《丛书》得以出版除主编和作者的辛勤劳动外，还得到了常淑敏、刘庆芳、刘士祥、方圆、齐敦贤、吴若瑜、钱玉、孔令柱等专家的指导，以及快乐教育网、儿童发展教育研究中心、库金会超常教育（学校）研究所等机构的支持和帮助。在此表示真诚的感谢！

总　序

杜希福

许多家长都上过大学，在大学里学着不同的专业，以适应社会上不同的工作。但有一种几乎人人都要从事的工作，却没有相应的专业去对应，这就是如何做父母。

而孩子的教育又是那么敏感！伟大的儿童教育家洛克在《教育漫话》一书中说："教育上的错误比别的错误更不可轻犯。教育上的错误和错配了的药一样，第一次弄错了，决不能借第二次、第三次去补救，它的影响是终身洗刷不掉的。"

如何教育孩子，成为年轻父母及至整个家庭的首要问题。

没有办法，必须学习！

个人认为，根据事前、事中、事后来分，家长对家庭教育知识的学习可以分为三种时态，以对 3～6 岁幼儿教育的知识为例：

一是前导性学习。即在孩子 3 岁以前，家长就要系统地了解孩子 3～6 岁发展进程，并知道在不同的时期，孩子会有怎样的发展和怎样的需求。有了这些知识做基础，家长就可以优雅地欣赏孩子的发展，并在关键的时候帮孩子一把。

二是适时性学习。即孩子已经进入幼儿时期，他们的成长给家长提出了许多新问题。家长一边学习，一边指导孩子，尽管有点儿手忙脚乱，但总体上能赶得上孩子的发展。适时性的学习也有风险，当孩子稍稍度过了你所刚刚了解的发展时期，就可能耽误一点儿。

三是弥补性学习。即孩子已经进入小学，发生的问题却是幼儿时期的欠账，解决问题还得从幼儿时孩子发展的原因找起。为此，家长不得不再去了解孩子幼儿时期发展的心理特征，根据当时的发展缺陷来制定补救方案。

显而易见，家长最好参与前导性学习，这对于掌握孩子成长规律、系统把握家庭教育的阶段性工作是十分重要的。尽量不要用弥补性培训去解决已经存在的问题，那样，事倍功半就在所难免，出力不讨好、出力不管用也是非常可能的。

就学习的途径来说，可以分为向父母学习、向同伴学习、向老师学习和向书本学习几种情况。

向父母学习，是多数人的天性。一旦孩子有问题，我们都会想父母当年是怎样教育我们的。

向同伴学习，就是看别人怎样教育孩子，然后引入自己的家庭教育。

向老师学习，因为幼儿园和学校是有组织的教育机构，教师应该是教育的专业工作者，对于家庭教育具有特别的指导作用。家长应该与老师保持良好的关系，经常听听老师的意见。

向父母学习无可厚非，但今天孩子的成长环境与我们可不一样。向同伴学习可以弥补前者，但视野不够宽阔；大多数老师可以成为我们的老师，但个别老师的教育行为也值得商榷。

对于有作为的家长来说，向书本学习是必不可少的。因为书本里有专家对孩子成长规律的描述，有教育孩子应该遵循的基本规则，这些都具有较为普遍的指导性；书本里也有许多成功家教的经验，通过对成功事件的分析，从中找出影响成功的决定性因素，这对于我们都具有一定的借鉴意义。

本《丛书》的作者们通过长时间的努力，分四个专题介绍了家庭教育的知识和方法，提供了若干成功家教的实践案例，愿它能为您的家庭教育提供帮助。让我们的孩子健康成长，是我们共同的心愿！无论这个孩子是我的、您的，还是他的，他们都是中华民族的子孙！

第一章 如何孕育健康快乐聪明的宝宝

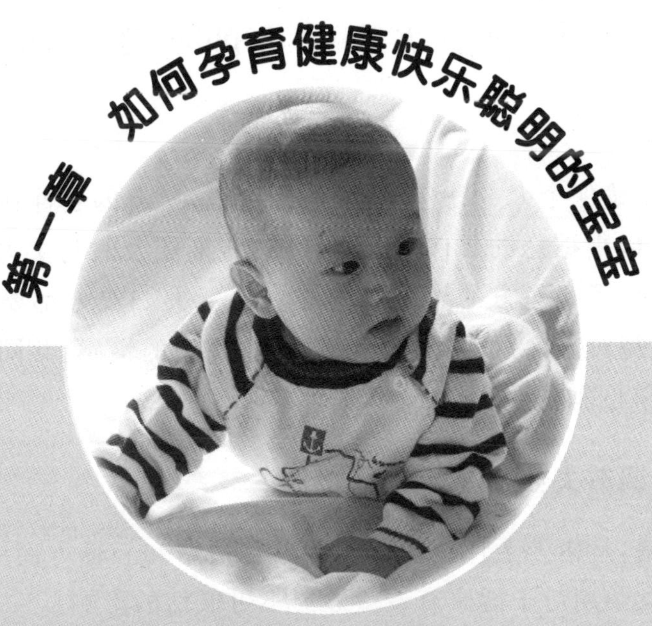

◎ 怀孕前夫妻双方的心理准备

◎ 妻子应为怀孕所做的准备

◎ 丈夫应为生健康聪明的宝宝做哪些准备

◎ 怀孕前必须调离的工作岗位

◎ 优孕——制造最佳受精卵

怀孕前夫妻双方的心理准备

为了确保个人、家庭与孩子永远幸福，所有的女性在计划要孩子之前，可以根据您的具体情况与环境，定期或及时与丈夫进行必要的情感交流，了解对方的思想与内心状态。夫妇双方都要尽可能帮助对方，支持对方，为了共同的目标，建立真正的情感，共同参与怀孕前的情感和心理准备。

1. 调节夫妇孕前的心绪

心绪，是指妻子怀孕前夫妇双方在情绪和心境方面所持的状态。它对妇女孕期母子健康有着微妙但不可低估的影响。

情绪，是人的心理活动的表现。从性质上说，它可以分为积极的、消极的或不确定的三种状态。这三种状态的形成，与一个人的期望值和实现值之间所表现的关系有着密切联系。比如，有一对夫妇，希望很快地顺利怀孕，但由于某种原因未能如愿，就有可能导致消极的或不确定的情绪状态的产生；相反，如果这对夫妇持坦荡、乐观的态度，即使没有及时妊娠，也仍然会保持积极的情绪状态。

心境，是指人的一切体验和活动都染上情绪色彩的一种持续时间较长的状态。它有暂时的和稳定的两种表现形式。夫妇之间，彼此的心境有强烈的感染性。它的形成，同社会、家庭、生活、工作和健康等因素有关。

善于协调上述各种因素，特别是善于处理上述因素导致的夫妇间的矛盾，就成为保持良好的孕前心绪的前提。

2. 创造和谐的孕前心理环境

对于打算怀孕的夫妇来说，心理环境的内容十分丰富，包括夫妻

彼此在气质上的互补和性格上的协调等等；心理环境的变化也常比较大，这大多与爱情的深化所导致的对彼此了解的加深有关。因此，一般说来，这为创造和谐的孕前心理环境提供了有利条件。

和谐的孕前心理环境有这样几个鲜明的特征：

① 夫妻善于主动调节相互之间的心理平衡。当一方由于气质上的或性格上的原因失去正常的心理状态时，另一方善于引导对方摆脱困境。

② 善于安排适宜的生活节律，以消除某种容易产生的心理失调。

③ 彼此都善于在特定情况下，加大自身处理与对方关系中的“容忍度”。平常尚可能要进行适当争论的非原则性问题，这时可先容忍下来，留待以后的适当时机解决，也可借其他方法使之自然消化。

3. 喜庆妊娠“节日”

夫妇之间，如果能够有意识地进行迎接妊娠的情感建设，无疑是一种生育智慧。

以迎接节日一样的心境迎接妊娠，可以看做是建立优生心理的开始。它将对未来一代的身心健康产生深远的影响。

不要向周围的亲友掩饰符合计划生育原则的妊娠愿望，经常有幸接受与妊娠有关的良好祝愿和关切，将有助于烘托这种“节日”般的气氛，对改善妊娠心理也很有益处。

夫妇不妨双双安排一点儿带有纪念意味的举动。譬如在准备妊娠的时候合影留念，也可以更浪漫一点儿，夫妇分别执笔给未来的小宝宝写一封欢迎的信函并各自珍藏，并相约在适当时机展示，等等。这样做，不只具有优化妊娠心理方面的作用，还将对孕妇顺利度过妊娠中的生理适应过程有明显的“支柱”作用。

4. 妊娠在爱情生活中的理想位置

妊娠，应有助于爱情伦理维系的完美，应该是巩固爱情的纽带，而不应该是弱化夫妇情感的“导火线”。

对于妊娠的期望，无论夫妇哪一方都应给予充分重视，但它毕竟不是爱情生活的全部目的和全部意义。

优生，并不意味着生育目的优于爱情生活的其他一切方面的意义。有一些夫妇虽然未能达到适时妊娠的愿望，甚至终生未能妊娠，仍能和谐相处，生活幸福；有些夫妇却由于一时未能妊娠而各奔东西。后者原因复杂，未必完全没有道理。但是，其中也确有一些本来感情基础尚好，也并非没有生育希望的夫妇，只是由于一时未能摆正妊娠在爱情生活中的位置，而造成婚姻破裂，并导致对人生道路采取消极态度，这是很不值得的。

生育，从家庭伦理角度来看，是一种爱的传递，它是以夫妇情感的发展为基础的。从期待妊娠到实现生育目的的过程，应该是发展夫妇挚爱，并从而进一步激发对生活的热爱的过程。把握了这一点，同时也就获得了平衡妊娠心理的强有力的支点，因此，可以说，这是搞好孕前心理准备的关键。

妻子应为怀孕所做的准备

1. 心理准备

不论你是正在盼望着怀孕，还是你对此抱有随遇而安的想法，或是对可能发生的事情感到困惑、担忧、恐惧，甚至在你还没来得及做任何基本准备时已经怀孕，一旦怀孕成为事实，就要愉快地接受它。要知道，怀孕、分娩不是疾病，而是一个正常的生理过程，天下绝大多数女性都经历了或正在经历或将要经历这个阶段。以一种平和、自然的心境迎接怀孕和分娩的到来，以愉快、积极的态度对待孕期所发

生的变化，坚信自己能够孕育一个代表未来的小生命，完成将他平安带到这个世界上的使命，就是妻子需要做的心理准备。

从女子到妻子，从结婚到怀孕，从分娩到做母亲，所有的变化都是人生经历的自然过程与阶段。因此，无论是新婚的年轻夫妻，还是结婚数载的老夫妻，都要以自然与平和的心理，接受这些自然的事实与过程。人们在评价女人时常常这样说：一个女性只有经历了恋爱、婚姻、怀孕、分娩、做母亲这一过程，才算是拥有了一个完整的人生，才称得上完整而成熟的女性。

只有快乐的母亲才能生出快乐健康聪明的孩子。科学研究人员发现，怀孕前强烈希望有孩子的母亲，分娩时就对孩子有一种挚爱的感情。随着孩子的生长，在与孩子的不断交流和心理沟通中，对孩子的爱也随之不断加深。而那些将怀孕视为意外，对此持消极态度的母亲，在孩子出生 3 个月时仍没感觉到孩子的可爱，以后随着时间的推移，与孩子接触的不断增多，母爱才逐渐产生和加强。但和那些从孩子一出生就有强烈感情的母亲相比，其母爱的强度仍有巨大差异。这种差异产生的原因，就是母亲孕前对胎儿的态度不同。这两种不同的态度，不仅导致对婴儿关爱程度的不同，对胎儿也有影响。

怀孕前希望有孩子的母亲，怀孕时会非常高兴，积极期待孩子的出世。在孕期，她们的情绪是安定的，对怀孕采取的态度是认真的，能积极做好孕期保健和产时配合。在这样的情况下，胎儿就能健康发育，分娩才会顺利。而未做好心理准备的母亲，其怀孕期间的情绪是消极的，不稳定的。这种消极情绪能激起植物神经系统的活动异常，同时引起内分泌变化。由内分泌变化产生的生物活性物质经血流通过胎盘、脐带进入胎儿体内，从而对胎儿产生负面影响。而且，由于对产时保健做得不好和产时相对缺乏足够的配合，往往对分娩造成障碍。

可见，怀孕前应培养热爱孩子，对生孩子持积极的情感，在心理上做好准备。这样才能使孕妇在孕期保持良好心理状况，克服因妊娠产生的生理上的不适，保证胎儿的健康。母子感情也才能及早建立，婴儿才能得到最大限度的关爱，使母乳喂养得到有力保障，使婴儿更健康地成长。

2. 接种疫苗

妇女在怀孕前要打预防针，似乎是一件挺新鲜的事。育龄妇女在怀孕前为什么要打预防针呢？其目的是保证胎儿正常发育，减少病残儿出生。就拿先天性心脏病来说，这是一种严重的先天畸形，给小儿的发育带来极大的危害，也会给家庭带来沉重的精神压力和经济负担。有什么办法可以预防，使胎儿不得先天性心脏病呢？办法就是接种风疹疫苗。先天性心脏病的发生虽然有多种因素，但风疹病毒的感染是致发先天性心脏病的主要因素。

据有关研究，妇女在怀孕一个月内若感染风疹，胎儿先心病发生率达60%以上；妇女若在怀孕第二个月内感染风疹，胎儿先心病发生率为33%；妇女若在怀孕第三个月内感染风疹，胎儿先心病发生率达5%～7%。风疹病毒导致的胎儿先天疾患，除心脏病外，还有先天性眼病、血小板减少性紫癜、肝脾肿大、耳聋、痴呆等。最可怕的是，有三分之二的风疹是隐性感染，也就是说，虽然已经感染了风疹病毒，孕妇没有任何症状，胎儿却已受到了严重损害。接种风疹疫苗，可有效地阻止风疹病毒感染，从而保护胎儿不受侵害。风疹疫苗应在怀孕前三个月接种。

此外，孕前还应接种流感疫苗、乙肝疫苗。因为流感和乙肝都是病毒感染，可使胎儿致畸。乙肝病毒还可通过胎盘屏障，直接感染胎儿，使胎儿一出生就成为乙肝病毒携带者。因此，在准备孕育宝宝之前，未来的妈妈莫忘了接种这些疫苗。

3. 戒烟

吸烟的妇女生育能力较低

吸烟有害健康是众所周知，吸烟对生育能力也有影响，恐怕有很多人不知道。相关研究显示，吸烟对生育危害巨大，孕妇吸烟会导致胎儿畸形和流产。所以，准备怀孕或者怀孕期一定要戒烟。

大量的研究资料表明：吸烟有损女性生育能力。与非吸烟妇女比较，吸烟妇女不孕症发生率较高，生育力较低，怀孕时间延迟。

吸烟妇女绝经期比非吸烟妇女提前1～4年，并呈剂量依赖性，表明吸烟会加速卵泡损耗。香烟烟雾中的化学成分能加速卵泡损耗，甚至失去生育能力。

吸烟会诱导基因突变

卵子形成及发育很容易受到烟草的损伤。烟草烟会损伤人的生殖细胞染色体及DNA。从而诱导产生突变。DNA损伤是吸烟损害生殖功能的基础，如增加流产，加快绝经的出现以及降低生育能力。

吸烟会引发流产

吸烟会增加自然及辅助周期妊娠的自然流产率。吸烟导致流产的机制尚不完全清楚。此外，烟草中有些成分如尼古丁、一氧化碳及氰化物等，可能导致胎盘功能不全，胚胎或胎儿生长迟缓以及死亡。

母亲吸烟影响后代

母亲吸烟会影响男性后代精子数量。母亲每天吸烟多于10支，儿子精子密度低于母亲不吸烟的男性。

4. 戒酒

西班牙马德里大学的科学研究发现，如果排除遗传因素，怀孕期间喝酒是造成胎儿智力不健全的主要原因，而戒酒是预防弱智的唯一途径。

科学家认为，妇女都了解在怀孕期间吸烟对胎儿的危害性，但并不十分了解在怀孕期间喝酒对胎儿的危害比吸烟还要大。在怀胎期间喝酒，可以说是“一大悲剧”。据美国医学界统计，500名新生儿中就有1名因母亲在怀孕期间喝酒而引起智力不健全。

为此，马德里大学的科学家不仅劝告孕妇戒酒，而且要求医生们不要对孕妇宣传少量饮酒的好处。曾有些妇科大夫认为，少量饮酒不但无害，而且有益，这些大夫的失误之处在于他们把喝少量的酒，尤其是红葡萄酒对心血管健康有好处同孕妇喝酒对胎儿发育的影响相混淆了。“母亲是保育箱”，不管她喝多少酒，都会降低胎儿的智商。为此，孕妇应不吸烟，不喝酒。

科学家强调，为了维护胎儿的健康，孕妇应从放弃避孕措施的时刻起就不要喝酒了，因为很多孕妇在怀孕七八周之后才知道自己发生了什么变化。胎儿所有器官在怀孕8周之内发育成形，弱智和外表先天性畸形最容易在这一时期发生。

5. 远离不利于怀孕的环境

怀孕前和怀孕期间都要远离那些有化学毒物、重金属污染的环境。家庭不要装修，不要在近几年新装修过的房子里生活和工作。这些有害物质可能会造成宝宝畸形或流产、早产等。尽量减少接触计算机的时间和机会。接触计算机是否会增加畸形的发生，目前尚无定论。不过，整个孕期每天较长时间地同计算机打交道，对孕妇来说不是特别合适。

6. 不接触宠物

许多宠物身上生存着一些更微小的小动物，比如弓形虫等。这些小虫子有可能使人感染一些疾病，如果感染发生在孕期，则有使宝宝神经系统受损害的危险，宝宝可能出现脑积水、无脑儿或视网膜异常等。因此，在准备怀孕一年前，一定要把宠物处理掉。也不要接触邻居和亲戚家的宠物。如果养着小宠物时不幸意外怀孕，建议终止妊娠。

7. 保持正常体重

如果妻子的体重超常（偏瘦或偏胖），同样会使怀孕的机会大大

降低。体重需要尽早开始调整。

在孕前准备工作中，妻子要在计划受孕前的6个月内保持与身高相称的正常体重。如果本人是严重的超重或体重过轻的话，要制订周密的计划，设法达到正常体重，待正常体重维持6个月以上，再按计划怀孕。

对于体重超过正常标准的女性，计划怀孕前一定要制订一个周密的减肥计划，并严格执行。因为，过胖的女性在怀孕后极易出现孕期糖尿病，它不仅可以对孕妇的身体造成危害，而且可以造成胎儿在母体内发育或代谢障碍，出现胎儿高胰岛素血症及巨大儿。

相反，过瘦的女性，如果体重达不到正常体重，就要制订“增肥”计划。因为过瘦的女性不容易受孕，即使受孕，也不利于胎儿的正常生长和发育。

8. 有规律的体育锻炼和运动

传统观念告诉我们，女性怀孕时大都尽量减少体育活动或运动。而随着科学与医学的进步，越来越多的证据表明，女性在计划怀孕前的一段时间内，若能进行适宜而有规律的体育锻炼与运动，不仅可以

促进体内激素的合理调配，确保受孕时激素平衡与受精卵的顺利着床，避免怀孕早期发生流产，而且可以促进胎儿的发育和日后宝宝身体的灵活程度，更可以减轻分娩时的难度和痛苦。

同时，适当的体育锻炼还可以确保卵子的质量。因此，对于任何一对计划怀孕的夫妻而言，应该进行一定时期的有规律的运动后再怀孕。运动可以不要求强度，但要注重坚持，要有规律。

9. 养成良好的饮食习惯

不同的食物中所含的营养成分不同，含量也不等，应尽量吃得杂一些，不要偏食，养成好的饮食习惯，能确保今后自己和宝宝都健康。不妨首选含有优质蛋白质的豆类、蛋类、瘦肉以及鱼等；其次是含碘食物，如紫菜、海蜇；含锌、铜食物鸡肉、牛肉、羊肉，以及有助于帮助补铁的食物芝麻、猪肝、芹菜等也应在饮食中增加获取。此外，足量的维生素也是不可缺少的，新鲜的瓜果和蔬菜就是天然维生素的来源。特别是能降低胎儿无脑儿、脊柱裂等神经管畸形的叶酸，专家们普遍建议，准妈妈要提前补充。可以选择专为孕妇设计的复合维生素叶酸片，在使用的计量和用法上有更安全的保证。

此外，还要改掉不良饮食习惯。如，过量食用辛辣食物，过量食用高糖食物，经常饮用咖啡、碳酸饮料等。

辛辣食物常常引起消化功能紊乱，如胃部不适、消化不良、便秘，甚至发生痔疮。由于怀孕后胎儿的长大，本身就可以影响孕妇的消化功能和排便，如果孕妇保持进食辛辣食物的习惯，一方面会加重孕妇的消化不良和便秘或痔疮的症状，另一方面也会影响孕妇对胎儿营养的供给，甚至增加分娩的困难。因此，在计划怀孕前 3～6 个月，应停止吃辛辣食物的习惯。

怀孕前，女方若经常食用高糖食物，可能引起糖代谢紊乱，甚至成为潜在的糖尿病患者；怀孕后，由于孕妇体内胎儿的需要，孕妇摄入量增加或继续维持怀孕前的饮食结构，则极易出现孕期糖尿病。孕期糖尿病不仅危害孕妇本人健康，更重要的是危及孕妇体内胎儿的健康发育和成长，并极易出现早产、流产或死胎。宝宝出生后，孕妇成为典型的糖尿病患者，而宝宝可能是巨大儿或大脑发育障碍患者，影响宝宝的健康成长。

避免各种食物污染，注重饮食卫生。尽量选用新鲜天然的食品，避免服用含添加剂、色素、防腐剂等的食品，如罐装食品、饮料及有包装的方便食品等。蔬菜应充分清洗，水果应去皮，以避免农药污染。多饮用白开水，不喝咖啡、茶等刺激性饮品。炊具用铁制或不锈钢制品，不用铝制品和彩色搪瓷制品，以免铝元素、铅元素对人体造成伤害。

丈夫应为生健康聪明的宝宝做哪些准备

想生个健康快乐的宝宝，必须优生优育。优生优育是每个家庭的希望和责任，而优生的责任，在夫妇双方。对于丈夫而言，精子的数量和质量是优生的关键要素之一，因而精子被称为“优生之本”。因此，凡是影响精子质量的因素，丈夫应尽量排除；凡是有利于优生的条件，丈夫应积极创造。

1. 体检，治疗生殖系统疾病

在男性生殖器官中，睾丸是制造精子的“工厂”，附睾是储存精子的“仓库”，输精管是“交通枢纽”，精索动、静脉是后勤供应的“运输线”，前列腺液是运送精子必需的“润滑剂”。这些关键部位发生故障，优生必然受到影响。例如，双侧隐睾、睾丸先天发育不全者，就无法产生正常的精子。倘若睾丸、附睾、精囊发生了炎症、结核、肿瘤，造成睾丸萎缩，组织破坏，这时所产生的精子大多数是废品。

前列腺炎、输精管部分缺损、尿道下裂、梅毒、淋病等疾病也会直接或间接地影响精子的生成、发育和活动能力，对精子的质量影响很大，甚至会造成不育。

所以，丈夫首先要治好这些疾病。治好疾病一年后，还要采集精液样本，分析精子的数量、移动性和活力，判断是否有足够的、高质量的精子。经检验，精子完全正常后，才可以考虑怀孕。

2. 戒除不良嗜好

吸烟、酗酒不仅影响身体健康，而且还是优生优育的大敌。每日吸烟 10 支以上者，其体内精子的活动度明显下降，并且随吸烟量的增加，精子畸形率也呈显著增多趋势。

妻子怀孕前，丈夫吸烟喝酒有可能引起精子细胞的染色体和基因发生变化，这种精子与卵细胞结合所形成的胎儿，其发育将会受到不同程度的损害，因而会发生流产、早产，严重的会造成胎儿先天性畸形等现象。我们都知道，细胞是生命体的基本单位，一个人约由百万亿个细胞组成。科学已经证明，与遗传有关的是细胞核。细胞核内有一种染色较深的物质叫染色体。在染色体上载有许多决定人体各种特征的物质，生物学上称做基因。

丈夫吸烟引发的胎儿、围产儿死亡也非鲜见。常常导致所育胎儿宫内发育迟缓、早产、胎儿窘迫，弱智儿童发生率增加，危害家庭及社会。研究表明，胎儿的先天疾病和畸形，除孕妇接触有毒有害金属和化学毒物外，夫妇双方或一方吸烟是重要因素。

烟草内的尼古丁、一氧化硫等有害物质，通过吸烟者的血液循环侵入精子，有可能引起精细胞的染色体和基因发生变化。这种精子与卵细胞结合所形成的胎儿，其发育将会受到不同程度的损害，因而

发生流产、早产，严重的造成胎儿先天性畸形等现象。

父亲吸烟对孩子的智力影响也不可忽视。笔者的一位好朋友有兄弟姊妹6人，这位朋友，从小学到高中学习一直非常优秀，并以优异的成绩轻松考入名牌大学。他的弟弟妹妹中没有一位考上高中。笔者与朋友闲谈时问他，他的弟弟妹妹的学习成绩为什么会与他的学习成绩有那么大的差别。朋友说，他只知道父亲在生他之前没有吸过烟，生了他以后，父亲才学会了吸烟，估计弟弟妹妹是父亲吸烟的受害者。

酒精对男性生殖系统的毒害作用也不可忽视，饮酒可能使精子不正常；饮酒过度造成机体酒精中毒，使精子发生形态和活动的改变，甚至会杀死精子，从而会影响受孕和胚胎发育。为此，国外将周末因夫妻酗酒后同房而孕育的畸形儿称为“星期天婴儿”。有资料表明，酒后孕育的胎儿60%先天智力低下。一般情况下，男性的精原细胞发育成为成熟的精子，至少需要3个月，因此，丈夫必须戒烟戒酒后三个月以上，妻子才能考虑怀孕。为了保险起见，应该戒烟戒酒半年以上，再计划怀孕。

3. 调节性生活频率

性生活过多和过少，都不利于优生。年轻夫妇性欲旺盛，特别是新婚夫妇，性生活频繁，甚至一天一次或几次，必然使精液稀少，精子的数量和质量也会相应减少和降低。如果性生活过少，精子会老化，精子能量降低，也不利于怀孕和优生。为了保证新生命正常孕育，夫妻双方节制房事十分必要。尤其是男方，养精蓄锐更为重要。这一点，对性欲旺盛的新婚夫妇尤应引起注意。一般来说，在想怀孕的一段时期内，以每周两三次为宜，至少每周一次。如果一周没有一次性生活，对产生健康的精子会有负面作用。

4. 避免接触有害物质

科学研究表明，许多物理、化学、生物因素作用于人体，对男性生殖功能会产生损害，使染色体异常，精子畸形，影响胎儿正常孕育。工作和生活中接触的镉、铅、汞、苯、二甲苯、汽油、氯乙烯等金属和化学物质，X线及其他放射性物质，杀虫剂、除草剂、麻醉药等，均可致胎儿染色体异常，增加流产率和缺陷胎儿发生率。

5. 慎用药物

良药苦口利于病。某些药物在治疗疾病的同时，也对生殖功能造成损害，导致胎儿先天畸形，如吗啡、灭滴灵、链霉素、红霉素、丝裂霉素、环磷酰胺等，对精子都有不良影响。凡因治疗服用损害精子的药物时，一定要避免新生命的孕育，以免造成终生遗憾。

6. 调整饮食结构

对于准备做父亲的男性来说，要注意饮食均衡。研究表明，男性的饮食对孩子将来的健康异常重要。多年来，医学专家对男性饮食对未来孩子有何影响的研究报道并不多见。最近，美国加利福尼亚大学人类营养中心一项研究成果表明，精子作为繁衍后代的另一半，男性的饮食对孩子将来的健康非常重要。

妻子准备怀孕时，丈夫也需要制定一个合理均衡摄取营养的方案，而合理营养是指有充足的热量、蛋白质、矿物质、维生素、微量元素等。除了多吃一些鸡、鱼、瘦肉、蛋类、豆制品等富含蛋白质的食品，为了生育一个健康聪明的孩子，男子还应该多吃一些绿叶蔬菜、水果和粗粮，以保证精子发育所必要的营养，使遗传潜力得到最大的挖掘，为精子发育准备充足而均衡的营养。这样，才能摄取到高蛋白、必需微量元素、维生素和矿物质、充足的能量等提升生育能力的重要营养素。

7. 注意生活中的温度

温度影响精子活力。精子成长过程需要低温，不然精子就会夭

亡。睾丸是产生精子的器官，睾丸在生精过程中要求温度在35.5℃～36.5℃，比正常体温低1℃～1.5℃。阴囊是睾丸的"温度调节器"，当环境温度比体温低1℃～2℃时，它才能顺利产生精子。当气温太高时，阴囊会扩大散热面积；而当温度降低时，它又会皱起来，以减少散热面积，从而保持阴囊的温度比腹腔内低。

因此，不要在过热的环境下工作生活。洗澡的时候，水温不宜太高，不要超过35℃，更不能进行桑拿浴。不要穿紧身短裤和牛仔裤，紧身裤会将阴囊和睾丸牢牢地贴在一起，使阴囊皮肤的散热功能得不到发挥，进而增加睾丸局部温度，影响精子产生。另外，穿紧身裤还会限制和妨碍阴囊部位血液循环，形成睾丸淤血，导致不育。还要避免长时间地骑摩托车、自行车，骑马、驾车。

8. 远离糟糕情绪

情绪对精子的生成、成熟和活动能力有很大影响。如果因家庭琐事导致夫妻不和，双方终日处于忧患和烦恼之中，或者因工作劳累，压力过大，整日情绪不佳，这些不良精神状态可直接影响神经系统和内分泌的功能，使睾丸生精功能紊乱。同时，精液中的分泌液成分也会受到影响。这样，极不利于精子存活，大大降低受孕几率。

怀孕前必须调离的工作岗位

随着社会的不断发展，越来越多的女性加入各行各业工作中，成为职业女性。有部分妇女工作环境中含有较高浓度的化学物质，影响女性的生殖机能，进而影响胎儿健康发育。有些毒害物质在体内残留期可长达一年以上，即使离开此类岗位，也不宜马上受孕，否则易致畸胎。为提高人口素质，实现优生优育，为了生一个健康聪明快乐的宝宝，以下这些职业岗位的妇女应在打算怀孕前一年多的时间必须调离工作岗位。

1. 接触电离辐射的工作岗位

研究表明，电离辐射对胎儿来说是看不见的杀手，可严重损害胎儿，甚至会造成畸胎、先天愚型和死胎。所以，接触工业生产放射性物质，从事电离辐射研究、电视机生产以及医疗部门的放射科工作人员，均应暂时调离工作岗位。

2. 接触有毒有害的金属或化学物质的工作岗位

经常接触铅、镉、汞等金属，会增加妊娠妇女流产和死胎的可能性。其中，甲基汞可致畸胎，铅可引起婴儿智力低下；二硫化碳、二甲苯、苯、汽油等有机物，可使流产率增高；氯乙烯可使婴儿先天痴呆率增高。这些岗位的女职工，应该在打算怀孕前调换工种。

3. 密切接触农药的工作岗位

农业生产离不开农药，而许多农药已证实可危害妇女及胎儿健康，引起流产、早产、胎儿畸形、弱智。农村妇女应从准备受孕起就应

远离农药。尤其应加强乡镇企业劳动妇女的防护。

4. 高温作业、震动作业和噪音过大的工作岗位

研究表明，工作环境温度过高，或震动甚剧，或噪音过大，均可对胎儿的生长发育造成不良影响。这些岗位的职业妇女应暂时调离岗位，以保障母婴健康。

5. 某些工作岗位的医务工作者

某些科室的临床医生、护士，在传染病流行期间，经常与患各种病毒感染的病人密切接触，而这些病毒（主要是风疹病毒、流感病毒、巨细胞病毒等）会对胎儿造成严重危害。临床医务人员在计划受孕或早孕阶段若正值病毒性传染病流行期间，最好加强自我保健，或调离工作岗位，严防病毒危害。

优孕——制造最佳受精卵

优孕是一个全新的生育理念。在精子和卵子结合那一刻前的3个月，甚至6个月，就开始了孕育准备，因此生命的孕育不仅只是10个月。

力求在优身、优时、优境的最佳状态下，让最健康最富活力的精子和卵子在天时地利人和时，把父母双方的精良基因，如容貌、智慧、个性、健康，在受精卵中高度重新组合并表达。

1. 如何优身受孕

生理准备：怀孕前3个月要双方身体健康无病。任何一方如果患有结核病、肝炎、肾炎，特别是女性患有心脏病、糖尿病、甲亢、性病、

肿瘤，都不宜受孕。病愈后，也要3个月以后再受孕。

怀孕前6个月，夫妇双方停止酗酒和吸烟。怀孕前3个月都要慎用药物，包括不要使用含雌激素的护肤品。从事对胎儿有害职业的夫妻，尤其是女性，一定要在孕前6至12个月彻底离开。使用避孕药的女性，要在停药6个月后再孕。不要在疲劳时性交受孕。过胖和过瘦的女性，应把体重调整到正常状态。

为减少"早孕反应"对身体的营养损失，要在准备怀孕前的3个月积极进食富含营养素的食物，如含叶酸、锌、钙的食物。在准备怀孕前的3个月，多吃瘦肉、蛋类、鱼虾、动物肝脏、豆类及豆制品、海产品、新鲜蔬菜、时令水果。男性多吃鳝鱼、泥鳅、鸽子、牡蛎、麻雀、韭菜。少吃火腿、香肠、咸肉、腌鱼、咸菜，不要吃熏烤食品如羊肉串等。少吃罐头，少喝饮料。洗蔬菜，以浸洗方法去掉残留农药。

2. 选择受孕心理

在心情愉悦，没有忧郁和烦恼的状态下进行负有受孕使命的性交。丈夫要重视并让妻子达到性高潮，对于得到一个健康聪明的孩子至关重要。

"男女情动，彼此神交，然后行之，则阴阳和畅，精血合凝。"强调同房之前需先有"床前戏"，以唤起性的兴奋。譬如语言交流，皮肤接触，接吻，拥抱，抚摸，使男女性曲线趋于重叠，调动起强烈的欲望，使男女双方既同步又高亢，达到美妙的境界，这就是所谓的"神交"。只有这样，才会孕育优秀的后代。反之，若夫妇不相感应而交合，则有害无益。

3. 如何优时受孕

让刚排出的卵子立即受精，可避开外界环境的干扰，孕育体质佳、智商高的孩子几率最大。在排卵日性交怀孕，受精卵的质量较高。

女性的排卵日在两次月经中间。如月经周期是28天，一般在来月经后的第13～15天排卵。排卵前基础体温较低，排卵后基础体温较高，排卵日基础体温下降到最低点；排卵后基础体温升高，一般上升0.3～0.5摄氏度，一直维持到下次月经来潮前开始下降。女性月经周期分为干燥期—湿润期—干燥期。在月经中间的湿润期，白带较多而且异常稀薄，一般持续3～5天。观察分泌物像鸡蛋清样、清澈、透明、高弹性，拉丝度长的这一天就是排卵日。综合分析观察，便可获得准确的排卵日。

4. 在最佳的生育年龄段受孕

研究表明，中国妇女最佳生育年龄为22～34岁，父亲在28～50岁。一般来说，女性在24～29岁时生下的孩子健康聪明。

因为最佳生育年龄的女性生理与心理均趋成熟，精力充沛，利于孕育和抚育胎儿及婴儿，可避免胎儿发育不良，妊娠合并症及流产、死胎或畸胎。

因为智力的遗传大多来自父亲，28岁以上的父亲不仅智力成熟，且生活经验较丰富，能够懂得和接受胎教知识，特别是会关心爱护妻子，从而使胎儿生长发育良好。

5. 如何优境受孕

古人云："良宵佳境，夫妻心情平和舒畅交媾而孕者，其后代不仅长寿，而且智慧过人。"

同房时环境静谧舒适，心情舒畅，双方感情深厚，关系融洽，则气血流畅，精血旺盛，此时交媾而孕，就能生出一个智慧过人并长寿的个体。

良好的环境包括气候舒适怡人，居所整洁清爽，空气清新，这有利于精卵结合着床和胎儿发育成长。

准备受孕时，居住环境要整洁、安静，空气要清新。周围没有化学污染和放射污染源。不要在新装修的房子怀孕。

受孕时,要避开自然界环境这些变化:太阳磁暴、地震、日月食。这样的自然环境会使人的情绪波动,受精卵质量下降。不要再雷雨之夜受孕,因为雷电交加之时产生强烈的X射线,会引起生殖细胞染色体畸变。不利的环境对生殖细胞和胚胎会有伤害,不利于优孕。

第二章 妈妈孕期快乐才能生健康快乐聪明的宝宝

◎ 只有快乐的妈妈才能生出健康快乐的宝宝

◎ 只有快乐的妈妈才能生出聪明的宝宝

◎ 只有快乐的妈妈才能生出漂亮的宝宝

◎ 准妈妈怎样保持心情愉快

◎ 怎样拥有一个快乐的孕期

◎ 生育让女人变得更聪明

◎ 孕期注意事项

母体与胎儿是一体的。当母亲心态平和、心情愉快时，身体就会保持健康、平稳的状态，各种激素的分泌也会保持正常，对宝宝的健康有利。相反，如果准妈妈的情绪大起大落，会影响激素分泌。如果准妈妈情绪不好，就没有心情做胎教，宝宝就会受影响。

胎教并非单纯指胎儿直接由母亲那儿接受教育，主要是指母亲的心理状态对胎儿生长发育的影响，倡导通过调整准妈妈身体的内外环境，免除不良刺激对胚胎和胎儿的影响，以使胎儿的身心发育更加健康、成熟。研究表明，在胚胎发育期内，母亲的心态与胎儿的生长发育关系密切。母亲的心态，还将直接影响胎儿出生后的外表、生理功能、智力、情绪及行为等。所以，准妈妈要从自我情绪调整和人为地对感官进行刺激两方面进行。

只有快乐的妈妈才能生出健康快乐的宝宝

怀孕初期是胚胎各器官分化的关键时期。这时准妈妈的情绪可以通过内分泌的改变影响胎儿的发育。准妈妈在怀孕早期的不愉快心情，往往可以借助母子沟通方式影响胚胎。因此，怀孕早期保持健康而愉快的心情，是这一时期的关键。

在我国，人们习惯把怀孕称做“有喜”。因为怀孕意味着妻子就要做妈妈了，丈夫就要做爸爸了，这当然是值得高兴的喜事。其实从健康保健的角度讲，把怀孕看做“喜事”，也是提醒孕妇：应该保持心情愉快，情绪乐观，避免不良情绪发生的影响，即使遇到不痛快的事，也不要苦恼发怒。

快乐不快乐，心态是关键。怀孕生子是女人最重要的人生经历之一。对于女人来说，没有经历生育，是不完整的人生。准妈妈应该这样想：肚子里的宝宝是上天赐予自己的礼物，怀孕是最值得高兴的

事情之一。的确是这样。怀孕生子会给妈妈带来许多意想不到的好处：女性一生中如果有一次完整的孕育过程，就能增加10年的免疫力，不易患子宫肌瘤、子宫内膜异位、子宫内膜癌、乳腺癌、卵巢癌等疾病，股骨头更加坚强，告别痛经，推迟更年期。此外，经过生育的女性会更聪明，味觉、嗅觉更敏感。

研究证明，孕妇的情绪变化会导致生理功能、身体质量与健康状况改变，这些改变又会直接或间接地影响胎儿的生长发育。医学和心理学研究者专门测量过，孕妇发怒时，血液中的激素水平会升高，体内的有害化学物质浓度在短时间内增多。这些物质在胎儿身上直

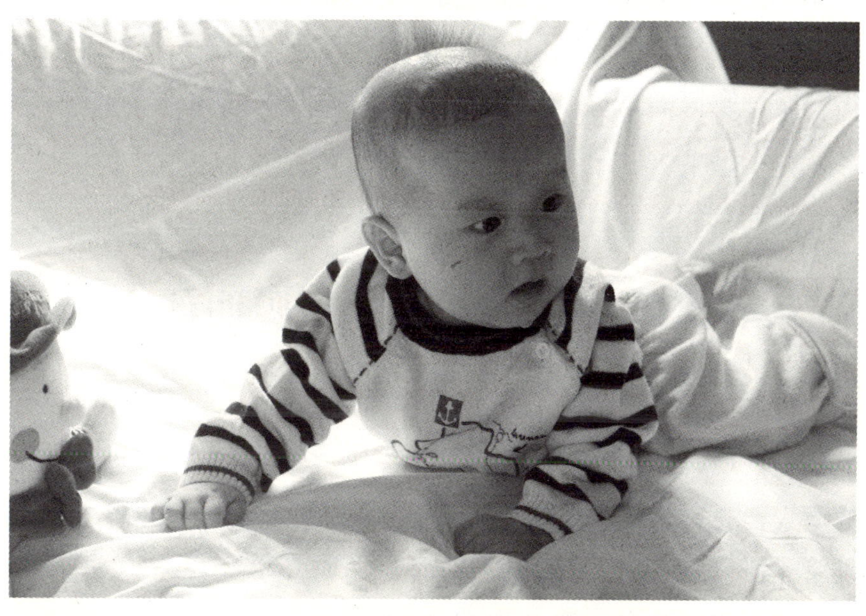

接发生作用，用专家的话来说就是："胎儿可以复制出母亲的心理状态。"日后在性格与情绪方面会还原母亲的性格和情绪。可见发怒带来的结果很不好。此外，血液中的白细胞是健康的"卫士"，人在生病时，白细胞特别是白细胞中的巨噬细胞便进入"战斗"状态，与侵入体内的细菌、病毒进行搏斗。孕妇发怒，会使血液中的白细胞减少，体内的抵抗力减弱，降低人体免疫功能。这不仅对自身健康不利，也影响胎儿的生长发育，孩子出生之后抵抗疾病的能力比正常孩子差。专家经过调查发现，一些发生腭裂、兔唇等出生缺陷的婴儿，其母亲

在怀孕期间往往情绪不好。专家们分析认为，怀孕7～10周这段时间，若孕妇因受到一些不良刺激和影响，带来情绪不稳定，很可能是形成婴儿出生缺陷的一个不可忽视的因素。怀孕早期的准妈妈情绪波动时，肾上腺皮质激素分泌增加，导致流产或生育出畸形儿的几率大大增加。当母亲受到强烈的精神刺激、惊吓、忧郁、悲痛时，植物神经系统活动迅速加剧，内分泌发生变化，释放出来的乙酰胆碱等化学物质可以通过血液经胎盘进入胎儿体内，影响胎儿正常的生长和发育。

准妈妈在怀孕期间应保持健康、良好的情绪，家庭要尽可能创造和谐、欢乐的生活气氛，夫妻之间要多交流、多理解。如果整个孕期准妈妈保持愉快的情绪期待宝宝的降临，那么，就能生个健康、快乐的宝宝。

只有快乐的妈妈才能生出聪明的宝宝

研究发现，人类大脑下垂体的激素分为两种。一种是与情绪有关的激素，当情绪不好的时候，人体会分泌一些肾上腺素、压力激素或是紧张激素，这些激素对胎儿及整个子宫环境来说，都会产生比较坏的生理反应。另外一种则是良性激素，也可以说是快乐激素。快乐激素能够让一个人的心情好起来，它从妈妈的脑部开始分泌之后到达全身，当然也会到达子宫的血管，通过脐带送到胎儿身上，由脐带血管提供给胎儿更多、更好的养分和氧气。这样才能更好地影响胎儿，促进胎儿大脑皮层更好的发育。

事实证明，准妈妈如果能在怀孕期间拥有良好的环境和心态，并且能坚持对腹中的宝宝进行适当的胎教，那么，宝宝的语言能力、运动能力、听力、适应力等，就会高于未施胎教的宝宝。

所以，在妊娠过程中准妈妈一定要保持快乐的情绪。古人云：养胎第一要抑制怒、忧、思、虑。只有克制了这些不良情绪，使自己的情绪保持愉悦状态，才能够很好地养胎保胎，才能更好地实施胎教，进而更好地影响宝宝生理和心理的发育及成长！

只有快乐的妈妈才能生出漂亮的宝宝

对于孕期是否可以做爱，随着科学研究的深入和人们认识的发展，观念不断变化。过去的观念是，整个孕期禁欲，实践证明，这是错误的观念。

后来是要求尽量克制性欲，特别是怀孕早期和晚期，怀孕中期可以有少量的性生活，这也有偏颇之处。

在现实生活中，有许多粗心的女性在不经意间怀了孕，几个月后才发现。在此期间她们根本没有限制性生活，一切都很正常。

其实，怀孕期间的性生活没有那么多禁忌，应顺其自然。除了高危妊娠和有习惯性流产的孕妇，过性生活要格外小心外。对于一切正常的孕妇，整个孕期都可以也应当有适当的性生活。

最新的调查研究表明，即使在怀孕后期，即使采取传统的男上女下式，正常的做爱也不会对胎儿有任何损害。孕妇身体分泌的厚厚的黏液能够将子宫颈口堵住，守护着宝宝不受外界感染。同时，羊膜囊、子宫肌肉强有力地保护着你的宝宝。虽然做爱的时候，宝宝有可能在子宫内又踢又打非常兴奋，让夫妇双方既担心，又不好意思。其实，这是孕妇的心跳加快所引起的宝宝的正常反应，并不是宝宝感觉到不舒服或者是抗议，恰恰是宝宝快乐地“又蹦又跳”呢。

对许多有生育经验的女性的调查结果显示，大多数孕妈妈愿意享受这个美妙时刻。为了使美妙感觉更明显，孕妈妈做爱时不自觉地将动作强度加大。大多数的孕妈妈会从中得到更舒服的感觉。只有极少数孕妈妈的感觉不是那么好，“强烈”的动作会让她们在做爱过程中感觉不是很舒服，甚至毫无美妙可言。所以，如果你恰恰是不太喜欢“强烈”性生活的孕妈妈，也不要太委屈自己。要把真实感受告诉丈夫，探索出你喜欢的孕期做爱方式方法。

对于一切正常的孕妇，在孕期的不同时期过性生活时，除了应该注意体位、力度和技巧外，对于次数没有什么限制，一切根据夫妻双方的兴致和需要进行。有的孕妇由于孕期的激素水平的变化，性要求比没有怀孕时强烈得多。只有孕妇的性需求得到满足，才能谈得上心情愉快。如果孕妇的性要求得不到满足，甚至是压抑性欲，就不可能做到心情愉悦，对胎儿的发育是不利的。

和谐的孕期性生活可以孕育漂亮宝宝，这是不容置疑的。自古就有“夫妻情深，婴儿貌美”之说。因为过性生活时，夫妻双方感情深厚，关系融洽，妻子心情舒畅，达到高潮时，不但自身感到无法言表的舒服，子宫会有节律地收缩，对胎儿是最好的按摩，母亲的情绪也会影响到胎儿，孕育的宝宝就快乐、漂亮、健康。

有一位李先生很郁闷地告诉专家：他兄弟姐妹好几个，就数他的

长相最差。其他兄弟姐妹不仅身材高挑，而且外貌英俊、漂亮。兄弟姐妹中，只有他一个人长得又矮又难看。现在回想起来，导致他的长相不尽如人意的原因是，母亲怀上他后，他父亲就去美国留学了。因此，母亲整个怀孕期一直压抑性欲，整个孕期一次也没有得到过性上都满足。在母亲腹中时，这位李先生根本就没有得到过父亲身体上的关爱。

愉悦的性生活可以让人感受到高潮。高潮状态下，即使是一个外貌丑陋的演员，都会让人觉得心旷神怡。当阴道里充满爱情的液体时，脑中的相机会专门拍摄美丽的画面。犹如只要闭上眼睛想象那些“俊男美女”就会提高性感觉一样。胎儿也会受到父母愉悦性生活的影响。

平时，我们会说某些人很有夫妻相，通常情况下他们的夫妻感情也一定很好。晚上，他们一定充分分享了对彼此的爱意。因此他们只能是越来越相像了。肌肉与骨骼已经完全定型的成人都会发生这样的变化，就更别说是脸部正处于形成阶段的胎儿了。

准妈妈怎样保持心情愉快

家庭成员要尊重、关心孕妇。通过温馨和睦的家庭气氛，充足有益的休息等，创造有利于准妈妈心情愉快的生活条件和客观环境。准妈妈要多听一些优雅的音乐，多看美好的风景和图片，时刻使自己保持一个平和的心态。准妈妈要形成良好的生活习惯，不去闹市区和危险区域。准妈妈要尽可能做到凡事豁达，不斤斤计较，遇到不顺心的事，也不要去钻牛角尖。准妈妈要以开朗明快的心情面对问题，要善解人意，心存宽容和谅解。

准爸爸工作再忙，也要争取每天抽出时间，陪妻子做“散步”这一每日必做的“功课”。准爸爸最好每天为妻子做个按摩，缓解妻子身体不适，这种体贴会让妻子心理放松。准爸爸要和妻子谈论令人快乐的话题，多说令人高兴的事，比如商量一下宝贝的名字，计划一下还需要给宝贝再准备些什么东西等，这些准妈妈感兴趣的话题。准爸爸还要帮准妈妈找回自信，最好经常说“怀孕的女人是最美的”。

更重要的是准爸爸掌握一些使妻子能够在孕期享受完美性生活的方法、技巧、体位和注意事项：

做好个人卫生　做爱前后双方都要清洗下身。别忘记手同样需要清洗干净，以免引发细菌感染。

不要过于激烈　房事时，老公不要插得太深，不要用力过猛，不要频繁变换体位。做爱过程中，动作尽可能温柔。

选择不压迫腹部的体位　怀孕是夫妇二人探索和体验不同体位的一个机会，可以尝试和体验适宜孕期的体位。一般来说，下面这些做爱姿势适合准妈妈准爸爸采取：

正后位：女方跪着，双臂撑地，男方跪在女方的身后，从后方进入。

侧后位：男女双方都采取侧卧位，男方在女方的背后，从后方进入。

正侧位：男女双方都采取侧卧位，双方面对面，从正面进入。

以上几种体位对孕妇的腹部不会产生压迫。

传统姿势：如果采用男上女下的传统姿势，在怀孕后期，老公要伸开胳膊支撑身体，不要过于压迫孕妇的腹部。

女方在上：女方跨坐在男方身上。这种体位不会压挤到孕妇的腹部，而且女方可以掌控深度和角度。

丁字体位：女方仰卧，双腿抬起，男方侧躺在女方屁股后，女方的双腿放在男方身上，两人呈丁字形，从后面进入。此种姿势适合整个孕期，临产前几天，照常可以享受美妙的性爱。

怎样拥有一个快乐的孕期

280 天，你会经历一个由女儿到妈妈的过程，如何让这段时光过得从容、快乐、丰富而又让人难忘？不妨试一试专家提出的建议。

不管肚子里的小家伙是如期而至，还是不请自来，都要快乐而从容地迎接他(她)。让一切井然有序。

1. 给必做的事情列个清单

合理处理孕期的事情，对每个准妈妈来说都是艰巨的任务——应对早孕反应，要吃好，休息好，还要锻炼，工作要勤奋，还要经常跟朋友、家人联络感情，结果通常是压得自己喘不过气来。

不妨将一些并不紧要的事情放一放。例如：怀孕头三个月，早孕反应比较严重，每天都感到疲劳，那么，这段时间休息就是最重要的，什么朋友聚会、同学聚餐，都让它们让路吧！别担心，大家会理解你的。

2. 不要尝试极端发型

既然自然规律已经让你变成了现在这个样子——你就不用再创造变化了。要事先嘱咐朋友、老公、家人和发型师，让他们劝你不要在激素作用下对自己的外表不满意时做出任何过分的变化。

大的改变也许让你难以接受，但小的变化有可能会帮助你激发情绪。例如，不改变发型，调整刘海的方向或是长短等等。也可以加些小配饰，一条漂亮的发带可以让你面对熟悉的自己时，感觉眼前一亮。

3. 从容、快乐地面对新生活

尽可能把怀孕的消息告诉每一位亲人和朋友，滚一个“快乐”的雪球，让大家分享你的快乐。参与进来的亲朋好友越多，你的收获就越大，你不仅可以收到祝福，还可以得到很多实际的帮助。例如你会收到很多做了妈妈的姐妹的经验，去医院的时候该带些什么，什么时候该准备小床……

宣布好消息的办法有很多，发邮件、打电话都可以。不过，最好在朋友们询问预产期的时候有意识地把日期延后两周，这样可以避免快到预产期的时候，天天收到电话或短信。

4. 留一组影像给自己和未来的宝宝

孕期给人的感觉漫长，但在人的一生中只是个相对较短的过程。随着宝宝的降生和母性的勃发，这段记忆可能很快会被忘却。即使你认为以后不想再看到自己怀孕时的样子，给这段可能是这辈子独一无二的岁月留下些痕迹，也是很值得的。也许，过两年宝宝会非常想看到他在妈妈肚子里的样子，到时候照片或是录像就会派上用场了。

最简单的办法是让老公每个月给你拍张照片，最好穿紧身的衣服，露出腰身的那种，而且一定要拍肚子，这样才能让点滴变化尽收眼底。也可以不时地让朋友抓拍你和老公甜蜜的瞬间，让宝宝看到你们一直彼此恩爱，并且在他(她)出生前就那么爱他(她)。

5. 让身心舒适而放松

注意放松背部。准妈妈身体改变对腰背部的压力是明显的。除了依靠改变行走和坐立的体态去适应这些变化，你还可以利用身边一些小东西帮助自己。

不管要在哪里久坐，最好都在附近放个垫脚凳，以缓解髋关节和下背部的不适。椅子的高度可以选择让自己舒适的，一般 12～25 厘米比较适合。

一个靠垫会让侧卧睡眠更舒适。专家建议怀孕期间睡觉的时候采用左侧卧位，能增加输送给宝宝的血量。一旦用过靠垫，你肯定会爱上它。你可以订购各种靠垫，也可以买特制的孕妇睡眠靠垫，这种靠垫由两个垫子组成，能够熨帖地支撑住肚子和后背。

用网球帮自己进行背部按摩。这是一位很有经验的按摩师的建议：将两三个网球放到一条长袜子里，准妈妈坐在硬靠背的椅子上，将袜子舒适地放在身后，夹在背部和椅子靠背中间。当你摇晃后背时，网球就会帮你按摩绷紧的部位了。

6. 加强腹肌锻炼

慢慢增大的子宫对腹部的拉伸，会使腹肌的力量变弱，因此增强腹肌的力量非常重要，有助于顺产，还能防止背部出现问题，并促进产后恢复。另外，锻炼有助于能量充沛，缓解压力。孕期毕竟是个特殊时期，最好征求医生意见，运动的时候格外注意肚里宝宝的反应，一旦出现不舒服，马上停止。

挑选专门针对孕妇的健身班、书或录像，除了注意运动量外，还要特别注意运动的正确性。瑜伽是适合准妈妈的运动项目，最好找一位有怀孕经验的教练一起做，尤其对于初学者，这样是最安全的做法。

7. 尝试时尚孕妇装

这里的孕妇装是广义的，不单单指为准妈妈们设计的服装，包括一切舒适的，有个性的服装。怀孕后不一定要改变，个性张扬可以是完美孕妇的标志。

不用遮掩怀孕的体形，尽可能展现漂亮的肚子吧。尝试你以往不曾尝试的款式，低腰裤，露脐装，都会因为肚里宝宝的存在而让你别有风情。只是注意不要着凉哟！

8. 照顾好你的脚

虽然可能过不了多久，你低头时已经看不到它们了，怀孕期间却很难忽视它们的存在。尽量照料好你的脚，它们会因为体重增加而慢慢变大，到了孕晚期，你的鞋子有可能比原来大半码甚至更多。

穿高度在2.5～5厘米的粗跟鞋，它们比平跟鞋更舒服。

可以选择厚底(会让你站得更稳，也更适合走路)系带的鞋子，随着脚变大，可以把鞋带放松。

睡前要舒舒服服地泡个脚，洗后轻柔地按摩一下，让血液充分回流，让脚掌和脚趾得到充分的休息。

9. 憧憬未来

给宝宝写信。在宝宝出生前，可以用写信的方式跟他联系。信可长可短，可浅可深，可以是一首诗，也可以是一幅画。不管采取哪种方式，它将来会成为宝宝生命中的财富。

日记也是一种很好的方式，对于没有记日记习惯的准妈妈来说，可能会是一种负担。因此，选择写信比较合适。买一些漂亮的信纸，放首轻柔的音乐，感受着腹中宝宝的蠕动，你已经领略到了做妈妈的

快乐！

10. 忘掉怀孕这件事

除了正确饮食，孕期护理外，最有益处的做法之一就是忘掉怀孕这件事。这是消除心理压力最好的办法。

给自己创造一些忘我的场景：

舒舒服服地漂在水上。怀孕时，泡在水里才是真正的解放。让全身的负担消失，腿和脚不必再支撑全身的重量。游泳、戏耍、顺水漂流都行（不要在热的浴池里。温度过热，对宝宝不利）。

尽情地笑。租一部搞笑的片子来看，或者听一段令人捧腹的相声。开怀大笑是让你摆脱压力最好的办法。

生育让女人变得更聪明

最新神经科学有研究表明，生完孩子几个月的女人，脑皮层的面积会变大，也许会变得更聪明。来自耶鲁大学医学院的研究人员认为，生完孩子几个月内的女人，由于其体内荷尔蒙激素的水平导致脑皮层变大，并且这会对个体行为和动机产生影响。

这项成果发表在《行为神经科学》杂志上，研究人员认为，一个女人照顾孩了的意愿更多是由于其生产后脑部机能重构的结果，而非只是由生理本能所决定。参与研究的 19 名妇女平均年龄 33 岁，来自美国康涅狄格州的黑文医院，均是刚生完孩子不到三四个月，采用母乳哺育，其中有一半的人生过孩子，没有产后抑郁。研究人员使用核磁共振对他们的大脑进行了扫描，发现大脑皮层中灰质的数量呈现微小但显著的变化，尤其是与孕育动机（下丘脑）、奖赏、情绪加工（黑质和杏仁核）、感觉统合（顶叶）以及判断推理（前额叶皮层）有关的脑区。通常情况下，成年人大脑中的灰质不发生变化，除非遇到环境出现大的转换、有意义的学习，以及脑部受到创伤等情况下才会发生比较大的变化。不过，研究人员指出，由于生产导致荷尔蒙激素（雌激素，催产素和催乳素）急剧变化，使得新妈妈的大脑可能会为了应对自己宝宝而重新进行建构。同时研究也发现了这一变化所带来的积极教育意义，那些对孩子充满热情的妈妈，与那些比较沉默的妈妈相比较，有关孕育和情绪加工的脑区灰质变化更为明显。

其实，这一研究给了我们重要的提示，人类先天的很多行为对于人类本身的进化是具有积极意义的。生孩子是一件痛苦的事情，不过对于正常人来说，那种巨大的精神愉悦是无可替代的。同时小生命也给新妈妈带来了自我完善的契机，与孩子积极的互动，也是你重新塑造自我的机会，看看现实生活中，很多女人有了孩子以后的变化也许就更明白了，并且这种变化是有科学根据的。

孕期注意事项

人类社会不断发展与进步，使人们不仅仅只满足单纯的生儿育女，更重要的是生育出智力优秀、体魄健康的后代。孕期保健是优生的基础和关键。

1. 加强营养

怀孕后，不仅本身需要足够的营养，还要满足胎儿生长发育需要的营养。孕期是胎儿脑细胞、神经细胞、骨骼生长的重要时期。因此，孕妇要多吃含蛋白质、矿物质、维生素及碳水化合物充足的食品，如鸡、鱼、肉、蛋、动物肝脏、豆制品、奶粉及新鲜蔬菜和水果等，为孕妇和胎儿提供足够的营养。同时，孕妇还要适量地晒晒太阳，以利于

钙的吸收，促进胎儿骨骼发育。孕妇营养好坏，直接影响孩子的身体。总之，孕妇的饮食要各种营养搭配，品种多样化，并易于消化。只有这样，才能保证胎儿健康。

2. 补充叶酸

科学家最新发现，孕妇体内叶酸缺乏是造成早产的重要原因之一。叶酸缺乏引起的流产或早产，采用其他任何措施都难以避免。在怀孕第一个月内，孕妇体内的胚胎细胞以惊人的速度分裂，胚胎的体积增加7000倍，细胞的快速分裂过程需要大量的携带有父母遗传基因的脱氧核糖核酸，而脱氧核糖核酸的生成需要大量的叶酸参与。叶酸是一种水溶性B族维生素，孕妇对叶酸的需求量比正常人高4倍。

孕早期是胎儿器官系统分化、胎盘形成的关键时期，细胞生长、分裂十分旺盛。若孕妇缺乏叶酸，便会引起胚胎细胞分裂障碍，导致胚胎细胞分裂异常、胚胎细胞发育畸形，特别是由于神经管发育畸形，导致出现“无脑儿”或“脊柱裂”。在美国，因叶酸缺乏而导致脊髓或大脑缺损的婴儿约占1‰。在我国发生率约为3.8‰的神经管畸形，包括无脑儿、脊柱裂等。另外，还可引起早期的自然流产。

到了孕中期、孕晚期，除了胎儿生长发育外，母体的血容量，乳房、胎盘的发育，使得叶酸需要量大增。叶酸不足，孕妇易发生胎盘早剥，妊娠高血压综合征，贫血；胎儿易发生宫内发育迟缓，早产和出生低体重，这样的胎儿出生后的生长发育和智力发育都会受到影响。

3. 预防疾病

孕期要注意卫生保健，预防各种疾病。尤其预防流感、风疹、带状疱疹、单纯疱疹等病毒的感染。这些病毒对胎儿危害最大，可通过胎盘侵害胎儿，导致胎儿生长迟缓，智力缺陷，各种畸形，甚至引起流产、死胎等。孕期预防疾病，防止病毒感染，非常重要。

4. 谨慎用药

孕妇一定要谨慎用药。尤其头三个月，正是胎儿各器官发育和形成的重要时期，此时胎儿对药物特别敏感。有些药物可通过胎盘进入胎儿体内，由于胎儿的代谢和排泄功能不健全，容易造成药物蓄积中毒。导致胎儿损伤或畸形的药物很多，例如四环素类药物，能引起胎儿骨骼发育障碍，牙齿发育不良、变黄；链霉素和卡那霉素，可引起先天性耳聋及肾脏损害；镇静药，如利眠灵、安定片等，可引起先天性心脏病，发育迟缓；有些激素类、抗癌、抗结核药物，能引起各种畸形，甚至死胎。孕期用药影响胎儿发育，必须重视。非用药不可时，应在医生指导下，尽量少用或有选择地合理用药。

5. 远离香烟

孕妇吸烟，不仅影响自身健康，而且直接影响胎儿发育。烟草中有 20 多种有毒物质，其中尼古丁毒性最大。它可以通过胎盘直接进到胎儿体内，使胚胎发育缓慢，引起畸形、流产及先天性心脏病等。由于胎儿的肝脏解毒能力差，烟雾对胎儿的肝脏也有损害。胎儿的大脑受到烟中有毒物质的毒害，会使智力发育迟缓，甚至死亡。孕妇直接或间接吸烟过多，可使末梢血管收缩，不能充分供应和交换氧气，引起胎儿缺氧，造成流产、早产和胎死宫内。由于胎儿宫内缺氧，造成胎儿宫内发育迟缓，智力相对低下。孕早期时，还可造成胎儿畸形和发育不全，例如心血管畸形、腭裂、无脑儿等。

据统计，每天吸烟 10 支左右的孕妇，发生畸形儿的危险增加 10%；吸烟超过 30 支，畸形儿发生率可增加到 90%。

所以，孕妇不但不能吸烟，还应该远离吸烟环境。

6. 绝对戒酒

饮酒对胎儿的有害作用主要是损伤脑细胞，使脑细胞发育停止，

数目减少。酒后怀孕，会引起胎儿发育迟缓，智力低下，严重的还会造成白痴。夫妇双方或一方烟酒过度，对胎儿危害极大。

研究表明，怀孕期间喝酒是造成胎儿智力不健全的主要原因，而戒酒是预防弱智的唯一途径。孕妇饮酒除造成子女智力低下外，还会引起慢性酒精中毒性肝炎、肝硬化。

酒精对生殖细胞有不良作用，使受精卵质量下降，发育畸形。此时受孕，孩子出生后可引起"酒精中毒综合症"，出现：体重轻，中枢神经发育障碍，可有小头畸形、前额突起、眼裂小、斜视、鼻梁短、鼻孔朝天、上口唇内收、扇风耳等怪面容；以及关节畸形，心脏畸形；女孩有大阴唇发育不良；甚至还有心脏及四肢畸形。酗酒妇女所生婴儿畸形危险性，比不饮酒妇女高出许多倍。为了孩子的健康，孕妇要绝对戒酒。

7. 避开不良环境

孕妇要避开那些含有有害化学物质、重金属物质、放射性物质的环境。不要在新装修的房子里过久停留。要避开噪声、粉尘污染的环境。不要接触任何宠物。还要避免接触放射线，尤其是前三个月。因为，越是妊娠早期，对环境越敏感，胎儿受害越重。以上环境，可能引起胎儿畸形，如无脑儿、脊椎裂、唇裂、腭裂等。

8. 减少接触有害物质

妊娠期间，由于体内内分泌功能改变，孕妇面部会出现色素斑。为了增加面部美，有的孕妇常用一些化妆品打扮自己。

医学研究证明，绝大部分化妆品由化学物质制成。妊娠期皮肤尤为敏感，如果使用过多的化妆品，会刺激皮肤，引起过敏反应。化妆品中的有害物质通过母体皮肤吸收后，会间接危害胎儿。例如染发剂、化学冷烫精，不仅易使母体产生过敏反应，还会影响胎儿正常发育。孕妇涂口红，有害物质就会吸附在嘴唇上，并随唾液和呼吸进入体内，使胎儿受害。

妊娠期间不要染发，最好不使用化妆品。如果使用，以淡妆为宜。

9. 谨慎选择饮料

孕妇不宜饮用碳酸饮料和含咖啡因的饮料。妊娠期间清除能力降低，饮料中的咖啡因在母体中积蓄，积蓄的咖啡因通过胎盘被吸收，影响胎儿发育，导致体重减轻。此外，茶叶中含有鞣质，它能与铁结合，影响铁在肠内的吸收，诱发或加重孕妇的缺铁性贫血。妊娠期一定要克服饮茶、咖啡、可可习惯，力求少饮或不饮。

第三章 胎教——养育聪明快乐宝宝的重要环节

◎ 母亲的微笑是最好的胎教

◎ 音乐是胎儿与孕妇语言的桥梁

◎ 音乐胎教可益智

◎ 音乐胎教的方法

◎ 什么时候开始音乐胎教

◎ 抚摩胎教的益处

◎ 怎样进行抚摩胎教

◎ 准爸爸参与胎教尤其重要

◎ 胎教注意事项

◎ 不适宜进行胎教的音乐

母亲的微笑是最好的胎教

胎教包括对话胎教、音乐胎教和抚摩胎教。

研究表明，孕妇愉悦的情绪可促使大脑皮层兴奋，使血压、脉搏、呼吸、消化液的分泌处于相互平稳、相互协调状态，有利于孕妇身心健康，改善胎盘供血量，促进胎儿健康发育。微笑是给予宝宝的一种胎教，而且是最好的胎教。

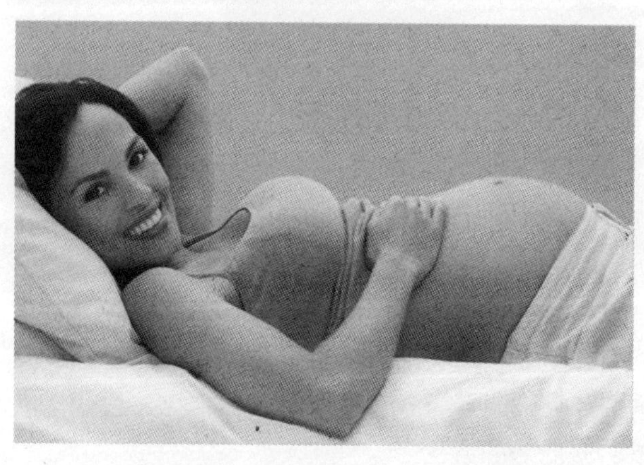

怀孕的前三个月，正是胎儿器官形成的重要时期，如果孕妇长期或经常情绪低落或波动，对腹中胎儿发育十分不利。所以，准妈妈每天都要开心一点儿，天天在微笑中度过。

尽管腹中的胎儿看不到准妈妈的微笑表情，但可以感受到妈妈的喜怒哀乐。

在整个孕期，不仅准妈妈要常常微笑，准爸爸也要常常微笑，因为准爸爸的情绪常常影响着准妈妈的情绪。准妈妈快乐，这种良好的心态会传递给腹中的胎儿，胎儿也会快乐。胎儿接受了这种良好的影响，生理、心理各方面会健康发育。

实践证明，孕妇爽朗的笑声，愉快的谈话声或歌唱声，会引起胎儿特别注意和精神兴奋。久而久之，胎儿记住了母亲的声音，而且对智力发育与心理发展有良好的启迪作用。

音乐是胎儿与孕妇语言的桥梁

对话胎教和音乐胎教一般同时进行或交替进行。准妈妈给胎宝宝说话，就是对话胎教。准妈妈唱歌，既是对话胎教，又是音乐胎教。

音乐是孕妇与胎儿建立最初联系和感情的最佳通道。

胎儿能记忆母亲的声音。胎儿在子宫内首先感受到的是韵律。开始时，韵律不是通过胎儿听觉感觉的，胎儿全身随着母亲的大血管分支的血液搏动而同步颤动。这种韵律不变的有规则的搏动，几乎在整个怀胎时期是胎儿的伴侣，是胎儿生活环境重要的组成部分。

有人测试胎儿的心跳，发现音乐可使胎儿心跳频率有变化，不论对高低调都有反应。受音乐的影响，胎动也会增加。

胎儿熟悉母亲的心音，同样熟悉母亲说话或唱歌的声音，而且一直保持到出生以后。在音乐气氛中，父母子女之间会更和谐、融洽。

曾有一位妇女，在怀孕期非常喜欢听某一张唱片的音乐，几乎每天都要听这段音乐，生产后却未再听过。当她的孩子7岁时，偶然听到这张唱片，跑到母亲面前说他非常喜爱这段音乐。

有人做过一个试验，给孕妇听音乐2分钟后，孕妇的心跳加快，5分钟后，胎儿的心跳加快。

父母对着胎儿唱唱歌，说说话，选择音乐同胎儿进行“交谈”和思想感情交流，可减少初产时母亲对胎儿的生疏感。平时，由于胎儿的特殊环境与地位，胎儿“听”到的声音，大部分是母体传来的，胎儿熟悉母亲说话和唱歌的声音，就像熟悉母亲的心音一样。父亲对胎儿说话、唱歌，声音传到胎儿，不如母亲那样直接，但也有良好的作用。

孕妇唱歌或哼哼曲调，比说话更能直接地表达感情。从某种意义上说，音乐是给胎儿的另一种语言。

音乐胎教可益智

一个人智力优劣与神经元发育有直接关系。脑神经元表面有一大的分支，称为“轴突”，有很多小的分支，称为“树突”，两个神经元之间依靠轴突、树突相互接触而传递冲动（即沟通信息），其接触部位称为“突触”。胎儿的脑发育需要音乐的良性刺激。

音乐胎教，是通过对胎儿不断地施以适当的乐声刺激，促使其神经元的轴突、树突及突触的发育，为优化后天的智力及发展音乐天赋奠定基础。

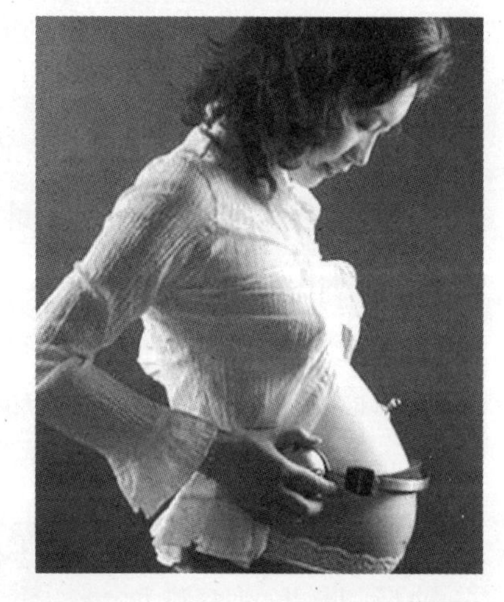

医学研究证明，音乐胎教可以使胎儿的脑神经元增多，树突稠密，突触数目增加，甚至使本无关联的脑神经元相互连通。

医学研究还表明，胎儿在子宫内最适宜听中、低频调的声音，而男性的说话声及唱歌声正是以中、低频调为主。因此，爸爸是音乐胎教中的最佳任课老师。

音乐胎教最主要的内容，是对胎儿进行听觉训练。“耳聪目明”之说，足见听觉对人智力发育的重要性。而一切声音中，音乐是最美妙的。科学研究发现，音乐由于速度、节拍、旋律的变化，能起到调节人体节律的作用。适当的音乐，会使胎儿的心率随着音乐的节奏变化。经过“胎教音乐”训练的婴儿，反应快，语言能力强，动作协调敏捷。

为胎儿选择的胎教音乐可以与为孕妇选择的音乐相同，也可选

择那些适合胎儿性格特点的欢快、活泼、明朗并且美妙的音乐，如儿童歌舞曲等。这样容易使胎儿感到喜欢，有助于培养活泼、明朗的个性，有利于保持大脑、身体的健康。

音乐胎教的方法

1. 母亲用柔和声音给胎儿唱欢快的歌曲

母亲给宝宝唱歌，对孩子是更好的熏陶。一方面，母亲在歌声中陶冶了性情，获得了良好的胎教心境；另一方面，母体在唱歌时产生的物理振动，和谐而又愉快，使胎儿从中得到感觉上的满足。这一点，是任何形式的音乐所无法取代的。

在厨房做饭的时候，在房间里扫除的时候，或是晾晒衣服的时候，只要有时间，妈妈就可以哼唱歌曲，让胎儿不断地听到动人歌声，传递具体的“爱的信息”，对奠定母子交流的基础是最有效的方法，对于培养胎儿的感受性来说，也是相当重要的。

2. 让生活中充满优美的乐声

音乐能培养丰富的感受性。让胎儿听着优美的音乐度时光，会使母亲和胎儿充满安宁和幸福。

众所周知，音乐能影响人们的情绪。所以，给胎儿心灵的那一页留下的印象，其意义是重大的。在选择歌曲、乐曲时，要考虑这一点。

胎教音乐要选择充满诗情画意，优雅抒情，委婉柔和的曲子。适合孕妇听的音乐，都可以作为胎教音乐，如中国乐曲《春江花月夜》、《彩云追月》、《雨打芭蕉》、《江南丝竹》、《梅花三弄》、《平湖秋月》、《渔舟唱晚》、《草原之夜》、《美丽的哈瓦那》、《睡吧，宝贝》；西方乐曲，如

《春之声圆舞曲》、《蓝色的多瑙河》、《致爱丽丝》、《少女的祈祷》、《秋日的私语》、《蓝色的爱》、《爱的协奏曲》、《水边的阿迪丽娜》、《A 大调抒情乐曲》、《仲夏夜之梦》等。

孕妇不宜听节奏过强、单调的音乐，如迪斯科音乐等。这样的音乐会造成烦躁和疲劳，对胎儿的性格产生不良影响。孕妇听音乐，应根据生活规律随时听取，但不宜戴耳机，音量应控制在 45～55 分贝之间。

胎儿在听力、视力、皮肤感觉力等能力发育之时，记忆力会同时出现快速发展的趋势，因为感官能力的发展都依赖于记忆力的发育，同时反过来促进记忆力更快发展。如母亲的声音，胎儿多次听到后，就会在脑中留下印象，这就是记忆的开始。有了记忆，下一次再听到母亲声音时，胎儿就会有熟悉感。这会加深胎儿的记忆，促使胎儿对母亲的声音做出欢迎的、高兴的反应，建立“感觉——记忆——反应”机制。经常刺激这一机制，胎儿的大脑活动能力必然增强，智力就会超过一般人。

经常听音乐，有助于开发右脑，增强创造力。对胎儿进行音乐胎教是一种培养音乐素养、兴趣的好方法，也是培养创造力的开端。

美妙的音乐能唤起孕妇美好的情感和艺术想象力，同时使她气血畅通，细胞活跃，心情愉快。这对孕妇的生理、心理都有好处；胎儿也会产生共鸣，感到身心愉悦，从中受益。

音乐是一种依赖直觉的艺术，又是对生理、心理有双重作用的艺术，它在潜移默化之中，就能对人的情绪、个性、品性、智力和身体健康起塑造作用，所以是胎教的最理想教材和途径。

什么时候开始音乐胎教

研究发现，胎儿在 3～4 个月时便有了听觉能力；6 个月时，听觉

能力发育到相当完备的程度，不仅能听到母亲的心跳、声音，对外界发出的各种声音、音乐都会有一定反应。如听到过响或不舒服的噪音时，胎儿会有皱眉、踢脚、烦躁等动作反应；听到母亲的声音或优美的音乐时，会有舒服安静地吸吮手指、轻轻踢脚等表现。从胎儿3个月后，就可进行音乐胎教。

专门给胎儿听音乐，时间不宜过长，一般5～10分钟。时间选在胎动之后，每天两次即可。

抚摩胎教的益处

对孕妇的肚皮进行抚触和按摩，就是抚摩胎教。孩子喜欢父母的爱抚，胎宝宝也不例外。经常受到父母爱抚的孩子长大后，遇事更冷静沉着，反应更机敏。抚摩胎教是准父母与胎宝宝之间最早的触觉交流，通过抚摸准妈妈的腹部，使腹中的宝宝感觉到父母的存在并做出反应。在对胎儿进行对话胎教和音乐胎教的同时，应该进行抚摩胎教。

抚摩胎教可以锻炼胎宝宝皮肤的触觉，通过触觉神经感受体外刺激，从而促进大脑细胞发育，加快智力发展。

抚摩胎教还能激发胎宝宝活动的积极性，促进运动神经发育。经常受到抚摩的胎宝宝，对外界环境的反应比较机敏，出生后翻身、抓握、爬行、坐立、行走等大运动发育明显提前。

在抚摩胎教过程中，不仅让胎宝宝感受到父母的关爱，还能使准妈妈身心放松、精神愉快，加深一家人的感情。

怎样进行抚摩胎教

正常情况下，怀孕 2 个月开始，胎宝宝就在母体内活动了，但活动幅度很小，准妈妈不能感知。随着妊娠月份增加，活动幅度越来越大，从吞吐羊水、眯眼、咂手指、握拳，直到伸展四肢、转身、翻筋斗等。一般过了孕早期，抚摩胎教就可以实施。抚摩胎教的方法有以下几种。

1. 来回抚摩法

实施月份：怀孕 3 个月以后，可以进行来回抚摩练习。

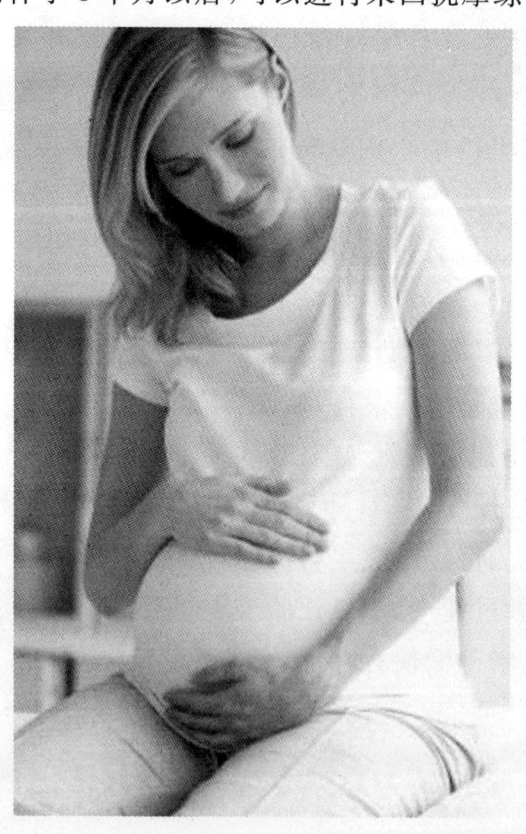

具体做法：准妈妈在腹部完全松弛的情况下，用手从上至下、从左至右，来回抚摩。

注意事项：抚摩时动作宜轻，时间不宜过长。

2. 触压拍打法

实施月份：怀孕4个月以后，在抚摩的基础上轻轻地触压拍打。

具体做法：准妈妈平卧，放松腹部，先用手在腹部从上至下、从左至右来回抚摩，并用手指轻轻按下再抬起，然后轻轻地做一些按压和拍打动作，给胎宝宝以触觉的刺激。开始时，胎宝宝不会做出反应，准妈妈不要灰心，要坚持长久地有规律地去做。一般需要几个星期时间，胎宝宝会有所反应，如身体轻轻蠕动、手脚转动等。

注意事项：开始时每次5分钟，等胎宝宝做出反应后，每次5～10分钟。在按压拍打胎宝宝时，动作一定要轻柔。准妈妈还应随时注意胎宝宝的反应，如果感觉到胎宝宝用力挣扎或蹬腿，表明他不喜欢，应立即停止。

3. 推动散步法

实施月份：怀孕6、7个月以后。当准妈妈可以在腹部明显地触摸到胎宝宝的头、背和肢体时，增加推动散步的练习。

具体做法：准妈妈平躺在床上，全身放松，轻轻地来回抚摩、按压、拍打腹部；同时，用手轻轻地推动胎宝宝，让胎宝宝在宫内"散散步、做做操"。

注意事项：此种练习应在医生指导下进行，以避免因用力不当造成腹部疼痛、子宫收缩，甚至引发早产。每次5～10分钟，动作要轻柔自然，用力均匀适当，切忌粗暴。如果胎宝宝用力扭动身体，准妈妈应立即停止推动，可用手轻轻抚摸腹部，胎宝宝就会慢慢地平静下来。

4. 亲子游戏法

实施月份:怀孕 5 个月以后。有胎动了,就可以进行亲子游戏。

具体做法:准妈妈先用手在腹部从上至下、从左至右轻轻地有节奏地抚摩和拍打,当胎宝宝用小手或小脚给予还击时,准妈妈可在被踢或被推的部位轻轻地拍两下;一会儿,胎宝宝就会再次还击,这时准妈妈应改变一下拍的位置,距离原拍打的位置不要太远,胎宝宝会很快向改变的位置再做还击。反复几次,别有一番情趣在其中。

注意事项:这种游戏最好在临睡前进行,此时胎宝宝活动最多。时间不宜过长,一般 10 分钟即可,以免引起胎宝宝过于兴奋,导致准妈妈久久不能安然入睡。

准爸爸参与胎教尤其重要

胎宝宝非常喜欢准爸爸的抚摩和声音。不论对话胎教还是抚摩胎教,准爸爸一定要参加。

一般来说,在抚摩胎教的同时,也进行对话胎教或音乐胎教。准爸爸应经常轻轻地抚摩胎宝宝,同时给胎宝宝说话和唱歌,并协助准妈妈让胎宝宝进行一些宫内运动。最好是一边抚摸一边与胎宝宝说话,同时告诉宝宝是爸爸在抚摩他。准爸爸还可以加入到亲子游戏中,让胎宝宝感受家的温馨。

当胎宝宝的活动过于激烈,让准妈妈感觉难以忍受时,准爸爸可一边轻抚胎宝宝,一边温和地说:“乖宝宝,爸爸和你商量个事儿,小腿踢得轻点儿,好吗?你妈妈感觉有些吃不消了。”不可不信哦,这个时候让准爸爸出面调解,特别管用。

胎教注意事项

对话胎教，声音要适当大和清晰，速度要缓慢，要发自内心。

传递给胎儿的声音通过羊水后往往模糊不清，在对胎儿说话时，声量要适当大一些，吐字要清晰，停顿要长一些，语速要慢一些。

对胎儿说话，持之以恒很重要。每次时间短一些，也不要紧，尽量坚持每天至少一次。

孕早期以及临近预产期，不宜进行抚摩胎教。

有不规则子宫收缩、腹痛、先兆流产或先兆早产的准妈妈，不宜进行抚摩胎教，以免发生意外。

有过流产、早产、产前出血等不良产史的准妈妈，也不宜进行抚摩胎教，可用其他胎教方法替代。

抚摩胎教应有规律性，每天 2 次，坚持在固定的时间进行，这样胎宝宝才能心领神会地在此时间里做出反应。

抚摸胎宝宝之前，准妈妈应排空小便。

抚摸胎宝宝时，准妈妈避免情绪不佳，应保持稳定、轻松、愉快、平和的心态。环境舒适，空气新鲜，温度适宜。

进行抚摩胎教时，如能配合对话胎教和音乐胎教，效果会更佳。

不适宜进行胎教的音乐

1. 节奏过于强烈的音乐

如迪斯科音乐，强摇滚乐，我国传统和国外各类节奏过强、过猛、过快的打击乐等。

2. 节奏杂乱的音乐

如当代流行歌星唱的、打击出的或强或弱，故意打破节奏规律，听了令人感觉不舒服的歌曲。

3. 频率过高的音乐

声音太尖太响，都不适宜胎儿。超过70分贝就是噪音，会令胎儿感到不适，像雷电一般过响的声音甚至会惊吓胎儿。频率太高太尖的声音，会使胎儿感到不舒服，甚至会在孕早期引起胎儿畸形。孕妇要细心一些，感到刺耳、不舒服时，马上关闭录音机或电视机，或离开播放这种音乐的场所。

4. 不和谐音、噪音

声音令人不舒服的乐器演奏的乐曲，嗓音令人不舒服的歌手唱的歌曲，以及录音制作质量较差的音乐制品，只能算噪音，不能算音乐，起不到培养胎儿的作用。

5. 淫荡、邪气的乐曲

古人善于分辨正气与邪气，认为音乐正气与邪气对人有不同的影响力，甚至会影响人的品格德性。

6. 悲哀、低沉、沮丧的音乐

悲哀低沉的音乐，会令胎儿伤心。听到这类音乐，胎儿会有皱眉、要哭似的表情，不利于良好性格塑造和身体健康。

第四章　母乳喂养是最好的喂养方式

◎ 母乳喂养对宝宝的好处

◎ 母乳喂养对妈妈的好处

◎ 母乳喂养注意事项

◎ 怎样提高母乳的质和量

◎ 母乳喂养的成功秘诀

◎ 如何保证母乳充足

出生 6 个月内，婴儿除了随月龄增加而添加的辅食以外，采取单纯的母乳喂养，这种方式叫母乳喂养。

母乳不但包括宝宝生长所需全部营养，更奇妙的是，还会根据宝宝发育的不同阶段，自动对里面的成分进行调整而满足宝宝的需求。这一切令人感叹自然之奇妙。人工喂养不论怎样调整，都无法与之相提并论。

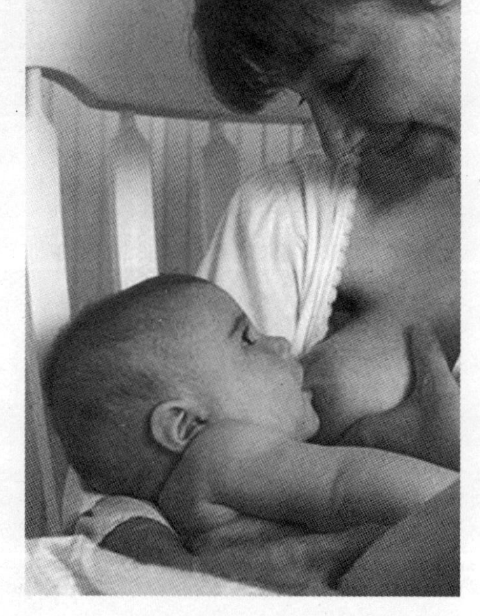

有些妈妈会认为配方奶的营养更全面均衡，其实这是误解。没有什么能和母乳相比。母乳中已经被人类发现的 1000 多种营养成分里尚有 400 多种无法被现有科学技术复制。

母乳含有婴儿所需各种营养，母乳中的抗体可与乳铁蛋白、吞噬细胞及其他防御因素协同作用，减少疾病，增强体质，使婴儿发病率和死亡率大幅度下降。

母乳是婴儿的最佳食品，适合婴儿生长发育和智力发展的需要。母乳喂养是最好的喂养方式。

母乳喂养对宝宝的好处

1. 营养全面　易于吸收

母亲的乳汁里含有合适数量的脂肪、蛋白质、水和糖，各种营养完备。母乳中各类营养物质比例正好适宜宝宝生长和发育的需要，

比配方奶更易于消化和吸收。与牛奶相比(大部分配方奶以牛奶为原料),人奶在婴儿的胃里形成更软的凝乳,能更快地被人体系统所同化。尽管人奶中蛋白质含量低于牛奶,但几乎全部是宝宝能够利用的。相反,牛奶中大约有一半的蛋白质被当做废物排出体外。同样,母乳喂养的婴儿对铁和锌吸收得更好。

2. 不会缺锌

母乳含锌丰富,尤其初乳含锌为 20 mg/L,3～6 个月的母乳含锌为 2～3 mg/L,因此,母乳喂养少有缺锌症状。牛乳中的锌由于缺小分子多肽的结合物质,故不易吸收,易出现锌缺乏症。母乳中的锌与分子量为 8700 的小分子多肽结合,易于吸收。

3. 母乳成分随着发育的需要发生变化

产后 1～2 天内分泌的乳汁叫初乳,色黄质稀,含有较多的蛋白质和固体成分,还有轻泻作用,有利于新生儿排出胎粪。随着新生儿生长和发育,母乳逐渐变浓,量也增多,6 个月左右达到高峰,以满足婴儿需要。这是任何其他乳类所不及的,是它独具的特殊优点。

4. 新鲜无菌　温度适宜

母乳是从乳房分泌出来的乳汁,温度适宜,新鲜,绝对无菌,随时可以哺喂。

5. 免疫作用

母乳里含有很多免疫成分(称为抗体),帮助新生儿避免病菌和病毒感染。母乳喂养的婴儿很少有肠胃炎、胸部感染和麻疹病例,这是婴儿直接接受了抗体的缘故。所有的婴儿都在出生前通过脐带,从胎盘血中接受了一些抗体,而母乳喂养的婴儿,其体内抗体则可由初乳和母乳内的抗体得到补充。在婴儿生活的头几天里,抗体可对肠道产生保护作用，并且由于抗体为血液所吸收，形成了身体保护作用的一部分，以抵御各种传染病。

6. 预防过敏

母乳有抗过敏作用，母乳喂养的婴儿极少有过敏反应。过敏反应以肠道、呼吸道及皮肤症状最常见。坚持1个月以上纯母乳喂养，不补充任何其他奶类，能够在很大程度上预防3岁以前的食物过敏和17岁之前的呼吸系统过敏。母乳喂养6个月，可以预防3岁前出现的湿疹，也可能预防青春期出现严重的遗传性过敏症。母乳喂养的宝宝比较少得湿疹。

7. 预防儿童肥胖症

母乳中脂肪酸比较适宜，而牛乳中饱和脂肪酸高于母乳，不饱和脂肪酸低于母乳，特别是亚油酸含量差别很大(人乳约为牛奶的7倍)。亚油酸是人体必不可少的脂肪酸，缺乏亚油酸，易产生小儿湿疹，使婴儿长得虚胖。德国学者研究表明，用母乳喂养大的儿童患肥胖症的可能性相对较小。孩子接受母乳喂养时间越长，到学龄阶段后患肥胖症的可能性越小。

8. 预防佝偻病

母乳含维生素充足，而牛奶中维生素较缺乏。例如，维生素C，牛奶需要煮沸消毒，致使维生素C被破坏。又如，初乳中维生素D浓度为每100克含1.78微克，成熟乳为每100克含1微克，而牛乳每100克含0.15微克，远较人乳为少。一般人工喂养的婴儿，佝偻病患病率高于母乳喂养的婴儿。

9. 不会消化不良

母乳所含蛋白比例适当，且易消化。牛奶的蛋白总量虽是人乳

的3倍，但不易消化，营养价值低，尤其对于体弱儿和早产儿不适宜，易引起脂肪性消化不良。

10. 减少婴儿腹泻

母乳中天然乳糖适合婴儿的需要，比例适当，并且能抑制大肠杆菌，减少婴儿腹泻。牛奶由于乳糖缺少，人工喂养容易腹泻。

11. 不会便秘

在用母乳喂养的婴儿大肠中，双叉杆菌有93%。它可以抑制大肠对有害物质的吸收，抑制各种感染菌的繁殖，促进肠道蠕动，不致便秘。牛奶喂养的婴儿，大肠中双叉杆菌仅有19%，容易发生便秘。

12. 预防儿童肝病

医学研究发现，人工喂养的婴儿，往往容易患一种虽不多见但能严重威胁患儿生命的“婴儿代谢性肝病”。究其原因，是婴儿体内缺乏一种叫甲种抗胰蛋白酶的蛋白质。这种蛋白酶只存在于母乳内，牛奶及代乳粉中都不含这种酶类蛋白质。同时，母乳中还含有多种抗病毒的抗体。因此，母乳喂养的孩子能有效预防罹患病毒性肝炎。

13. 促进大脑发育

研究证实，母乳中的一种氨基酸——牛磺酸，与人类大脑发育密切相关。这种氨基酸能使人脑神经细胞总数增加，促进神经细胞核酸的合成，并能够加速神经细胞间网络的形成及延长神经细胞存活时间。对于婴儿来说，母乳是其所需牛磺酸唯一来源。用配制食品喂养的婴儿则极易发生牛磺酸缺乏症，将对大脑的发育产生相当不利的影响。

14. 减少儿童变态反应性疾病的发生

专家认为，母乳中含有大量婴儿必需营养成分，可使消化系统和免疫系统健康发育，有利于抵御变态反应源的干扰，所以，不易患变态反应性疾病。预防医学专家指出：婴儿尤其是有变态反应家族史的婴儿，最好母乳喂养。

15. 孩子长大后冠心病发病率低

医学专家发现，冠心病其实始于儿童时期，母乳哺育的婴儿要比牛奶或其他代乳品哺育的婴儿成年后冠心病发病率低。这与母乳中铜含量比牛奶或其他代乳品高有关。人体内铜元素含量少，血中的胆固醇就会升高，久之可导致动脉硬化，引起冠心病发生。用母乳哺养的婴儿则可获得足够的铜元素，对保护娇嫩的心血管能起到积极作用。

16. 减少婴儿死亡率

新生儿能从母乳中获得免疫体，6 个月内很少得麻疹、小儿麻痹、腮腺炎等传染病。曾观察到，母乳喂养的新生儿胃肠道、呼吸道和耳部的感染抵抗力比喂牛奶的要强些。英国曾对婴儿喂养方法与死亡率作对比，其结果：人工喂养的婴儿死亡率是母乳喂养婴儿的 10 倍。这与母乳中含有多种类型的抗体，能帮助婴儿抵抗多种疾病有关，这种抗体是其他乳品和代乳品所没有的。

17. 有利于智力开发

哺乳过程中，母亲的声音、心音、气味和肌肤的接触能对婴儿的大脑产生良性刺激，可以促进早期智力开发。

18. 能促进面部发育

婴儿吮吸乳头的动作和过程能促进婴儿面部发育，有利于面部器官正常发育，利于乳牙成长，防止龋齿。

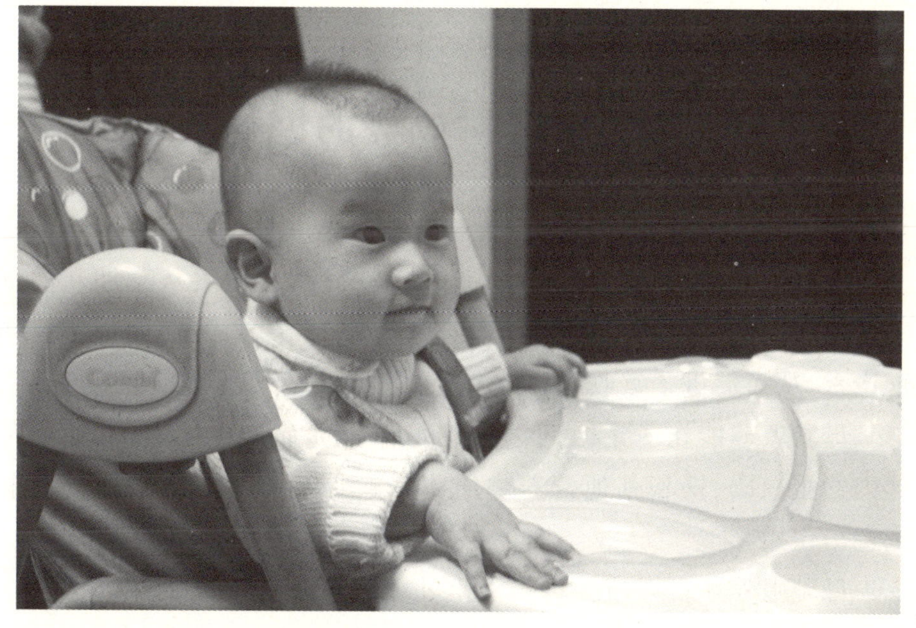

19. 有利于性格发展

哺乳时，婴儿吸吮乳头，母亲对婴儿爱抚和拥抱的动作，可使宝宝获得充分的满足感和安全感。对婴儿的情绪性格发展有好处。

20. 身心愉快　健康成长

在婴儿发育过程中，不但需要物质营养，也需要精神“营养”。对幼婴儿来说，最大的“精神营养”无疑就是来自母亲的哺乳。母乳喂养不仅供给必需的营养素，而且给予婴儿感情与温暖，促进身心发育。喂奶时，婴儿躺在母亲怀抱里，接触温暖的肌肤，闻到母亲身上亲切的气味，再次听到早在宫内已熟悉的心跳的节律，再加上爱抚的动作和温柔的言语，这一切都能使婴儿感受到母爱，产生愉快的情绪，对身心健康发育很有好处。

母乳喂养对妈妈的好处

母乳喂养能给予母亲一种特殊的敏感性，并使之从孕期状态向非孕期状态成功过渡。婴儿频繁有效地吸吮乳房，能促使母体产生催产素，从而促进子宫收缩，减少产后出血，加快子宫复旧。

母乳喂养能在一定时间内抑制母体排卵而产生闭经，从而使母体内的蛋白质、铁和其他营养物质得以贮存，利于产后康复，同时起到避孕作用。

母乳喂养还可以减少母亲发生乳腺癌和卵巢癌的危险。

母乳喂养可以让妈妈的乳房得到更好的恢复，避免下垂。可尽快减去怀孕期增加的体重，促进身材恢复正常状态，避免产后肥胖。

母乳喂养的母亲富有成就感，更自信。尤其对子女教育等事务，更有信心。

母乳喂养能增进母婴之间的感情。母乳喂养有利于培养良好的亲子关系。母亲享受为人母的满足，孩子感受母亲的关心，有安全感，利于母婴间感情交流。

儿童保健专家发现，自大力提倡母乳喂养以来，我国母乳喂养的婴儿在6个月之前的体质发育水平同发达国家婴儿的发育平行，但6个月以后，我国婴儿发育水平开始下降。究其原因，与辅食添加不合理有关。过早或过晚添加辅食以及食物的种类、质和量，都是影响6个月以上儿童生长发育的因素。

母乳喂养注意事项

母乳喂养对婴儿是最好的。如果在不适宜情况下喂养，不仅对宝宝没有好处，还会令宝宝受到伤害。衡量母乳喂养与母婴安康之间的利害关系，以下 6 种情况需要特别注意。

1. 生气时不要哺乳

妈妈生气时或刚生完气就喂奶，会让宝宝吸入带有毒素的奶汁而中毒，轻者生疮，重者生病。

2. 运动后　不宜马上哺乳

中等强度以上的运动，体内会产生乳酸。乳酸潴留于血液中，使乳汁变味。乳母只宜从事温和运动。运动结束后，休息半小时再喂奶。

3. 房事后　不宜立即哺乳

我国古代许多医书都有记载，乳母在性生活之后不可立即哺乳。性生活时十分兴奋，中医认为“相火内动”，会影响乳汁的质量，对婴儿不利。实际上，人在情绪变化的时候，身体代谢不同于安静状态，必然影响乳汁质量。此时哺乳，不利于小儿健康。完事 20 分钟以后再喂奶。

4. 浴后不宜马上哺喂

冬天，许多处在哺乳期的妈妈喜欢洗完热水澡，暖融融地抱起宝宝喂奶。专家认为，妈妈刚洗完热水澡，不太适宜立即哺乳。热水洗浴，体热蒸腾，乳汁也为热气所侵，这时哺喂，"热乳"可能会伤害婴儿。古代育儿指南规定，乳母应"定息良久"，再"捏去'热乳'，然后乳之"。

夏季天气炎热，许多妈妈会用冷水洗澡，血脉受冷收缩，母乳受冷的影响，质量也可能发生变化。婴儿吃了这样的母乳，容易产生不适。适当休息后，再喂奶。

5. 婴儿洗澡之后　不宜马上喝奶

这种情况下，小儿气息变化，气息未定时就喂奶，会使婴儿脾胃受损，甚至患上赤白痢疾。洗浴之后，应当休息一段时间，等气息平定下来，再轻揉乳房，然后喂奶。

6. 走得太急　不能马上喂奶

休完产假，有些妈妈会继续给宝宝哺乳，下班就急急忙忙地往家赶。专家称，这种情况下也会产生"热奶"。建议不要回到家里马上给宝宝喂奶，最好歇 15～20 分钟再喂奶。

怎样提高母乳的质和量

家庭成员应尽量减轻乳母的家务负担，提供良好的生活环境与家庭气氛，以保证母乳喂养成功。

要讲究喂奶方法，注意科学喂奶。

① 早期吮吸。婴儿吮吸能刺激催乳素产生，从而提高乳汁分泌量。首次哺乳时间越早越好，国外专家甚至强调，出生 1 小时内即可喂哺。初乳营养最丰富，免疫物质含量高。从有利于母婴双方出发，产后立刻哺喂为宜。

② 增加哺乳次数。增加吮吸次数，可以刺激乳汁分泌。

③ 按需哺乳。新生儿期喂奶次数可以多些。不管白天夜晚，应随时哺喂。母亲感到乳房胀时，也应给婴儿喂奶。频繁吸吮乳头，可刺激产生更多的乳汁，对保证母乳喂养成功十分重要。每次喂奶，要让婴儿吸空一侧乳房后再吸另一侧，每侧乳房吸 5～10 分钟，也可更长些。喂奶时，应先喂上次后喂奶的一侧乳房，两侧乳房交替排空。

④ 乳母要加强营养，避免疲劳，稳定情绪。哺乳期间，母体摄入能量低于 5000 千焦耳/日，则乳汁分泌量大大降低。给乳母补充营养，可使乳汁成分发生变化，质提高，量增加。乳母应当多吃营养丰富而且容易消化的食物，多喝汤水，特别是豆浆，可促进乳汁分泌。乳母必须充分睡眠和休息，疲劳过度，可降低乳汁分泌量。此外，乳腺分泌乳汁多少，与精神状态有密切关系。过度紧张、忧虑、悲伤、愤怒或惊恐，都会影响催乳素分泌，而使乳汁减少。哺乳期间，务必保持心情愉快、平静，保证乳汁正常分泌。

母乳喂养的成功秘诀

全球公认，母亲乳汁是婴儿理想的天然食物，母乳喂养是增强婴儿免疫力及抵抗疾病的最佳方法。同时，还可减少妈妈乳腺、卵巢肿瘤及婴儿缺铁性贫血等疾病。母乳喂养是连接母婴情感的纽带，也是女性追求健康权和婴儿要求食物、关爱与健康权利的保障。更重要的是，可促进婴儿大脑和智力发育。因此，必须千方百计使母乳喂养获得成功。怎样才能使母乳喂养获得成功呢？

1. 家庭要形成和谐的育儿氛围

孩子一出生，母亲就应该满怀亲情和爱心，有信心负起喂哺孩子的责任,克服各种困难,完成这项伟大使命,与婴儿一起成长,共享母婴独有的欢愉。绝大多数母亲能顺利地喂育婴儿,给孩子打下一生中最重要的基础。

父亲和其他长辈要积极支持母乳喂养,营造适宜的环境,给予心理关怀和具体事务上的援助,形成和谐的育儿氛围,使母乳喂养顺利进行。

2. 孕晚期做好哺乳准备

产前检查时,要学会呵护乳房及按摩方法。如果乳头内陷,应该积极纠正,以免发生哺乳困难,并在孕期保健课中学习哺乳知识和技术。怀孕 5 个月,开始乳房呵护。

3. 分娩后　早开奶

婴儿断脐带后,即可试把婴儿置于胸前吸吮乳房。此时,婴儿和母亲都处在分娩后的精神兴奋期,较为敏感。此时,婴儿吸吮乳房,不只为了吃饱,而是为了刺激乳汁分泌,使初乳快速增加。

产后最初几天分泌的初乳对新生儿的消化吸收和生长发育更有好处,也可让母婴双方更快互相适应。

4. 2～3 个月内按需哺乳

按需哺乳,是指婴儿出生后 2～3 个月内,乳母据乳房胀满情况和婴儿饥饿表现给予哺乳。哺乳前及哺乳后,仔细观察婴儿的情况,在婴儿睡眠、扰动、啼哭、饥饿时,应立即哺乳。在 1～2 个月内,母婴要互相适应,渐渐实行 3～4 小时哺乳一次,每侧乳房哺乳10～15 分钟,更换另侧乳房,再哺 10～15 分钟。3 个月后,随着婴儿夜里睡眠时间加长,一次可睡 5～6 小时,夜里喂乳减少一次。每次要左右乳房轮流,以便都有吸空的机会。乳房越空,越能促进泌乳。婴儿用力吸空乳房,是最好的催乳剂。通过母婴互动双方相互适应逐渐建立哺乳

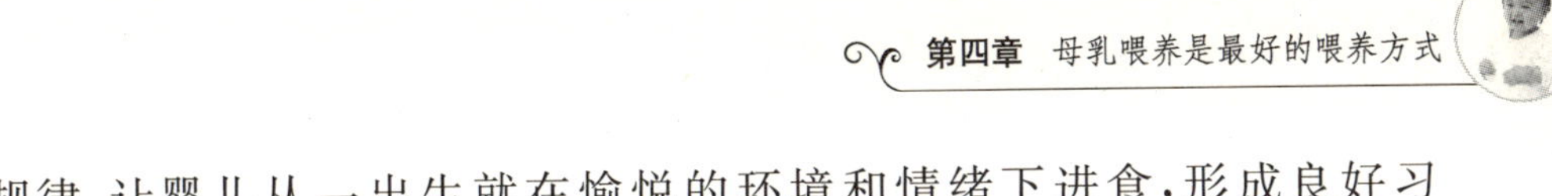

规律，让婴儿从一出生就在愉悦的环境和情绪下进食，形成良好习惯，终生得益。

哺乳时，如果婴儿吸吮用力、有节奏，并可在喉部附近听到吞咽声，表明他（她）很饥饿，正在用力吸乳；随着乳房逐渐吸空，松弛下来，婴儿的吸吮力逐渐减小，节律减慢，最后停止吸乳进入睡眠，表明婴儿吃饱了。

5. 掌握正确的喂奶方法和技巧

哺乳应在固定地方和宁静环境中进行。哺喂时，母亲采取舒适坐位，哺乳一侧脚稍垫高；让婴儿头枕母亲臂弯，全身侧向母胸，头略高，脚稍低，嘴正对乳头。当婴儿被母亲抱起，躺在同一姿势时，只要闻到乳香，就会胃口大开，急着用小嘴找寻乳头。在婴儿张口时，母亲要适时将乳头送入嘴里，将乳头四周深色的乳晕一起塞进。这样，婴儿闭嘴吸吮时，正好压迫乳晕下盛满乳汁的小囊，将乳汁喷射到婴儿口中并咽下。

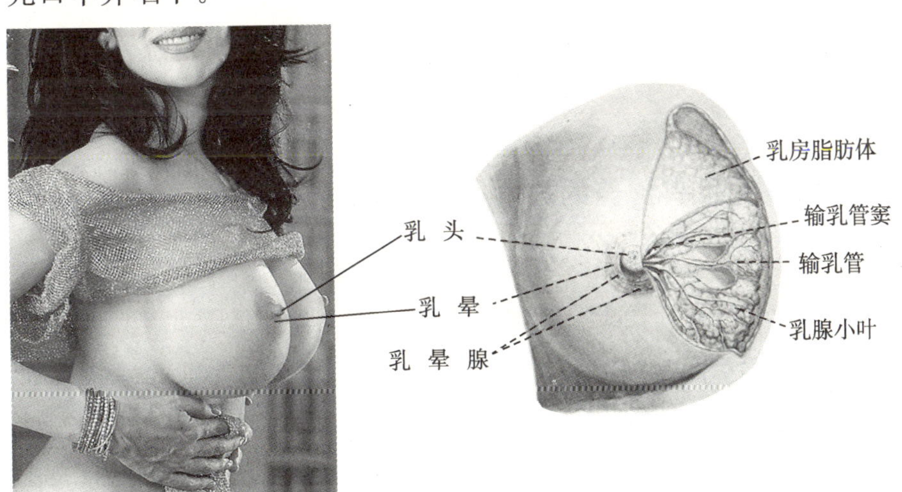

哺完乳，婴儿停止吸吮时，轻轻用食指按压婴儿紧闭的下唇，使空气进入口腔，消除负压；再轻柔地将乳头移出，避免在强负压情况下强行将乳头拉出，使乳头破损。整个哺乳过程尽量保持婴儿清醒，哺乳后将婴儿抱直，头依母肩，面向母后，轻拍背部，将哺乳时吸入胃

内的空气排出。然后，将婴儿头略垫高，右侧卧于床上。切忌翻动，不要摇晃，以免溢奶。要注意婴儿的变化，了解饥饿情况、吸乳速度、吸乳量多少、情绪反应、吸吮强度、吞咽节律及吐奶情况。哺乳行为各个婴儿表现不尽相同，各有特点。乳母应充分了解自己的孩子，采取合适的方法应对。

只有让婴儿的口腔与乳头正确衔接，才能起到充分吸吮乳汁的作用。如果婴儿的嘴只含着乳头，吸吮时口腔就会呈负压。这时，虽然吸力很强，但不能使乳汁从小囊中喷出，还容易将乳头皮肤弄破，引起疼痛并发细菌感染，造成乳房脓肿，使母乳喂养不能顺利进行。

6. 哺乳过程中注意自身保健

这是母乳喂养成功的基本条件。母亲只有身体健康，才能有充足的乳汁喂孩子，有充沛的体力和精神抚育照顾孩子。因此，要十分注意自身保健。休息和睡眠要充足，按婴儿睡眠节律调整自己的休息时间，日夜至少要睡 8～9 小时。

产后要注意卧床休息，但不宜整天卧床，白天可到户外散步并做运动。

7. 保证充足有营养的膳食

膳食既要满足乳母本身健康所需，又要满足分泌乳汁，为婴儿提供所需各种营养素。因此，要做到食物多品种，数量要足够，烹调要合理，使食物有较高的营养价值，并达到平衡膳食的要求。除了正常三餐外，可在上午、午后、晚间增加进餐 2～3 次。食物要干稀搭配，注意多喝汤水，比平时多进食液体 1000～1500 毫升，以供乳汁分泌。限制辛辣及强刺激食品，禁烟酒。为了增加泌乳量，多食用肉、鱼、禽煮的汤水。用黄豆、花生炖汤煮粥，有一定的催乳作用。

乳母一天膳食应保证肉类、禽和蛋类、牛奶、豆制品等摄入，满足泌乳对优质蛋白质的需求；多吃海产品、鱼油等食物，促进婴儿大脑

和视网膜功能发育对脂肪的需求；多吃海带、紫菜、虾米等含钙、铁和碘丰富的食物，满足婴儿快速生长发育的需求。

8. 保持轻松愉快的心情

母亲要情绪平稳，在和谐平静的气氛下生活。不宜过分紧张，对抚育孩子不仅有信心，还应积极把爱化为行动。看到孩子长大是十分高兴的事，遇到不称心的事不要太担心，不要闷闷不乐，悲伤或愤怒的事要善于化解，否则都会使母乳减少。

美国生物学专家发现，人在不同情绪下呼出的气体，其中所含物质完全不同。心平气和时呼出的气体变成液体时，是无色、无杂质、清澈、透明的，而情绪不良时，如发怒时呼出的气体变成液体时，含有白色的沉淀。

专家认为，处在不良情绪中，人的血液中一些物质成分就会发生改变，可能会生成某种对人体健康有危害的毒素。这些毒素进入婴儿体内，会对健康产生危害。给婴儿喂奶时，乳母要保持平静和良好的心情，与婴儿交流，千万不可在生气或盛怒之下喂奶。

如何保证母乳充足

新生儿期要让婴儿频繁地吸吮乳头，增加对乳头的刺激，这是乳汁分泌的动力。乳汁越吸越多，而且边吸边分泌。

每次喂奶时，应将一侧乳房吸空后再吸另一侧，两侧乳房都要吸空。若婴儿吃不完，应该用吸奶器将剩余的奶吸出来，吸空。这样两侧乳房才能得到多次刺激，促使乳汁分泌增多。

乳母的情绪很重要。愉快的情绪可促进乳汁分泌，忧虑焦虑能抑制乳汁分泌。因此，要保证乳母精神愉快和充分的睡眠。

要保证奶好，还应注意乳母的膳食营养。膳食要多样化，搭配合理，严防偏食、挑食，避免带刺激性的食物和烟酒。多吃些富含蛋白质的食物，如蛋类、瘦肉、鱼类和豆制品及含钙和维生素的蔬菜水果，这样分泌的乳汁营养全面。

还要给乳母每天多喝些含高蛋白质的汤水，如鸡汤、排骨汤等，以确保奶水质量。

在分娩后5个月内，避免服用避孕药物，因为它会减少乳汁供应。可采用物理避孕法。

第五章　让孩子快乐的秘诀

◎ 拥抱 + 笑声
◎ 倾听孩子诉说
◎ 拒绝完美
◎ 让孩子享受自由带来的快乐
◎ 给孩子具体的赞赏
◎ 给孩子表现的舞台
◎ 引导孩子多方面兴趣
◎ 放手让孩子独立解决问题
◎ 给孩子充足的游戏时间
◎ 让孩子和小伙伴一起玩
◎ 父亲积极参与养育
◎ 用积极的情绪感染孩子
◎ 创造快乐

让宝宝快乐成长，是父母的愿望。情绪情感在儿童的智力、个性等的形成和发展中起着重要作用。从出生到3岁，是情绪反应性关键期，处在这一时期的婴幼儿对与情绪密切相关的事物十分敏感。

人的情绪状态和人体的生理变化有着紧密的联系，通过实验发现，情绪可直接影响植物性神经系统的功能。积极愉快的情绪有利于智力开发，可促进婴幼儿潜能的发挥，有利于活泼、开朗、信任、自信等良好个性特征的形成。

孩子不快乐，不仅影响身心发育，还会影响未来的一生。培养一个快乐的孩子，给予孩子一个快乐的成长过程，是任何财富都无法带来的好处。父母希望孩子快乐，源于对宝宝的爱，又与育儿科学不谋而合。看一个孩子脸上有多少笑容，通常就能知道他所接受的教育是否成功。盼望孩子天天露出笑脸，该是多少父母的心愿呵！那么，如何才能让愿望成真呢？

拥抱＋笑声

心理学家说过，孩子一天需要4个拥抱才可生存，8个拥抱能过得更好，16个拥抱让他的生活继续发展。有些父母喜欢在宝宝面前保持严肃的形象，以为这样才有尊严，其实亲子间感情不要只放在心里，爱他就要表达出来。

让家中充满笑声，经常拥抱宝宝，让宝宝在你的拥抱中获取信赖和力量，让他在笑声中感受父母爱意的同时充分感受安全感。

倾听孩子诉说

宝宝在成长过程中有很多话对父母说，父母千万不要嫌烦，要做忠实的听众。

当宝宝说话时，父母尽量停下手中正在做的事情，专心、耐心地听他说完，不要中途打断，急着帮他表达或是要他快快把话说完。陪宝宝去幼儿园途中，是最佳的倾听时刻。

拒绝完美

许多父母希望宝宝展现最好的一面，事事要求完美。殊不知，这样做会影响宝宝自信心的建立和不怕犯错的勇气。当父母忍不住帮宝宝把事情做得更好时，不妨先想想看：这件事跟健康或安全有关吗？如果答案是“不”，那么，就放手让宝宝去做吧。孩子毕竟是孩子，各方面能力有限，总有这样或者那样的不足。父母不可过于追求完美。

当你再要抱怨的时候，先想一下，这个过错是不是跟孩子的年龄有关？10年后，还会这样做吗？如果答案是否定的，就别唠叨个没完。

记住：父母和孩子之间的感情总比孩子把袜子放在哪里重要得多。

让孩子享受自由带来的快乐

给宝宝发呆、闲逛甚至放肆的时间。孩子需要没有压力的空间，并享受一定程度上“无限制”的自由。有些父母希望居室整洁、安静，宝宝一旦喊叫、跳跃，便会想办法制止，孩子只好越来越乖了。表面上，是父母管教有方，由此带来的是：宝宝的热情和活力一点点儿丧失，心灵受到压抑。

宝宝需要带着童真的想象力尽情地玩耍，需要有时间去抓萤火虫、打雪仗，看蜘蛛做网、蚂蚁搬家——这些按照孩子自己的步伐去探索世界的活动，更能给他们带来快乐。有时，父母该放慢脚步，跟着宝宝快乐地享受生活。

给孩子具体的赞赏

有的父母常常欣赏别人家的孩子，这是存在距离的缘故。能站在第三者的角度欣赏自己的孩子，会得到意外的收获。

父母应特别强调宝宝令人满意的具体行为，表扬得越具体，宝宝就越清楚哪些是好的行为。表扬越具体，宝宝越能够根据父母的话对自己做出实事求是的评价。

例如，当孩子做好一件事或掌握一种技能的时候，不要总是简单地说“做得不错”，要指出具体细节的成功。比如，“你今天把那个摔倒的小妹妹扶起来，真让妈妈高兴。”“我喜欢你画的这些树。”具体的表扬会让孩子产生更大的满足。当然，也要注意不要表扬过度。

给孩子表现的舞台

每一个宝宝都有自己独特的天才和技能，何不给他机会表现一下？展示这些能给他带来极大的喜悦。“妈妈，我给你讲一个故事，好不好？”这时即使你在厨房做饭，也要满足这个愿望，并适时地给予肯定：“你讲得太棒了。”要知道，让你分享他喜欢的这个故事，对他是多么地快乐。

宝宝的热情，能通过你的分享和肯定，转化成良好的自尊、自信，而这些品质对他们一生的快乐都是最宝贵的。当你欣赏宝宝的才能时，他自然会更加快乐。

引导孩子多方面兴趣

对宝宝兴趣爱好的培养，要根据宝宝的个性特点以及自身条件来决定，切忌由父母的兴趣代替宝宝的兴趣，需要实事求是地帮助孩子选择，并进行引导、培养。此外，要重视体育运动所带来的快乐作用。

放手让孩子独立解决问题

从学会系鞋带到过马路，每一步都是宝宝迈向独立的里程碑。当宝宝发现自己有能力解决问题的时候，就能获得快乐与成就感。

父母不要包办一切，让宝宝逐步学会自己解决问题。

给孩子充足的游戏时间

如果说在婴幼儿出生第一年里，满足生理需要显得举足轻重的话，那么，对于2～3岁孩子来说，满足其心理的、精神的需要则显得更加重要。

爱玩是孩子的天性，游戏是童年期主要的心理需要之一。游戏不仅仅好玩，它也是婴幼儿理解世界、适应环境的重要途径。

对于婴幼儿来说，游戏是一种学习，而且是一种更重要更适宜的学习。婴幼儿在游戏中，脑和全身各个器官都处于活动状态，有利于动作的协调发展。用学习挤占游戏时间，对幼儿身心健康所造成的危害是严重的。研究表明，过度的学习，缺少游戏的时间和空间，是造成儿童厌学的重要原因。

让孩子和小伙伴一起玩

许多研究证明，婴幼儿在与同伴交往中表现出更多的、明显的积极情感模式，言语、表情、动作明显增多，情绪更活泼、愉悦。独生子女普遍感到孤独，父母可以通过带孩子探亲访友，鼓励左右邻舍的孩子到自己家串门等方式，给孩子创造结交伙伴的机会。

父亲积极参与养育

在传统育儿观念中，养育儿女是母亲的事情，父亲的作用可有可无。

近年来儿童心理学研究表明，婴幼儿与父亲的交往，对其良好的个性品质的养成具有非常重要的、不可替代的作用。父亲参与养育的婴儿，更加聪明、机灵、好奇、愉快。

父亲参与是婴幼儿积极情感满足的重要源泉。

研究发现，父亲更多地与婴幼儿玩兴奋、刺激、变化多样的游戏，常常逗得孩子“咯咯”大笑，使婴幼儿感到快乐和满足，更加活泼、开朗。

用积极的情绪感染孩子

父母的情绪会影响孩子，因此，父母切忌将婚姻、工作或社交上的挫折迁怒于孩子。在孩子面前，要保持笑脸，显露乐观和坚强，和宝宝一起大笑着玩游戏，撑起一片无忧无虑的蓝天。

快乐是人生的重要追求，父母要帮助宝宝学会快乐地生活。

创造快乐

家庭是孩子快乐之源，孩子在快乐的状态中学习最有效。那么，如何才能使家庭为孩子增添快乐的力量呢?

专家研究发现,快乐的人们通常有如下共同特点:乐观的世界观,亲密的家庭关系,善解人意,好友众多,坚信自己的人生有意义。

完全接受宝宝的个性,不要试图按照父母的希望改造宝宝,比如说他是个文静的宝宝,爸爸妈妈就不要试图把他变成一个活泼的宝宝。父母应该关心宝宝的需求,重视宝宝的胆怯,倾听宝宝对你说的话。最为重要的是,一定要让宝宝从小就知道,父母无条件地爱他。

以下建议,可帮助年轻的父母找到合适的方法,把宝宝培养成为一个快乐的人。

1. 温馨的家是快乐的田园

建议把家变得更温馨。如果家里乱七八糟,孩子会不希望小朋友来玩。另外,井井有条的家会给孩子带来平和与满足。需要注意的是,温馨不代表干净过头,因为舒适才是快乐的一个组成部分,而干净过头只会给孩子带来束缚。

2. 吃得开心　可以更健康

作为成年人,父母会注意饮食健康和饮食习惯,但孩子通常没有这些概念。父母要为孩子及早建立正确的饮食习惯,包括全家一起用餐,选择健康营养的食物等等。

3. 运动的感觉真棒

研究表明,经常参加体育运动,不仅有助于身体健康,还有助于孩子的心理健康。身体强壮,体力充沛,会带给孩子良好的感觉,让孩子快乐。另外,对孩子来说,跑、跳、游泳、骑车等体育运动十分有趣,恰恰是快乐的源泉。

4. 家庭传统意味着快乐“长久”

无论共进晚餐，还是一起庆祝生日或节日，对一个家庭而言，没有什么比建立家庭传统更有价值的了。过春节时的饺子、鞭炮，过生日时的蛋糕、蜡烛，这些都十分重要，它们赋予孩子生活的意义，加强家庭成员之间的感情，教给孩子“长久”的含义。

5. 歌唱的鸟儿最快乐

人们常说音乐陶冶人的情操，一点儿也不错。在古代，西方人坚信音乐可以医治肉体和心灵的创伤。现代儿童医学研究发现，给患病的孩子听他们喜爱的歌曲，可以减轻疼痛症状。成年人都有这样的经历，听一首好歌，会让人精神振奋，身心舒展。对孩子来说，全家一起唱他喜爱的儿童歌曲，他会很快乐。

6. 快乐可以放大

积极参加社会活动，至少教给孩子两件事情。父母积极和孩子参加幼儿园运动会,积极参与社区汇演,孩子会意识到父母对他的重视,这会增强他的自信心。同时,父母参与教给孩子“社会”的基本含义。它让孩子感到自己是社会的一部分,每个人都可以通过它做出贡献。专家研究还表明,奉献和快乐之间有着密切的关联。让孩子参加社区大扫除,或是探视孤老,会从中发掘付出的快乐。

7. 拒绝负面评论

成人时常对各种人与事进行评论,其中不乏负面的东西。例如,父母评论幼儿园园长无能,或者儿童医院医生很马虎等等。父母也许不会意识到这些评论对孩子产生的影响。

事实上,它们会让孩子渐渐丧失对周围人和环境的信任,从而失去安全感,而没有安全感的孩子是不会快乐的。父母应该让孩子觉得世界是美好的,人们本质上都是好人。

8. 兴趣爱好是永远的快乐

专家研究发现,全身心投入一项充满挑战的任务中,会给人带来快乐。对于孩子而言,培养兴趣爱好,例如集邮、绘画、跳舞、弹奏乐器、体育活动等,让他投入其中,会让他快乐。这里的投入并非指给孩子安排满满的绘画课程或者舞蹈练习等,因为那样只会让孩子失去兴趣,失去从中得到的快乐。兴趣爱好也不一定指某种技能,例如集邮、拼图等,它们并不是某种竞技,却同样可以开发孩子的智力,更能让孩子得到投入的快乐。

9. 花开叶落是快乐

生活在高科技时代,成人常常忘了亲近大自然。对孩子来说,大自然充满神奇的力量,无论雨雪、白云,还是花开、叶落,都可以从中发掘到很多快乐。亲近自然,可以培养孩子的感官能力、观察能力、反应能力。

第六章　身体健康是快乐成长的基础

◎ 让孩子养成良好的饮食习惯

◎ 十岁以前的孩子要注意“忌口”

◎ 不要给孩子穿得太多

◎ 让孩子睡好

◎ 让孩子享受日光浴、空气浴和水浴

◎ 让孩子享受运动的乐趣

◎ 怎样指导孩子锻炼身体

让孩子养成良好的饮食习惯

孩子处于生长发育时期，健康饮食十分重要。在平常生活中，由于不注意饮食健康，招致疾病，甚至带来终生病患。饮食中除供给足够的蛋白质、脂肪、碳水化合物、维生素等外，有些应列为禁忌食物。

培养良好的饮食习惯，才能保证孩子有旺盛的食欲，正常的消化吸收功能，使机体获得充分的食物营养，满足生长发育的需要。

人们总以为孩子吃得越多越好，越有益于健康，其实并非如此。让孩子的精力只用于消化，大脑就不会得到很好的发展。

吃过多，除了阻碍脑部发育，也有害于健康，容易患上胃肠疾病。不要因为某些食品好吃，孩子爱吃，就随便吃而不加节制，可能损伤肠胃，甚至出现呕吐、肠胃胀满、腹痛腹泻等症状。

吃得过多，还会使孩子从小头脑中就充满"吃"能解决一切问题的概念。对于婴儿来说，最令他难受的除了生病就是饥饿。如果婴儿一饿就给他大量的食物，让他吃得过饱，就会使他认为吃东西、填饱肚子是排除难受之感的唯一途径。在他长大之后，这种"吃"会转化为过于依赖物质的概念。

在帮助孩子建立合理营养观念，养成良好饮食习惯方面，应注意做到：

★ 帮助孩子克服不良习惯，养成良好的饮食习惯。如不要吃得过饱，以吃七八成饱为最好，并保持饮食均衡、多样化。

★ 不要当孩子的面说哪种食物不好。要记住食物没有好坏之分，每种食物有每种食物的营养，生长发育都需要。

★ 饭菜多变花样。单调的食物多次重复，对神经系统会形成不良刺激，影响孩子食欲，而且食物品种单调，还可能造成孩子偏食，营

养缺乏，抑制身体生长。

★ 食物要新鲜、自然、健康，家庭烹制的饭菜最好，少吃成品食物。

★ 不要选择过于油腻和过甜的高能量食物，要选择可口的低—中等能量食物，少吃洋快餐。

★ 告诉孩子，吃饭慢一些，要细嚼慢咽，不要狼吞虎咽；吃菜时也要喝菜汤，但不要用汤或水泡饭吃；饭后不剧烈活动，避免引起胃下垂等疾病；不吃腐败变质或含有致病微生物及有毒物质的食品；饭前洗手。

★ 根据不同年龄段活动和学习情况，做到早餐要吃好，午餐不要吃过饱，晚餐要吃少。热量分配：早餐占全天总热量的30%～35%，午餐占40%，晚餐占25%～30%。

★ 让孩子多吃一些粗粮。

★ 让孩子多吃瘦肉、鸡肉、鱼、豆制品。

★ 少让孩子吃糖分丰富或热量高的食物。

★ 要让孩子吃含钙丰富的食物，钙能够增强骨质。钙对眼睛也有好处。富含钙食品有牛奶、芝麻酱、虾皮等，还要搭配富含维生素D的食物，如动物肝脏、蛋黄等，多晒太阳也利于钙的吸收。

★ 让孩子多吃富含粗纤维的蔬菜、水果，如菠菜、芹菜、苹果、猕猴桃等；多吃具有润肠通便作用的食物，如蜂蜜、核桃仁、香蕉、银耳、芝麻等。

★ 不要让孩子多吃零食。吃零食前，要让孩子洗手，吃完后刷牙或漱口。

★ 父母要教育孩子，吃饭时注意整洁，咽下最后一口饭再离开饭桌。不剩饭菜，不含着食物说话。

★ 父母要注意自己的言行，用语言引起孩子的食欲，用童话故事及比喻、示范等方法引导孩子理解食物的好处。父母不喜欢吃的菜，千万不要在孩子面前表露，不然，会给孩子带来不好的影响。

★ 父母不要强制给孩子喂食。

★ 餐桌上，父母不要责备、打骂孩子，使孩子快乐进餐。饭前1小时不要让孩子吃糖果，以及雪糕等冷饮。不要让孩子喝大量的开水，以免冲淡胃液，影响胃液正常分泌，造成食欲下降。

★ 不要拿食物作为奖励或惩罚手段。

★ 告诉孩子，进餐时要注意力集中，安静地吃完自己的一份食物，不要边吃边玩儿或边看电视。

★ 当孩子不好好吃饭，发脾气、任性时，父母可采取不理睬的态度，坚持下去，孩子会自知无趣而罢休。千万不要用糖果、饼干哄他，以免养成吃零食的坏习惯。

★ 注意食物烹饪方式。烹调是食物加工的重要环节，其目的不仅是让食物变得美味，更是为了保护和开发食物中的营养成分。所以，烹调时应该注意营养素保护。

加热食物的常见方法有煮、蒸、煎炸、炒、熏烤和烫泡。煎炸和熏烤的烹调方式尽量少用。多采用优良的烹调方法，不仅可以保证饭菜的色香味，还可以保护营养，使孩子正常发育。

十岁以前的孩子要注意“忌口”

3个月内不要吃盐　3个月内的宝宝并非不需要盐，而是从母乳或牛奶中吸收的盐分就足够了，3个月后，宝宝肾功能逐渐健全，盐的需要量逐渐增加了，此时可适当吃一点点。原则是6个月后方可将食盐量控制在每日1克左右。

1岁之内不要吃蜜　周岁内宝宝的肠道正常菌群尚未完全建立，吃蜂蜜后易引起感染，出现恶心、呕吐、腹泻等症状。宝宝周岁后，肠道正常菌群建立，食蜂蜜才无妨。

3 岁以内不要饮茶　茶叶中含有大量鞣酸，会干扰人体对食物中蛋白质、矿物质及钙、锌、铁的吸收，导致婴幼儿因缺乏蛋白质和矿物质而影响其正常生长发育，还可能诱发少儿多动症。

5 岁以内不要吃补品　5 岁以内是宝宝发育的关键期，补品中含有许多激素或类激素物质，可引起骨骺提前闭合，缩短骨骺生长期，导致孩子矮小。此外，年幼进补还会引起牙龈出血、口渴、便秘、血压升高、腹胀等。

10 岁以内不要吃腌制品　一是咸鱼咸肉含盐量太高，易诱发高血压；二是腌制品中含有大量的致癌物亚硝酸盐，资料表明，10 岁以前开始吃腌制品的孩子，成年后患癌症的可能性比一般人高 3 倍，特别是咽癌，发病几率很高。

另外，还有些食品儿童摄入要适量，不可过量。

动物肝脏　动物肝脏营养丰富，是补铁以及维生素 A 的佳品，所以很多妈妈经常喜欢把它安排在宝贝的食谱里。动物肝脏虽然营养丰富，但由于肝脏是一个最大的解毒器官，又是一个“大型的生化工厂”，所以动物肝脏中的有毒物质的含量，要比肌肉中多好几倍。如果过多地给孩子食用，会对健康不利。

建议儿童食用量每周安排 1～2 次即可，对于 1 岁以内的宝宝，每次量不宜超过 10 克，1～3 岁宝贝每次大约 20～30 克。新鲜的动物肝脏中往往残存了不少血液，买回家后一定长时间地冲洗，以清除肝脏内的毒素。

酸奶　酸奶的口味酸酸甜甜，因此有些宝宝就喜欢喝酸奶，配方奶则不爱喝。很多人会认为，酸奶也是以牛奶为原料制作的，宝贝喜欢喝什么就喝什么吧。

但是，酸奶虽然是以牛奶为原料，经过乳酸菌发酵制成的奶制品，却达不到配方奶的营养水平，也不符合婴幼儿的营养需求。另外，酸奶喝得太多，会使乳酸菌摄入得太多，反倒可能会引起肠道菌群失调，影响正常的消化吸收功能。

菠菜　菠菜中含有大量的草酸，容易形成不易溶解和吸收的草酸钙。所以建议给宝贝补铁，可以多吃些肉、枣泥、鱼泥、蛋黄等。

不要给孩子穿得太多

常言道："若要孩子身体健，常须三分饥与寒。"意思是孩子不要吃得过饱、穿得过暖，才能身体健康。

在我们周围可以发现这样的现象：大多数婴幼儿包裹得像个棉花球。这对孩子不但无益反而有害。孩子汗腺分泌特别旺盛，又喜欢活动，一刻不得闲。穿得多了，稍微活动就会出汗，如果不能及时增减衣服，很容易感冒。另外，总是穿得太多，身体就会失去温度调节功能，影响自身抗寒能力及抗病能力。因此，宁肯给孩子少穿点儿衣服，也不要给他多穿。

父母不要以为孩子的小手摸上去有点儿凉，他就一定很冷。其实，孩子穿得正常的时候，手也总是凉的。想知道孩子是冷是热，最好的办法是看脸色，当他感到冷了，脸上就没有了红润，还会哭闹。

寒冷的时候，孩子更需要的是一顶帽子。大部分热量是从头部散发掉的，寒冷季节最好给孩子戴上帽子。孩子戴的帽子应该具有保温和透气的特点，即使孩子把帽子拉到脸上，也可以通过缝隙呼吸。

让孩子睡好

良好的睡眠对孩子极为重要。由于孩子的生长发育多在睡眠中进行，而生长激素分泌高峰多在晚间，如果睡得好，发育也会好。良好的睡觉习惯，有助孩子的情绪发展及学习进步。

小孩子刚生下来一天总的睡眠时间大约是 16 小时，1～3 个月是 15 个小时，6 个月大概是 14 小时，1 岁时睡眠时间为 13 小时左右，2 岁时 12 小时，3 岁时 11 小时，4 岁以后大概一天睡 10 小时。三四岁以后，白天可以不睡觉了。平常 1 岁以内的孩子白天可能睡二三次，二三岁睡一个午觉就可以了。

有些父母担心孩子睡得过多或过少。其实，孩子会有个体差异，如果孩子白天精神、情绪都很好，生长发育指标在正常范围内，一般属于正常，只要注意给孩子提供良好的睡眠环境，生活有规律就行了。

有的父母发现自己的孩子晚间精力特别好，眼睛睁得大大的，不愿意睡觉。这种情况，可以为孩子建立有规律性的生活习惯，帮孩子定下生活模式，有助于提升睡眠质量。例如，白天时，可延长游戏时间，消耗能量，晚上便会容易疲倦。此外，减少午睡时间，也有助于晚

上尽快入睡。改善睡眠环境，如房间的灯光要柔和、空气要流通等。

另外，父母总是为孩子在睡眠中会经常醒来而感到焦虑。其实不用太担心，孩子的“快速眼动睡眠”比较频繁。在这个睡眠阶段，眼球会快速地移动，此时若受到干扰，就会较容易醒来。成年人比较不容易受干扰，但婴儿不行，很小的声音也会被惊醒。不过，当孩子醒来时，妈妈立即抱他一下，给予安慰，孩子通常可以很快地再次入睡，或是不用抱他，孩子本身也有能力自行返回睡眠状态。

婴儿仰睡较侧睡安全2倍，更比俯睡安全6倍。婴儿在睡眠时，会通过鼻子呼出二氧化碳，如果俯伏睡觉，便容易吸回呼出的二氧化碳。由于婴儿的头部自主神经发育尚未成熟，不像成年人那样可做出自动醒来的反应，当婴儿的体内积聚了大量二氧化碳时，便会无法呼吸，窒息而死。因此，医生建议父母给孩子养成仰睡的习惯。然而有些婴儿睡得不够安稳，会在不知不觉中变成俯睡，这就要靠父母经常观察，每当发现俯睡，就帮他们转为仰睡。

孩子满2岁时，可以分床。孩子的卧室应光线稍暗，空气新鲜，清洁安静，被子大小与舒适度都应该合适。孩子分床睡，对培养独立入睡能力有好处。长期与妈妈一起睡，由于形成了依赖性，自然睡不好。

让孩子享受日光浴、空气浴和水浴

运动是锻炼身体的主要方式，相对于婴儿来说，显然是不切实际

的，别说打篮球、踢足球，就是走路、攀爬，对他们来说可能都做不到。

不过，这并不表明婴儿不需要锻炼。他们也要锻炼，只是方式特殊一些。对婴儿来说，最简单、有效的锻炼方式就是日光浴和空气浴——换而言之，就是晒太阳和呼吸新鲜空气。

适当地让孩子晒太阳，是预防佝偻病的主要措施，对孩子健康十分有益。因为阳光里含有红外线和紫外线。红外线能使身体发热，促进血液循环，使新陈代谢旺盛，增强活动功能；紫外线能使皮肤里的表角固醇转变成维生素D。维生素D进入血液以后，能帮助吸收食物中的钙和磷，预防和治疗佝偻病和骨软化。此外，紫外线还可以刺激骨髓制造红血球，防止贫血，并且能杀灭皮肤上的细菌，增强抵抗力。

所以，当婴儿满月后，妈妈即可带他享受日光浴。

晒日光浴注意事项：

● 夏季不要在中午晒。婴儿可以裸体，头戴白帽，不要让太阳光直接照头部。

● 冬天最好在9～12点之间，15～17点之间。可穿不太厚的棉衣，暴露面部及手臂。

● 春秋季可在10～12时进行。

● 开始时间宜短，1～2分钟即可。如果无不适反应，可逐渐延长时间，每次增加1～2分钟。

● 3岁以内婴幼儿每次不宜超过15～30分钟。

● 空腹或饭后1小时内不宜日光浴。

● 日光浴后，应及时补充水分。

● 注意观察孩子的反应，如发现满头大汗、面红或有皮疹、精神萎靡等现象，应立即停止。

妈妈带着孩子日光浴的同时，相当于享受了空气浴。

空气浴可以提高婴幼儿神经和心血管系统反应灵敏度，增强体温调节功能，以适应气温变化，增强对寒冷的适应性。同时可增强皮肤的呼吸作用，从新鲜空气中吸入较多的氧气，抑制细菌生长，防止感冒。

空气浴注意事项：

● 让婴儿裸体或穿单薄、肥大、透气的衣服，使皮肤广泛地接触空气。

● 未满月的婴儿，可在 20～24℃室内进行；满月以后，可在气温 20℃以上的室外进行。

● 可从开始时的几分钟，逐渐延长到 10～15 分钟，最长可达 2～3 小时。

● 空气浴最好从夏季开始，逐渐过渡到秋冬。

● 可与各种活动如游戏、体操、走路结合起来。

● 当气温在 30℃以上时，不宜直接照射。

● 婴幼儿在气温 14℃以下，较大幼儿在气温 12℃以下，不宜进行空气浴。

● 在整个空气浴过程中，要密切观察孩子的反应，如有皮肤发紫，面色苍白、发凉等现象，应立即停止。

用水洗脸、洗脚、擦身或淋浴、冲洗等，都叫水浴。水浴可清洁皮肤，预防皮肤病，提高大脑对体温的调节能力，增强体质。

妈妈可以为新生儿或婴儿进行温水浴锻炼。温水浴要求室温在20℃以上，水温37～37.5℃，在水中时间为7～12分钟，可不断加温水，以保持温度。浴后可用较凉的水(33～35℃)冲淋，随即擦干，用干的温毛巾包裹小儿。妈妈可以软毛巾蘸水轮流擦婴儿上肢、下肢、胸、腋及背部等部位。注意动作轻柔，完毕后用毛巾擦干，再穿上衣服，整个过程5～6分钟。

周岁以后的幼儿除温水浴外，夏季还可用冷水淋浴。冷水浴要注意循序渐进:水温从33～35℃左右开始，每2～3天降低1℃。较小的幼儿水温可降至26～28℃，较大的幼儿可降至22～24℃。可用冷水冲淋全身，但不要冲淋头部。冲淋时间20～40秒。冲淋后，即可用毛巾吸干水分，再干擦，使皮肤发红。淋浴一般在餐前或午睡后进行。

气候适宜，家长可以带孩子去游泳。游泳是水浴的一种方式，适宜于大一些幼儿。游泳对身体是全面的锻炼，可以增强肌力和心肺功能，还能使身体匀称、协调地健康发展。同时，可以培养孩子勇敢坚强的意志。

游泳宜从夏季开始，有条件的可以冬泳，必须注意安全。父母既要教会孩子游泳，又要告诉他们危险所在。学游泳，6岁后较为合适。不要在运动之后，浑身发热时下水游泳。必须休息一会儿，等身体放松后，先用冷水拍打胸、手腕、后颈等，让身体逐渐适应后再下水游泳。

让孩子享受运动的乐趣

带孩子走出家门，走出教室，走到操场，走到野外，走到阳光中去,走到大自然中去,呼吸清新的空气,沐浴和煦的阳光。带孩子参加丰富多彩的体育运动、游戏活动,在运动中领略运动的魅力,感受运动的美丽,体会运动的快乐,把“每天锻炼一小时,健康幸福一辈子”的理念植根于孩子的心中。

在温暖的春风里,在明媚的阳光下,父母应该带孩子多到户外活动。让孩子动动手、动动脚,感受运动带来的快乐、自信和健康。

时间短的话,可以走出家门,活动活动筋骨。时间长的话,可以去打球,去爬山,去旷野中奔跑。

对于孩子来说,运动不仅仅是锻炼身体、强健体魄,是发育大脑、锻炼意志、寻找快乐和增强自信的机会。

现在的孩子需要跑起来、跳起来,让全身运动起来。现在的孩子存在运动不足问题,这可能影响身体发育,甚至对心理发育、行为方式以及学习能力等都可能产生不利影响。

看电视是运动减少的主要原因。即使在户外,孩子们的运动量也远远少于以前。另外一个因素就是对安全的考虑,很多父母担心运动会给孩子造成伤害。

让孩子们多运动并不困难,关键是引导孩子找到运动的乐趣。

对于孩子来说,掌握特殊运动技巧并不重要,重要的是他们有机会享受运动带来的乐趣,愿意主动参与。

运动可以帮助孩子减去脂肪,锻炼骨骼和肌肉,建立身体协调性。孩子渴望锻炼,为拥有健康身体打下基础。

运动给孩子带来快乐,带来自信和合作精神。

饮食营养、智力开发,常常是父母重视的,其实,运动能带给孩子更多的东西。让孩子经常到户外去,在新鲜的空气和温暖的阳光下跑一跑、跳一跳,不仅能活跃代谢系统,增强身体素质,也让他们学会了合作。

跑步和登山运动能增强身体素质,锻炼肌肉,增进身体平衡能力。在户外,孩子还学会了分享和礼让,学会了计划,与人合作,做什

么以及怎样去做。一旦发生冲突，他们自己解决矛盾，学会商量，学会了利用集体的力量。

运动也是孩子和他人沟通的桥梁。可能就是一次玩耍，一次体育运动，让两个孩子的话题突然多了起来：今天踢足球的时候，谁跑得更快，谁射门最准，谁踢得更远等，都会成为谈资。孩子也可能突然和你谈论起某个球星，突然对电视上某个国家的国旗有了认识，发现有些国家的人和我们的皮肤不一样。这样，父母和孩子的话题因为运动变得宽泛起来。

运动还可以增强孩子的自信心。如果孩子说“我是一名小运动员”，或者说“我喜欢羽毛球”，其实是在说“我能做”，对于孩子来说非常重要。运动给孩子提供展现和发展能力和技术水平的机会，当他的技术越来越出色时，自信心也大大提高了。

运动对大脑发育有益。

喜欢运动的孩子完成作业的速度和质量明显提高。美国生理学家在一项实验中证实，适当的运动刺激可以有效地增强大脑的重量与皮质的厚度。运动对孩子的智力发展也有积极的影响。

运动可以促进血液循环和呼吸，脑细胞可以得到更多的氧气和营养物质，使代谢速度加快，大脑活动越来越灵敏。锻炼时肢体动作千变万化，促使大脑各个部位快速地做出相应的反应，好像在为大脑神经做各种各样的“健脑体操”。每天进行适当的户外活动，还能帮助孩子提高睡眠质量，增强记忆。

运动是一个重要的情感经历，父母参与其中非常重要。

运动不仅是完成肌肉运动的一个过程，也是一个重要的情感经历。父母应该多参与，和孩子一起运动，孩子有了微小的进步，父母及时表扬鼓励。在这个过程中，父母应该保持低调，不要琢磨孩子将来能否在此项运动中成为佼佼者。

如果过分注重于谁好谁坏，就会给孩子造成压力。孩子的运动应该是游戏的，娱乐的，所有人都可以参与。

在为孩子寻找运动项目时，不要那么机械，你的孩子会对很多运动感兴趣，没必要设定具体目标。如果孩子愿意参加社区或者某个运动场地组织的小小运动队，你要为孩子考虑的是运动环境。这种环境主要指孩子体会到的人文的关怀，比如公平、合作、尊重。当然，如果具备良好的硬件和技术指导，就更好了。

孩子参与运动的目的是，让身体有所发展，激发对运动的积极性。没有必要把孩子送进任何一个标榜自己有多么庞大，赢得了多少比赛，能大幅度提高孩子竞技水平的机构。

应该特别注意的是，运动是有危险的，不要让孩子进行超出能量的竞技运动，学会在运动中保护自己，要玩得开心，更要安全。

不能过早地进行专业训练。孩子玩心很重，在玩的过程中才能产生努力加强训练的激情。兴趣很重要，它能使孩子在体育运动上获得成功。父母应该允许孩子出错，顺其自然。总想让孩子完美的想法，是没有好处的。

孩子参加运动最重要的是有趣，不是为了赢得胜利。

怎样指导孩子锻炼身体

在生长发育过程中，适时的运动起着十分重要的作用。运动对孩子的身体所起的作用与成人的情况不完全一样，不只是疏通经络，更重要的是能促进脏器生长。在充足营养的配合下，运动能让各个

脏器发育到顶峰，使它们更完美，更健康，更强壮。

身体锻炼非常重要，很多孩子没有自主性质，就得由人指导锻炼身体。家长指导孩子锻炼身体，应该从以下方面出发。

1. 培养对体育锻炼的兴趣

父母要利用孩子好奇好动的特点，引导孩子适当活动；利用好胜心强的特点，培养参加游戏活动和集体锻炼的兴趣；利用节假日或休息时间，带孩子爬山、游泳、远足、打羽毛球；鼓励和支持孩子积极参加各种运动会；在可能条件下，带孩子去观看体育竞赛、体育表演和运动会，激发对体育活动的兴趣；家长以身作则，带动孩子坚持不懈地进行锻炼。这样引导，比强迫孩子锻炼好得多，更能持久。

2. 锻炼最好下午进行

父母应该告诉孩子，每天下午 4～7 点时，身体机能处于最佳状态。所以，锻炼身体最好安排在下午课外活动时间。在内容上，孩子可以根据实际条件和爱好选择一项较为剧烈的运动项目。注意，一项剧烈的运动就足够了，如篮球、足球、羽毛球、乒乓球、健美操、跳绳等。一般情况下，应当保证每天 1 小时锻炼时间。在晚饭前后 40 分钟内，不要进行剧烈的活动。

3. 不宜超负荷锻炼和有危险的运动

进行体育锻炼会使人体承受一定的生理负荷，孩子的骨骼富有弹性，虽不易骨折，但易发生变形，关节活动范围虽大，但牢固性差，因此超负荷锻炼会造成一定危险。一些高难度和有危险的运动项目，不适宜孩子参加。

4. 做好准备活动和整理活动

参加锻炼前，要根据项目特点，活动身体各部位，做好准备活动。

人体各器官的机能有一定的生理惰性，准备活动是使人体从相对安静状态到活动状态，使人体器官动员起来，发挥最大的工作能力。

运动之后，要做好整理活动，特别是做放松动作和调整呼吸的动作，帮助补偿身体所欠氧债，使呼吸和血液循环畅通，氧和养料供应充分。这样代谢产物消除得快，有利于消除疲劳，使机体逐渐过渡到安静状态。

5. 遵循循序渐进原则

孩子的机体对体育项目有一个逐步适应的过程。锻炼时，要根据不同发育水平制订运动量、动作难度和复杂性可衔接的训练计划，逐步提高身体素质。

6. 全面锻炼

父母要让孩子知道，全面锻炼是指利用各种适宜的运动项目促进身体在力量、速度、灵敏、耐力、柔韧、协调和平衡等方面都得到发展，使上肢、下肢和躯干，粗大肌肉和细小肌肉，伸肌和屈肌，腹部和腰部，都得到锻炼。告诉孩子，不要片面追求运动成绩或过早侧重于单项训练。在全面锻炼的基础上，才能使专项运动成绩不断提高。

7. 坚持不懈

坚持锻炼身体，坚持就意味着努力和付出，更多的汗水和忍耐。如果孩子实在无法控制自己，父母与其约定，对他们进行监督。还有一个方法就是和要好的伙伴共同制订和实施计划。

8. 剧烈运动后，切忌暴饮

大量水分进入血液，会将血液稀释，使血量增加，加重心肾负担，同时稀释胃液，导致消化功能和食欲减退。运动后，饮用适量淡盐水，能够补充因汗水带走的盐分。千万不要喝生水，以免病菌带入体内，感染疾病。

第七章　让孩子的心灵充满阳光

心理健康才能快乐成长

在未来人才的综合素质结构中，心理素质越来越重要，乐观开朗、积极进取、坚忍不拔、勇于战胜挫折等个性心理品质对人的健康成长和事业成功起着重要作用。加强心理健康教育，培养良好的心理素质，促进身心全面和谐发展，是家庭教育的重要组成部分。现代社会要培养的不仅仅是知识性人才，更重要的是培养适应新时代竞争社会的人——心理上的强者。可以说，没有健康的心理素质，再好的身体素质、文化素质、思想素质等，都会是脆弱的，甚至是有严重缺陷的和褊狭的。因此，家长应该责无旁贷地担当孩子的"心理健康医生"，维护孩子的心理健康，促进健全人格发展。

在急剧变化的社会中，成人承受的诸多心理压力会传染给孩子。孩子还要直面来自学习、生活、家庭和社会的种种负担，于是心理健康问题日益凸显。目前，儿童中相当普遍地存在着独立性差，心理脆弱，怕苦畏难，不懂得关心人，缺乏创造性，缺乏合作交往意识和能力，自控能力差等问题，不少儿童还存在种种心理和行为偏差。如何使孩子保持健康的心理，成了父母高度重视的问题。

作为家长，要关心的不仅仅是孩子身体状况，心理状态如何，需要特别关注。

简单地说，心理健康是一种生活适应良好的状态，凡对一切有益于心理健康的事件或活动做出主动、积极反应的人，其心理便是健康的，反之，便谓之存在心理障碍或心理行为问题。这里包括形成、维持和保护、促进和提高心理健康状态等含义。无论何种说法，一定要避免绝对化、片面化理解。认为有一点儿缺陷就是心理不健康，或者认为心理健康的人没有烦恼，没有不良情绪和消极行为，都是错误的。

心理健康是相对的，与其说是正常与异常性质上的差异，倒不如说是程度上的差异。心理健康也不仅是有没有心理疾病，它与学习、生活和工作中的心理状态密切相关。

首先，心理健康的人是能够学习的，在学习中获得智慧和能力，并将获得的智慧和能力用于进一步学习中。

其次，心理健康的人应该有良好的人际关系，在保持独立性的同时能乐于与人交往，并建立信任、稳定、和谐和建设性的亲子关系、同伴关系和师生关系。

再次，心理健康的人能正确认识自己，接纳自己，能调控情绪，保持乐观向上的心态，形成和维护健全的人格。

最后，心理健康的人能面对生活中的问题，正视现实，适应环境，对生活和社会具有良好的适应能力。当然，心理健康的标准可以罗列很多，在衡量一个人心理是否健康时，要把各方面情况综合起来判断，选择正确的坐标系，学会辩证地看问题。

怎样才能使孩子拥有健康的心理呢？

1. 了解并满足孩子的心理需求

大多数孩子的行为基于满足某种需要。父母对孩子的行为缺乏敏锐察觉，则可能引起不良行为问题，如能周全考虑，则有助于了解孩子的心理。

每个孩子都有得到别人的赞赏的心理需要，有地位的心理需要。有些孩子会利用好的行为表现，来取悦父母，得到赞赏，从而满足心理需要；有些孩子不能做到。当心理需要得不到满足时，便会以不适当的行为作为补偿。孩子需要得到父母的注意，才会感到自己被重视。

想让孩子有一个健康的心理，父母首先必须有正确的教育理念，要满足孩子的心理需求，要学会欣赏孩子。幼儿的心是稚嫩的，需要父母小心呵护。孩子有得到认可的需要，需要大人欣赏他的成绩，分享他的快乐。孩子最相信大人的权威，在乎大人的评价。孩子还不能明辨是非，父母要对孩子的行为做出正确的判断，不吝惜表扬话语。只有这样，才能得到孩子积极的响应，有利于培养孩子良好的心理素质。

2. 创设良好的氛围

创设和谐、愉悦的良好氛围，营造健康的心理环境，是促进心理健康的基础，是激活或唤醒孩子心理活动的“起搏器”，是诱发孩子积极行动的外在因素。创设一个宽松、和谐、民主的氛围，能让孩子在健康的环境中得到发展，让孩子的身心逐步得到健全。这些是培养孩子敏捷思维、主动学习、积极乐观的心理品质的重要条件之一。

3. 不要给孩子太大的压力

减轻或消除学习上的心理压力，使孩子心情愉快，精神放松，以增强其信心，激发其求知欲，鼓舞其勇气，勇敢面对困难挫折。让孩子充分地展示自我，从而能学得懂、学得好、学得轻松。这样不仅能增强孩子的学习兴趣、信心和勇气，而且能培养孩子的探究精神。

4. 与孩子平等交流

良好的家庭氛围对孩子的性格和心理健康也有很重要的作用。因此，父母应与子女互相尊重，有充分的思想和情感交流，这种充满民主气氛的家庭有助于孩子养成开朗、自信、积极的心态。

父母要改变居高临下的权威心态，以亲切的面孔，用平等、和谐的口吻与孩子交流，缩短与孩子的“心距”，与孩子进行有效沟通。

孩子在人格得到尊重，情感得到理解，行为得到鼓励，努力得到肯定的氛围中，就能尽情释放自己潜在的创造能量，毫无顾虑地表达自己的思想感情，自然地表露出自己的困惑疑问。

当孩子的思维、情趣、爱好都有了张扬的空间时，就能够为心理的健康发展打下基础。

5. 给孩子鼓励和支持

父母要经常鼓励孩子做自己力所能及的事，并在孩子缺乏自信时给予开导、支持和鼓励。为了增强孩子的自信心，父母应该采取“不加判断”的态度。当孩子有某种经验、反应、感受时，父母必须把它看做是一种现实存在，孩子才有可能接受自己，并认为自己是有价值的人，是值得被注意和接受的。

在此基础上，孩子才能形成乐观的、积极的态度和信念。当然，当孩子的经验、反应、感受存在明显的错误时，家长也应该采取客观的态度，提醒孩子重新考虑和探索。

6. 让孩子学会与同伴交往

孩子健康的自我是通过人与人之间的互动形成的。家长应帮助孩子以满腔热诚、富于同情与仁爱之心走向人群，建立良好的人际关系。父母要善于向幼儿表露自己的喜怒哀乐。

孩子在交往过程中肯定会遇到小的矛盾和冲突。对孩子来讲，这能促使他们慢慢地了解“自我”与“他人”的关系，知道蛮横、不讲理、任性和霸道，在社会上是行不通的。并从中学会与人相处、妥善处理问题的方法。这有利于人际关系的和谐，能培养孩子的社会适应能力与合作精神，能帮助孩了学会宽容、忍让、为别人着想，进而促进孩子良好性格的形成。

要创造机会让孩子多接触同龄人，在交往中互相取长补短，提高人际交往能力及社会适应能力，养成良好的性格。在交往中遇到矛盾和纠纷时，可适当给予抚慰、疏导，转移孩子对矛盾结果的注意力，反思起因，检讨自己的过失，宽容伙伴的缺点与失误行为。告诉孩子对朋友要以诚相待，懂得宽容忍让有利于增进友谊。另外，教给孩子原谅的标准，让他们分清是非，明白原谅、忍让不等于放弃批评与反抗。

怎样让孩子拥有积极的心态

积极主动，是追求成功的人应该具有的人生态度，家长要培养孩子拥有积极的心态。

著名足球教练米卢有一句名言："态度决定一切。"他所说的"态度"，在很大程度上是指积极的心态，也就是积极思维。成功并非唾手可得，它需要人们付出巨大的努力，主动去寻找和追求。缺乏主动精神，等待成功的人，只能是一无所获的；而主动出击、努力寻找的人，总是能够找到属于自己的成功和幸福。

孩子拥有积极的心态，才能取得成功。积极的心态是孩子心灵的健康营养素；消极的心态是孩子心灵的垃圾。心态积极的孩子常能心存光明远景，即使身陷困境，也能以愉悦的态度走出困境，走向光明。

所以，家长一定要帮助孩子成为一个拥有积极心态的人。

良好的心态必须从小培养。所以，家长平时应互敬互爱，处世乐观，使孩子生活在温馨的氛围中，获得爱与尊重的体验，从而产生主动积极的心态。

1. 营造积极乐观的家庭环境

家庭环境对于孩子的心智和才能的发挥至关重要。家长如果比较热情、民主，而非冷漠、独裁，孩子的智能就比较高。在温暖而充满爱的家庭中，家长能尊重和接纳孩子的问题，鼓励和赞美孩子的优良表现，不但可以帮助孩子发展健全的人格，还能激发其创意而使其变得更聪明。家长应当学会用美好的感觉、信心与目标去影响孩子。如果孩子感受到了家长积极的态度，他就会慢慢获得一种美好的人生感觉，信心倍增，人生目标感也会越来越强烈，从而拥有积极的心态。

2. 培养孩子的主动性

家长应当鼓励孩子自己动脑，敢于发表自己的意见。即使孩子发表的意见是错误的，也不要打击孩子，要让孩子充分表述自己的想法，然后父母再给予恰当的指导。对于孩子的正确意见，父母应该给予肯定和表扬，让孩子拥有独立思维，培养孩子勤于动脑的习惯。只有培养起孩子的主动性，孩子的思维才会积极起来，行动才会更具有目标性。

3. 家长要用积极的眼光看待孩子

在家庭中，家长要学会用积极的眼光看待孩子，寻找孩子身上最好的东西。赏识孩子的长处，并告诉孩子积极看待自己的长处，让孩子对积极的选择有切身体会。对孩子的缺点，父母也要采取积极的态度帮助他改正，相信孩子会越来越好。这将使孩子认为自己有良好的信心和勇气，能促使孩子成长，努力做到最好。

4. 引导孩子塑造乐观向上的性格

孩子现有的性格是否具有悲观性格，父母应有一个明确的认识，而且双方的认识应该是一致的。既然都认为已有的性格不好，就应及时改变，不能灰心丧气，更不能破罐子破摔，明白“孩子的性格是可以重塑”的道理，帮助孩子塑造乐观向上的性格。

5. 教导孩子立即行动

如果想让孩子做一个积极主动、对自己负责的人，就应当立即让孩子行动起来，严格要求自己，家长也要做好对孩子的监督工作。要让孩子学会积极主动的讲话方式，或者让孩子静下心来想一想，以前或最近在生活和学习中有没有发生自己感觉困难而退缩的情形。如果有，应该怎样加以克服。家长要让孩子明白，只有本着积极主动的原则加以应对，才不会使自己陷于被动的境地，才能获得生活和学习的成功。家长可以让孩子在脑海中进行模拟训练，以培养他的临场反应能力。

6. 告诉孩子没有“不可能”

告诉孩子这样一种信念：这个世界上没有不可能的事情，只是暂时还没有找到方法而已。千万不要让孩子把“不可能”三个字经常挂在嘴边。如果那样，孩子就找到了不积极主动的借口，就不会再去做自己应有的努力。

所以，不要让孩子消极地认为，某些事情是不可能的，应当让孩子学会尝试，学会努力，学会不轻易放弃。家长应当让孩子把“不可能”的观念从自己心中除掉，取而代之的是“可能”，是“积极主动”。只有这样，孩子才能发现那些所谓的“不可能”都可以实现。久而久之，孩子积极的心态就会养成。

怎样减轻孩子的心理压力

现在的孩子不愁衣食，在生活上受到无微不至地照顾。但是他们的心理压力比以前的孩子大得多。如父母的期望过高、受到老师的批评、不能与朋友开心相处、学习成绩下降之类的问题，都是孩子产生压力的原因。

孩子在得到家长铺天盖地的关爱时，失去的是随心所欲地玩儿的自由，在得到大量玩具的同时，却失去了与父母拥抱、游戏和谈话的机会。这也会给孩子的心理带来压力。

适当的压力，可以激励孩子努力向上，没有压力会使人疲倦、懒散。但压力太大则会影响孩子的身心发展。当人承受的压力过重时，压力就会变成苦恼，人就会出现腹泻、皮肤病、噩梦等症状，行为表现也会出现退缩、沉默寡言等问题。有的研究还表明，在孩子的成长过程中有心理压力与他成年以后患上高血压、心脏病以及癌症等疾病有密切关系。

孩子由于自身的知识以及处世经验不足，缺乏处理问题的能力，因而不能够自己解除压力。当压力过大或持续时间过长时，孩子会产生各种生理或心理问题，这将严重损害孩子的身心健康。所以，家长一定要经常帮助孩子解除压力，让孩子活得轻轻松松，绝不能让过重的压力压垮了孩子。

那么，孩子有了压力，该如何解决呢？

1. 认真倾听孩子的心声

当孩子面临压力时，行为方面常表现为爱说假话、爱打人、故意损坏东西等；情绪上常表现为爱哭闹、不讲理，常常感到害怕而纠缠着大人，睡眠不稳，做噩梦等；身体反应是经常持续眨眼睛、咬指甲、挖鼻孔、面部或四肢肌肉抽动等；精神反应则表现为注意力不能集中、爱忘事、爱胡思乱想、说话含糊不着边际等。这时候，家长应及时了解孩子心理压力的原因，认真听孩子说话，用心和孩子沟通。只有这样孩子才能说出真心话，父母也才能了解到孩子真实的想法和感受，才能针对问题帮助孩子。

2. 帮助孩子面对压力

家长在了解孩子压力的成因之后，应适时加以引导，帮助孩子将压力变成成长的动力。家长可以和孩子一起玩互换角色、情景再现的游戏，以做游戏的形式，让孩子在轻松的氛围中有所感、有所悟，明白该如何面对压力，如何处理问题。让孩子扮演压力来源的一方面，而家长则扮演面临压力的孩子。在游戏中，家长在压力前、压力时、压力后的精彩表现。往往会深深地印在孩子的心中，使他学会摆脱压力的方法。家长应该多赞扬孩子，让孩子充满自信。同时要告诉孩子：爸爸妈妈永远是他最坚实的后盾。通过给予孩子支持和关爱，使其增强勇气、克服压力。

3. 让孩子有足够的休息和娱乐时间

如果孩子不能得到足够的睡眠，休息不好，就会感到身心疲劳，无法集中精力学习，更会让孩子感到紧张，给孩子带来压力。娱乐是化解孩子压力的较好途径，与孩子一起做游戏，使孩子沉浸在快乐的情绪之中，压力就会被抛弃。

4. 让孩子有承受压力的思想准备

当压力到来时，如果思想有准备就会得到缓冲的机会。承受压力的思想准备越强，承受压力的能力就越大，相对来说，压力本身就等于减小了。压力是我们生活中的一部分，人不可能一点压力都没有，一点小小的压力或坎坷，只不过是错综复杂、变化多端的生活中的一件。区区小事，何足挂齿呢？有了这种应对压力的心态，压力自然就小了。

5. 为孩子树立一个好榜样

用通俗易懂的语言和孩子分享自己小时候的故事，讲述自己曾经遇到过的类似情况，说说自己当时遇到难题是怎么想怎么解决的，然后平等、开心地和孩子交流、分享。如此一来，孩子就会知道原来大人也有面临压力和烦恼的时候，知道自己不是特例。况且，此时父母的话，最容易被孩子所接受，这样就增强了孩子克服压力的勇气和信心。

6. 让孩子接受大自然的熏陶

带孩子走进大自然，与孩子共度悠闲时光，让孩子接受大自然的

陶冶，在大自然宽大温暖的怀抱中，孩子的一切烦恼、紧张、压力都将抛于脑后，随风飘散。

7. 培养孩子承受压力的坚强意志

人们对待压力的态度，还取决于人的意志力的强弱。挫折是不可避免的，只有那些经得起挫折、不怕失败的人，才能最终取得胜利。人如果有了这种坚强的毅力，就会百折不挠，顶住任何压力前进。人在精神压力下，一切痛苦和失望都是懦弱的表现。唯有坚强的意志力才能战胜精神压力。

8. 帮助孩子解除压力

帮助孩子解除压力有很多方法。家长可采取多与孩子接触、交流的方法，多听听孩子的意愿，不要强迫孩子去上培训班，鼓励孩子培养广泛的兴趣爱好，多参加学校组织的课外活动。这些都对缓解孩子的心理压力大有裨益。

此外，家长还可以采取一些具体的方法，如给孩子纸笔，让他随心所欲地画画；给孩子一个故事开头，让他续编故事；让孩子提出游戏的内容和玩法，和孩子一起玩儿；当孩子从梦中惊醒时，家长在安慰他之后，让他说一说都梦见了什么，当孩子叙述时，不要随意打断，也不要提建议或下结论。父母一定要想办法清楚地了解孩子的内心感受，了解压力的原因，从而帮助孩子减轻或解除压力。

让孩子说出心里的委屈

孩子在成长过程中难免会遇到这样那样的困难或别人的误解，有时会觉得受到了莫大的委屈。孩子的内心世界是敏感脆弱的，不少孩子遇到不顺心的事情时，处理起来会很吃力，只能把委屈憋在心里。

那么，家长如何对待孩子的委屈呢？

1. 释放委屈情绪

当孩子受委屈时，家长不要让孩子强忍着，要让孩子尽快宣泄。要及时了解孩子受委屈的原因，让孩子的情绪得到释放，这样有助于孩子形成健康、乐观的人格。此时，只要孩子的言行不是太过分，家长应该接受并允许孩子适度地哭闹。接纳孩子的情绪之后，要设法使孩子的情绪平静下来。但要记住一点，安抚不是无条件地顺从。

当孩子的情绪平静下来以后，家长应让孩子把事情的来龙去脉说一遍。要让孩子主动诉说，当孩子提及自己的感受时，家长应鼓励其说出为什么会有这样的感受。在倾听孩子的诉说后，家长可以心平气和地从其他人的角度假设几个问题询问，引导孩子站在他人的角度看待问题。

2. 提高心理成熟度

独生子女备受呵护，孩子的优越感和自尊心越来越强，受不得半点儿委屈。当父母给予孩子的关注稍微欠缺一点时，他们往往不能正确地理解和接受，便感觉到自己受了委屈，从而采取自我防卫机制加以抵制和抗议。对此，家长要提高孩子的心理成熟度，要让孩子学会合理调节自己的情绪。

心理成熟度高的孩子面对社会和环境的变化较易适应，他们的自控能力、承受能力都比较好；而心理成熟度差的孩子，不太容易适应不断变化的环境，也不太容易自我控制，在人际关系中更容易出现问题。

当孩子受了委屈时，家长不必大惊小怪或大动干戈。如果不是很严重的问题，家长就不必为此硬要去找人理论清楚。

在对孩子进行心理素质和承受能力锻炼时,家长还要注意进行是非观念的教育,让孩子在承受委屈的同时,更要勇敢地站起来,以保持健康的心态和高尚的人格。

让孩子学会感恩

感恩是一种生活态度,是一个人的品德。当然,感恩也是一种形式,是健康社会人人都应该具备的一种行为,孩子也应有感恩的心态。

有感恩之心的人是善良的人,是知恩图报的人,是富有责任心的人。

俗话说,“滴水之恩,当以涌泉相报”。知恩图报,不仅是人的良知,也是我们待人处世的基本原则。知恩图报不是空口说白话,也绝不是虚情假意的小恩小惠,更不是为了贪图利益,而是发自内心的。真心回报他人,尽己所能帮助他人,这才是知恩图报的本质。只有人人做到知恩图报,社会才会更加美好,文明才有可能进步。与此同时,我们也能体会到:给予将比接受更快乐!

感恩之心直接的体现就是孝敬父母,讲究孝道。人们常说养育之恩重于泰山,因为所有人中,父母对自己付出最多。

感恩之心直接表现为回报亲人和帮助过自己的人。它能激发一个人的责任心、意志力,还能激发工作动力和潜能。

事业有成的人,可能原来很贫穷,但是都存有一颗孝心,一颗对父母的感恩之心,这成为他们学习和工作的动力。比如学习是为了以后找到好工作,回报父母;做事兢兢业业,生活本本分分,因为他们知道如果做了错事,会让父母担心,还会督促自己发展得更好,为家族增光。他们一生不懈地努力工作和做人,因为他们有一个负责的对象——父母。

另外，感恩之心还能激发意志力。传统文化中提倡“克己孝亲”，为了孝敬父母，即使不爱做的事，也要去做，这就是意志力的体现。孝敬父母，让父母放心，是他们努力工作的动力，也激发了克服困难的意志力。

感恩意识绝不是简单地回报父母养育之恩，它更是一种责任意识、自立意识、自尊意识和追求人生成就的精神境界。不懂得感恩，就失去了爱父母的感情基础，连父母都不爱，又怎么可能爱事业、爱社会？

父母要时常拥有感恩之情，时刻有报恩之心。这是父母应该教给孩子的。心存报恩之心，就会把成就归功于大家，失误归于自己；就会在他人有困难的时候，甘愿不计利益提供帮助；就会对别人、对环境少一分挑剔，而多一分欣赏。

一个不懂得感恩的孩子，是不会感激和怀念那些有恩于他却不言回报的人；也不会意识到正是由于他们的存在，自己才有了今天的幸福和喜悦；更不会以给予别人更多的帮助和鼓励为最大的快乐，不会对落难或者绝处求生的人伸出援助之手。

缺乏感恩之心的人，心中没有爱，在他的心中就不会有真正意义上的亲人，也就分享不到别人的快乐，也分担不了别人的痛苦。缺乏感恩之心的人，注定是孤独的，不可能快乐，也不会有成功的事业。

如果一个孩子缺乏感恩之心，他就缺乏了成功的动力，很难迈出通向成功的第一步。为了孩子日后有所成就，父母一定要注重培养感恩之心。

父母要让孩子学会感恩，懂得付出。那么，应该怎样让孩子学会感恩呢？

1. 让孩子知道父母的辛苦

现在很多孩子不知道父母的工作是什么，也不知道父母的收入是多少，只知道向父母要钱买这买那。在孩子的心里，这是应该的，父母有让孩子吃好、穿好、用好的义务。孩子根本不知道父母的辛苦。

专家建议，父母应该有意识地告诉孩子关于家庭的一些情况，比如工作情况、收入情况等。跟孩子讲的时候，要讲得具体、有针对性，让孩子真正感受到父母对家庭的付出，感受到父母的辛苦劳作，感受到钱来之不易……

通过这样的方式让孩子珍惜幸福的家庭生活，也让孩子明白幸福的家庭生活需要全家人共同努力。

当孩子明白这些情况之后，就会逐渐珍惜生活，会从心底对父母产生感激和敬重之情，进而懂得感恩。

2. 从小事培养感恩之心

培养感恩之心，应该从日常小事抓起。

培养孩子的感恩之心，可以从培养孝心开始。孝为百善之源，孝心是感恩之心的重要体现。

在培养孩子的孝心时，家长应该注意从生活的点点滴滴做起，不用讲太多的大道理，而是做孩子的榜样，将孝心一点一滴地渗透给孩子。

例如，孩子的爷爷奶奶姥爷姥姥都在，大家围一桌吃饭，父母的第一口菜，如果先夹给孩子，并对孩子说："宝贝，多吃点儿，这是特意为你做的。"妈妈夹完爸爸夹，爷爷奶奶姥爷姥姥也不甘示弱，纷纷给小孩子夹菜。一盘好菜，多半夹给了孩子。甚至直接就把好菜放在孩子面前。这样对培养孩子的感恩之心非常不利。

作为父母一定要明白，你给孩子夹菜，孩子学到的是给自己的孩子夹菜，他以后只会夹给自己的孩子，而不会夹给你。正确的做法应该是第一口菜夹给父母。如果孩子夹菜不利索，那么，现在并不缺米缺粮缺菜，给父母夹完，肯定还会有菜，接下来再夹给孩子。

如果把最好吃的特别是孩子最喜欢吃的，首先给自己的父母。孩子的模仿能力很强，从小他就知道，最好的应该先给老人，不会只想到自己。潜移默化就变成了习惯，等到孩子大了，他就会懂得，有好吃的应该先想到父母。

平时还要尊重父母或其他老人，经常带孩子看望父母，给父母送老人们喜欢的东西。

为了培养孩子的感恩之心，在家庭中，一定要营造一种情境，让孩子体会到别人的付出带给自己的快乐，也时刻体会着感激之情。孩子长期在这种情境之中“浸泡”着，就会渐渐拥有感恩之心。

在家庭中，除了在日常生活中及时表达对家人的感谢，还要不时地营造一些小气氛，比如家里成员过生日时，要庆祝一下，让孩子帮着做些卡片，写上感激的话。当然，大人要起到榜样作用。比如爷爷奶奶过生日，爸爸妈妈就应该重视，给老人准备礼物，然后说感谢的话，最好讲一些具体的该感谢的小事。爸爸妈妈讲完了，然后让孩子讲。这样孩子就会留意别人做过的使自己感激的事，还会将这些事牢记于心。

3. 让孩子感激身边人

感恩不仅要让孩子懂得珍惜父母之恩，还要让孩子懂得并珍惜他人之恩、自然之恩、社会之恩、祖国之恩……

对孩子进行感恩教育时，应该首先教孩子学会说“谢谢”，但也不能将“谢谢”当做外交辞令，还要真心地感激，并想办法回报。这样对孩子会产生潜移默化的影响，逐渐认为做人、做事就该这样，从而培养感恩之心。在对孩子进行感恩教育时，一定要让孩子学会说“谢谢”，但又不能仅停留在口头上，要在心里真正地感激别人，并愿意回报。

教师节孩子给老师送礼物，这是孩子懂得感恩的体现，家长应该珍惜和鼓励这种做法。如果孩子想不到，家长可以提醒。当然，孩子没有经济能力，不必送贵重礼物。家长可以给孩子提一些建议，让孩子送自制卡片或自己动手做的其他礼物，表达对老师的心意。要抓住这个机会，培养孩子的感恩之心。

要让孩子从能感激亲人、老师、同学的小事做起，把谢意送给他人，并逐步学会把这份真情、感动传送给社会上每一个需要帮助的人。例如，主动帮助学习不太好的同学复习功课；当有同学不小心掉东西时，要及时捡起并交还；在别人需要帮助的时候，贡献一份爱心，一片真情；有好心情要与大家一起分享，共同培养感恩之心。

学会感激身边的人，感恩之心可以帮助孩子摆脱困境，化解灾难。让孩子常怀感激别人的心，孩子也会逐渐原谅那些和自己结怨甚至触及心灵痛处的人。

要让孩子永远懂得，心存感激会让自己永远生活在满足、快乐的世界里。

4. 培养孩子的责任感

一个没有责任感的孩子，注定不会有感恩的心。培养孩子的责任感，首先应由父母言传身教，不能什么事都越俎代庖。如果父母不对孩子进行独立生活能力培养，很容易使孩子产生不劳而获思想。

要想在培养孩子责任感、感恩心方面取得成功，关键要从小的时候培养和引导。心理学研究认为，一个人的价值观、人生观在13岁之前基本形成。要让孩子“明事理，知道德”，那么，在他们懂事之初就得言传身教，如果等进入大学或成年后再“补课”，那时孩子的坏脾性、道德修养低下等毛病已成形，恐怕收效甚微。

想让子女成才，不仅要给予物质、精神上的支持，更要让子女认识到自己是一个相对独立的个体，很多事情、很多东西要独立去做。这样，孩子才会去创造幸福，学会感恩。

凡是属于孩子的事情，一定要放手教给孩子去做，尽量不要插手，如盛饭、打扫房间、洗衣服等。

学会感恩，能让孩子体会到充满灿烂阳光的人间真情。这阳光般的真情，时时刻刻温暖着孩子的心田，也是孩子朝着既定目标前进的取之不竭的动力。但是，只拥有一颗感恩的心是不够的，要让孩子感恩，更要让孩子报恩。要让孩子变得越来越有“人情味”。

学会感恩，孩子一定会扬起自信的风帆，在自信心驱动下，会实现成长与成才的目标。学会报恩，虽然受到感激的是他人，报恩的人却因此而变得更加富有，变得更加纯粹而崇高。

作为父母，要记住一个原则：想让孩子成长为什么样的人，自己首先要成为这样的人。为了培养孩子的感恩之心，父母要做懂得感恩的人，在一言一行之中向孩子灌输这种思想。不仅对父母，对朋友也是如此。如果有朋友帮助了自己，一定要表示感谢，并适时回报。这样就在无意之中培养了孩子的感恩之心。

选择积极的态度

具有积极心态的人像太阳，照到哪里哪里亮；具有消极心态的人像月亮，初一、十五不一样。心态决定人们的生活，有什么样的心态，就有什么样的未来。

积极心态者知道自己的目标，就算是身处逆境，也只会更加激发斗志，更加坚强。积极心态者喜欢接受挑战，从不退缩，并常常借挑战来磨砺斗志。

从前有位秀才进京赶考，提前到了京城，住在一个店里。考试前两天，他做了3个梦：第一个梦梦到自己在墙上种白菜；第二个梦是下雨天，他戴了斗笠还打伞；第三个梦到跟心爱的表妹脱光衣服躺在一起，背靠着背。

这3个梦似乎有些深意，第二天秀才赶紧去找算命的解梦。算命的一听，连拍大腿说："你还是回家吧。你想想，高墙上种菜，不是白费劲吗？戴斗笠打雨伞，不是多此一举吗？跟表妹都脱光了躺在一张床上了，却背靠背，不是没戏吗？"

秀才听了算命先生的解释，带着试一试的态度参加考试，结果名落孙山。

过了几年，这位秀才又来到京城参加考试，还是住在那家店里。碰巧的是，这次又做了和上次赶考同样的3个梦。因为这梦，秀才心灰意冷，收拾包袱准备回家。店老板感到奇怪，问："不是明天就考试吗，今天你怎么就回乡了？"秀才便把上次做梦没有考中，这次做了同样的梦，不准备参加考试了。店老板一听乐了："哟，我也会解梦的。我倒觉得，你这次一定要留下来。你想想，墙上种菜，不是高种吗？戴斗笠打伞，不是说明有备无患吗？跟表妹脱光了，背靠背躺在床上，不是说明翻身的时候就要到了吗？"

秀才一听，觉得有道理，于是精神振奋地参加考试，居然中了个探花。

人的一个特征是能够控制情绪。把这个特征引向好的方面，你就会变成积极心态主义者；相反的，把这个特征引向不好的方面，你就很可能会变成一个厌世者，一个情绪低迷的人。

生活在这个世界上，几乎没有一个人不喜欢与积极心态的人相处，喜欢让积极心态的人快乐的天性感染自己，喜欢积极心态者的热情。积极心态是所有人的需求，也是所有人的追求。

你也许已经明白，积极心态就是按照想象不断地努力，使自己生活在积极、轻松、愉悦的气氛之中。积极心态者总是往好的方面想，对世间一切问题以好的答案解释，他们觉得人生是快乐的，世界上的一切、自然界的所有都是美好的。

南山脚下有一座寺庙，周围除了杂草丛生的荒地外，什么也没有。因为环境荒凉，香火日渐减少，一些和尚转到别的寺庙去了。

后来，寺庙里来了一位双目失明的和尚。有一天，他偶然间听到住持为本寺的凄清，为周围的荒地而叹息。

从那以后，失明和尚在诵读经书之余，便摸着锄头在荒地上开拓，一锄一锄地翻地，一粒一粒地播下花种，日复一日。

在别人的嘲笑中，种子发了芽，长了茎，绿了叶，开了花。一年四季，寺庙四周的花在阳光和微风中万种风情，香气四溢。寺庙因此逐渐兴旺起来。

双目失明的和尚心里却很平静。他知道，无论鲜花怎样美丽，他都无法看到。他只想告诉世人：在这个世界上是不存在荒地的，除非他的心灵已杂草丛生。世界魅力与否也许就是一种心态而已，积极心态者可以乐观地预见未来，会朝着预见的方向努力，并实现它。

乌鸦和喜鹊各占一个山头作为领地。乌鸦的山头长满各种各样的奇花异草，远远望去，是一座美丽的大花园。喜鹊的山头长着各种树木，绿树成荫，十分壮观。乌鸦时常望着对面的山想：还是喜鹊的山头好，自己的山头全是乱七八糟的草，没有一棵成材的东西。喜鹊望着对面的山头想：还是乌鸦的山头好，我这山头全是硬邦邦的大树，一点儿也不温馨。

乌鸦提出要同喜鹊换领地。这个想法正中喜鹊下怀。它们一拍即合，便交换了领地。

乌鸦飞到喜鹊的领地，开始感到很新鲜，不久便发现新领地的不足，此地没花没草，太单调了。乌鸦很快就后悔了。喜鹊飞到乌鸦的领地后，开始感到满意，不久发现没有高大的树木栖身，难受极了。它也后悔了。

为了不让对方发现自己后悔，它们白天装着快乐的样子，却彻夜难眠，痛苦不堪。时间长了，它们知道了相互的真实处境，但谁也不点破。于是，痛苦伴随它们一生。

人生路上晴时多云偶阵雨，生活上、工作上、感情上，有的时候换个心态，风景自然不同。积极的心态催人奋进，悲观厌世者往往放弃意志，不努力争取实现目标。他们把世间的一切都看成黑暗的，生活在沉重的负担之中，做任何事情都做不好，导致不愿意付出努力。生活往往使我们的设想成为事实。如果凡事都用消极悲观的态度对待，认定周围充斥着一群不怀好意的人，他们总是在轻视你，甚至正欺骗、伤害你，那么，这一切最终就有可能成为现实。相反，当你把心底里所有负面情绪统统抛开的时候，以积极的态度投入生活中，相信自己能够达到既定目标，那么，你最终会获得成功。你的思想、感情都是由自己支配的，选择了一种想法，意味着选择了一种命运。

积极心态是加油站。然而，孩子并不能因父母的期望就自然而然地体验快乐。同时，孩子的快乐也不一定是由物质的东西引发的。积极心态需要培养和精神支持。

培养孩子积极的心态，父母应重视家庭中宽松的氛围。在父母把握大方向的前提下，尽可能给孩子更多的选择，不应事事以自己的喜恶去强求一致。尽管有时孩子的选择是痛苦的，但他们可从中“悟”出道理。每一个父母都应清醒地认识到自己不可能一辈子呵护孩子，孩子最终要到社会上摔打，建立广泛的人际关系，这种关系是建立在子女与父母的人际关系以及父母与他人交往的基础上的。热情好客，待人诚恳宽容，对孩子有很好的影响。

保持温暖宜人的微笑

父母要告诉孩子：当你微笑的时候，别人会开心，你会更开心。

每天你都可以使自己成为一个崭新的人：带着微笑起床，带着微笑出门；独处时保持微笑，与人相遇时向对方微笑；工作时微笑，休闲时也微笑——这些都是好习惯。

微笑，是一种你可以付出的快乐。

快乐起来的理由有万万千千，关键是——要时时刻刻给自己加油、鼓劲。

有过这样一个调查：世界上谁最快乐？在上万个答案中，有4个答案十分精彩。它们分别是：吹着口哨欣赏自己刚刚完成的作品的艺术家；给婴儿洗澡的母亲；正在沙地里堆城堡的孩子；劳累了几个小时，终于救治了一位病人的外科大夫。

这些快乐其实都在我们的生活周围，除了这些，应该还有许许多多的答案：口渴时的一杯水，酷热时的一阵风……只要你心中快乐，你就应发自内心地微笑。

心情是会写在脸上、身上的。心情愉快时，和人擦身而过，对方从你的脸上、走路姿态上都能感受到你的快乐。仿若春风拂过一样，他也会感染到一丝丝喜悦。

在你感到特别好的一天，向其他人微笑，看看他们是否也注意到你的微笑，并有所回应。通常一个微笑就会带来另一个微笑，微笑是个注意和肯定其他个体的积极方法。

你可以用微笑增加脸上的神采，并且让积极的活力改变周围的气氛。注视人们的脸庞吧！一旦你集中焦点于一个人，就会注意他外表之下的内心世界，并且深入深处。

当你把微笑送给别人时，你会体验一种真正的愉悦；别人受到你的鼓励，心情也会随之舒展。去发现快乐吧！为了世界多一分美丽，为了表达快乐的心情，我们倾心微笑吧！

微笑比紧锁双眉好看，令人心情愉悦，令自己的日子过得更有滋有味，有助于结交新朋友，表示友善，留给别人良好的印象，送给别人微笑，别人也自然报你以微笑，你更有自信和魅力，令别人减少忧虑。

一个微笑可能帮你展开一段终生的情谊。

笑容是人的一种情感语言，人们在适当的时候投以适度的笑容，可以发挥无穷的价值，收到事半功倍的效果。笑容成为最有益于人际交往的面部表情。白居易的名句“回眸一笑百媚生，六宫粉黛无颜色”，便写出了笑容作为一种面部表情的微妙效果。一个爱笑、会笑、真心笑的女孩才是美丽动人的，反之，外表美丽但面孔生冷则给人妖艳和厌恶的感觉。

当你微笑的时候，别人会更喜欢你。笑容不只是快乐和友好的表示，也能传递道歉与谅解的信息，还能润滑感情，提高力量。

不会微笑的老师在美国站不住脚。美国老师从不斥责学生，总是用微笑鼓励学生。在老师微笑的鼓励下，即使不如别人的孩子也会信心大增。

对求职者来说，微笑是一种自信。言为心声，笑露底气，一个缺乏底气的人是很难“以笑服人”的。只有充满自信的人，在困难面前才能笑出来。

对领导来说，微笑就是一种信任。向下级布置任务时面带微笑，下级干起活来就格外卖力。

每个人都有亲身体验，面对亲人的微笑，能够使人体会到，在这个世界上还有人与自己心心相连；面对朋友的微笑，能够使人体会到世上除了亲情，还有同样温暖的友情，感受到朋友的重要。一个会心的笑，可以把几分钟前紧张焦虑的关系变成温暖、愉快、积极的关系。然而遗憾的是，骄傲的现代人，却那样吝啬微笑，仿佛只有把自己隐藏在假面具后面，才能真正找到安全感和归宿感。这也许就是世界变得越来越冷漠的原因吧。

笑容真的很重要，它不但会改变别人的心情，也会改变自己的心情。笑容永远是生活中的阳光雨露。每个人的微笑都是世界上最美丽的微笑，这美丽不仅仅绽放给别人，也绽放给自己。

笑纹比皱纹重要。儿童一天会笑多少次，成人却好像不习惯笑。

任何小事都可以让小孩乐不可支，向他们学习，鼓励自己在笑声中享受人生。

让孩子学会控制情绪

人的情绪是一种心理现象。高兴、愉快、欢乐、喜悦、轻松、欣慰、悲伤、害怕、恐惧、不安、紧张、苦恼、忧郁等，都属于情绪活动。

情绪分为积极情绪和消极情绪两大类。积极情绪对健康有益，消极情绪会影响身心健康。当人情绪变化时，往往伴随着生理变化。例如，人在恐怖时，会出现瞳孔变大、口渴、出汗、脸色发白等一系列变化。这些生理变化在正常情况下具有积极的作用，可以使身体各部分积极地动员起来，以适应环境变化的需要。

过度的消极情绪，长期不愉快、恐惧、失望，会抑制胃肠运动，从而影响消化机能。情绪消极、低落或过于紧张的人，容易患各种疾病。保持乐观的情绪，有利于身体健康。

每个人的情绪，都是会有波动的，应该主动摆脱不良情绪。当有什么事使孩子烦恼的时候，不要让他闷在心里。当事情不顺利时，教育孩子不妨避开，改变生活环境，会使精神松弛。如果要办的事情较多，应先做最迫切的事，把全部精力投入其中，一次只做一件，把其余的事暂时搁在一边。如果孩子自我烦恼，试着让他帮助别人做些事情，你会发觉，这将使他的烦恼转化为振作，产生做了好事的愉快感。

父母应教会孩子在情绪低落时，要找到缘由，想办法解决，及时调整自己，使自己冷静下来，理智地面对遇到的困难。学会做自己情绪的主人，培养愉快的心情，调节好情绪，提高适应环境能力，保持良好的精神状态。

与人交往时，坏情绪会使得对方的情绪变得恶劣，从而使对方讨厌你；良好的情绪也能感染对方，让对方愉快地接受你。因此，要让孩子学会控制调节情绪。

自己的情绪自己控制。旁人的称赞会使你获得良好情绪，但是现实生活中还存在着种种挫折以及反对的意见。所谓自己控制自己的情绪，就是不等待别人的鼓励和暗示，利用积极的心态控制和改善情绪。

找出情绪不好的原因，努力排除它。当情绪不好的时候，你要问自己，是什么使自己不高兴？然后想这件事是否真的有那么重要。即使它真的很重要，你也应该保持健康的心态积极面对，没有必要被它困扰。最后，你应该用实际行动排除掉那些烦扰你的事情，释放心灵。

有时，引起你情绪不好的原因很难排除。这时候，你就先接受它，然后自我暗示。常用的自我暗示方法是自我鼓励。或者，心情开始不好的时候，去忙忙别的事情，使自己没有时间思考不愉快的事情。

将不愉快的事情说出来。人在情绪不好的时候，应当有节制地发泄，把闷在心中的不快倾诉出来。你可以试着把烦扰心灵的事情说给好友或者家人听，这样也许能得到他们的安慰、开导，找到解决问题的办法。宽容是美德，实因它是成功事业之基石。古人有言："海纳百川，有容乃大。"正因为海洋大度地接纳了江河、小溪，才有了壮观的辽阔。

一个人的情绪，主要受精神意志控制。保持愉快稳定的情绪，做到不迁怒，就是有什么不顺心的事，有什么烦恼和愤怒，不发泄到别人身上去，说得通俗一点儿，就是不拿别人做出气筒。要从小提高道德修养，树立远大理想，保持健康的心理状态，还要学会适应外部条件的变化，自觉运用积极情绪克服消极情绪。

把逆境化为走向成功的动力

人生处处都可能碰到逆境。逆境是把双刃剑，它既能使人坚强，也会使人脆弱，关键在于你怎样对待。父母要教育孩子认识到逆境的积极作用，并善于把逆境转化成驶向成功的动力。逆境的积极作用表现在以下方面。

1. 逆境使强者冷静反思

逆境并不都是坏事，它给人带来灾难与否，关键是能否正确地对待它，勇敢地驾驭它。强者之所以是强者，因为他们敢于面对逆境，不逃避，不屈服，冷静地寻求对策。逆境使强者产生挫折感，而强者在挫折后能够冷静地思考逆境的根源，思考如何避免逆境带来的灾难。于是，想办法补救或改善；实在改变不了，就另辟蹊径，这便是逆境中产生的创意思考。正所谓："苦难是人生的老师。"逆境使强者学会了思考。

2. 逆境似"激将法"

逆境会给人带来不愉快甚至痛苦。但是，思想上的压力，甚至肉体上的痛苦，都可能成为精神上的兴奋剂。很多杰出人物都曾遭受心理上的打击以及形形色色的困难，若非如此，也许他们是不会付出超群的劳动以及做出出众的成绩的。只有刻骨铭心的失败，才能够激起成功的欲望。那么，为什么逆境会使强者做出一般人做不出的成绩呢？首先，逆境引起人的痛苦。心理学研究表明："痛苦可以促使本人去设法改变引起痛苦的处境，或解除引起痛苦的原因。"逆境中强者虽痛苦，但是他们会忍住痛苦去战胜逆境，去改变逆境，使自己从痛苦中解脱出来。其次，逆境引起人的愤怒，愤怒可以转化为内驱力。逆境引起人的愤怒，有的是直接的——比如有人故意诬陷自己而使自己愤怒；有的愤怒是由痛苦转化而来的。心理学研究表明，过分的痛苦可以转化成愤怒和仇恨。愤怒和仇恨是否定性积极情感，积极情感可以使人产生活力，成为一种强大的内在动力，支配人产生积极的行为。

3. 逆境使强者奋力抗争

心理学认为，需要是人的心理活动的原动力，人的一切活动都是受需要支配而产生的。人的生命不息，需要不止；人若没有了需要，生命也就停止了。由于人的需要受到社会的制约，个体需要的产生发展与满足需要的手段，都要受社会的物质条件、文化条件、道德和法律的制约。只要满足需要的手段是合理的，个体需要就是适应社会的，就是无可非议的。这样，就使人们在适应社会要求的情况下，希望尽量满足自己的需要。但是，逆境阻碍了人的合理需要的满足，社会使人产生挫折感。例如，贫困使人的物质需要的满足受到限制，个别人的诬陷诽谤，使正直者的自尊需要的满足受到阻碍和破坏，这些都会使受阻者产生挫折感。在挫折面前，弱者会自甘暴弃，强者却认为自己的合理需要应该得到满足，所以与逆境抗争。这种抗争，产生巨大的行为动力，最终以战胜逆境使自己的合理需要得到满足为止。

4. 逆境锻炼勇敢、适应能力和毅力

强者能勇敢地面对逆境，勇往直前。他们知道没有勇敢就无法战胜逆境，失掉勇敢就失掉了一切。歌德说过："失去金钱损失甚少，失去健康损失甚多，失去勇气损失一切。"强者勇敢地承担社会对自己提出的过高要求，自觉约束自己，逐渐适应了这种社会逆境。在与逆境的抗争中，他由困惑，缺乏经验，情绪难平逐渐到清醒成熟、情绪平静，增强了对逆境的适应能力。在与逆境抗争过程中，毅力得到了

锻炼。逆境为强者设置了阻力，使强者感到苦，感到累，感到厌烦和失望。强者毕竟是强者，他们在逆境中锻炼了各方面品质。

5. 强者立志做生活的主人

逆境是主体以外的因素，是主体不能控制的。它反倒会控制主体，主体在逆境中产生挫折，会有一种被人摆布，任人宰割之感，这就使强者产生主宰自己命运的切身感受和需要。每一个立志干一番事业、立志成才的人，都是自己命运的主人，认识自己，调节自己，提高自己，都必须亲自操作。

把障碍和苦难当成机会

把苦难当做机会，生活就会充满快乐。

社会是现实的，有些人生活过程中哀伤、烦恼接踵而至。任谁也无法了解其中的因由。或许是命运多舛吧！你可以怨恨人生的不公平，可以自怜自艾；然而，你也可以认真地吸取教训，伸直腰杆，挺起胸膛，勇敢去面对生活中的种种无可避免的问题。这个主导权在于自己；重要的是，必须抱不回避问题的信念。如果举目所见，自己已深陷于问题的丛林之中，便要鼓足勇气面对困难，深思熟虑地筹划"积极反攻"。不然，必会自溺于现状，终日捶胸顿足，唉声叹气，无所事事。

生命中真正重要的事是从损失里获利，这需要才智，这一点正是聪明人和傻子之间的区别。一位哲人指出："逆境是人生的宝藏。"稍遇挫折，身处逆境，就一蹶不振、停滞不前的人绝不会成功。

在生活中，因为失业而得到比以前更好职位的例子是非常多的。如果不是因为失业，他们可能就会一辈子守着小小的工作，而不会有很好的发展。失业时，令人感到痛苦，但从漫长的人生看，反而是锻炼。当然并不只限于失业，年轻时因为好几次失败，不能提早成功，反而变得意志坚强和具备圆满的人格，因而获得成功的人也有很多。尝试过失败或许对人生有更深的理解，年轻时的不顺利可能有助于更大的成功。

人生中有很多障碍或苦难，同时所有的苦难都藏匿着成长和发展的种子。能够发现这种子，并好好培养出来的人，往往只有少数。这些人到底是怎样的人呢？

第一是决心克服苦难的人。没有这种决心的话，不管怎么说"苦难才是机会"，也只会变成以另一种苦难结束的悲剧。

第二是能够认为苦难才是机会的人。没有这种想法，苦难会带来更多的苦难。

碰到危机时，一部分人会陷入恐惧状态，另一部分人会利用这个机会，为自己制造成功。这是改善人生的决定性差别。

应当记住，不管怎样不利的条件，只要能正确处理，都可能把它转变为有利条件。

在欢喜状态时，人们大都不会自我反省，也没有上进心，也就是说成为忘我的状态了。相反，在有苦恼或挫折感时，经常会有反省和上进心涌出来，因此有抓到真正的幸福和欢乐的机会。

那么，把痛苦变成机会，或者是变成恐慌状况，这种差别到底是由什么决定的呢？是由当事人的决心和态度决定的。西方有一句话说："跌跤之后，不要空手爬起来。"这种态度才是最重要的。

我们必须对人生道路上的曲折和困难有充分的认识和思想准备。世界观的差异，认识水平不同以及客观环境不同，形成了独特的人生之路。不管生活道路有何不同，有一点却是共同的：绝对笔直而又平坦的人生路是不存在的。事物是螺旋式或波浪式发展过程，人生道路是直线和曲线的辩证统一。一个人今天行走在直路上，明天则可能走在弯路上。我们在遇到困难和身处逆境时，不要茫然不知所措、灰心丧气，也不应因一时的挫折而轻言放弃。应该相信，风浪后将是平静的海洋，坎坷后面将是平坦大道。

既然“人生不顺常十之八九”，那么，摆在我们面前的任务是克服困难，超越逆境，开创新天地。正如巴尔扎克所说：“世界上的事情永远不是绝对的，结果完全因人而异。苦难对于天才是一块垫脚石，对能干的人是一笔财富，对弱者是一个万丈深渊。”

孩子遇到挫折时，不要灰心丧气，要找出原因，使挫折转化为顺利，努力把困难和逆境变成人生的财富，变成成功的垫脚石。

遇到困难时　要保持平静

人生困难重重，一旦真正想通了这个道理，才能实现超越。真正了解而且接受人生困难重重的事实，你就不会那么耿耿于怀，人生也就显得不那么多灾多难了。

许多人不明白人生本来就遍布艰险困顿。他们不是怨天尤人，就是自艾自怜，仿佛人生本来就应该是既舒服又顺利的。

其实，人生就是一连串难题。父母要把排难解纷的方法传授给孩子。生活的真正难处在于：面对问题，寻求解决之道。这是一段非常痛苦的过程。各式各样的问题使人沮丧、悲哀、痛心、寂寞、内疚、懊恼、愤怒、恐惧、焦虑甚至绝望。这些都是令人不舒服的感觉，有时比肉体的痛苦更难以承受。正因为种种冲突造成的痛苦如此强烈，人们才开始正视问题。也正因为人生总是问题不断，人们才觉得生活苦乐参半，甚至苦多于乐。要想找到解决难题的方法，就要在困难面前保持平静和淡定。

培养孩子善思善问、敢于探究的精神和知之为知之、不知为不知的品质，碰到一个问题，要通过讨论、请教来弄明白。“小儿辩日”的故事，就是一种处理问题的方法：在一起讨论，一起探究，善思善问，去"钻研"。大自然的万事万物令人摸不透,看不清宇宙无限,知识无穷无尽,可假如你去认认真真地观察,静下心来思考,便会有所收获。

孔子的处理方法为人称道:面对难题他平静对待,不怕别人笑话,坚持知之为知之、不知为不知。

在困难面前,不要怨声载道,要平静乐观地对待。坚定的信念,良好的心态,平和的思考方式,是战胜困难的前提。

不论多么艰苦、多么困难的问题,都要坚守内心的平静,它会决定你的未来。

有的孩子总快乐不起来,因为长相,因为学习,因为家庭。

其实,长相由不得人,喜欢不喜欢也就是它;学习成绩好坏,急也不在一时,你再不快乐,它一时三刻也改变不了;生长在这样的家庭里,不是你能改变的……应该学会"接受",先接受眼前的一切,再平静分析,然后去想解决问题的办法。

遇到挫折时冷静分析,从客观、主观、目标、环境条件等方面找出受挫的原因,采取有效的补救措施。

社会是一个由多元子系统组成的大系统;社会是光明的,但也有阴暗面;世上有好人,也有坏人。看待社会不能过于理想化,社会成员之间的不平等是客观存在,不能用自己的标准去衡量社会的公平性,而应正视社会,承认差别,努力缩小自己与别人的差距。一句话,要平静面对社会现实,平静地对待困难挫折,才会不断超越自我,实现梦想。

平静地看待自己:遇到挫折,先从主观方面寻找原因。坚信"人无完人",每个人都有长短处,只要积极有为,扬长补短,确立自强、自信、自立的心态,就能找到战胜挫折办法。

遇事平静不慌乱,是一种"修炼"而来的能力。平静地面对困难,平静地思考问题,才能使困难迎刃而解,才会在大是大非的风浪中脱颖而出。这种平静的心态不是一朝一夕促成的,父母要引导孩子心情平静后再予解决,逐步形成正确的态度和解决方式。

第八章 培养孩子乐观的性格

◎ 乐观让未来充满阳光

◎ 乐观的孩子容易成功

◎ 如何把孩子培养成乐天派

◎ 幽默能增加快乐

◎ 从生活中发现快乐

◎ 快乐就是现在

乐观让未来充满阳光

乐观是一种美好的品格，也是一种积极的心态。乐观使人能看到事情比较有利的一面，期待最有利的结果。为人父母者，帮助孩子树立乐观的心态，有助于孩子健康成长，也有利于孩子未来的幸福。乐观的孩子是能够积极地接受挑战和应对不幸的，其实他已经成功了一半。

乐观是一种积极的生活态度。面对困难，乐观就像一副盔甲，能抵挡困难的进攻和侵蚀；面对困难，乐观就像一把钥匙，能打开自己的心锁勇敢前进。让孩子学会用乐观的心态面对学习和生活，他的未来就会充满灿烂的阳光。

美国有这样一对兄弟，一个非常悲观，而另外一个却出奇的乐观。

这对兄弟的父母希望两个孩子的性格能够互补一下。于是，有一天，父母把两个孩子分别锁在了两个屋子里，看他们各自的表现。其中，乐观的孩子被锁在堆满马粪的那间屋子里，悲观的孩子被锁在放满漂亮玩具的那间屋子里。一个小时后，他们的父母走进悲观孩子的屋子时，发现他正坐在一个角落里哭泣。原来，因为他不小心弄坏了玩具，他怕父母会责骂自己。当父母走进乐观孩子的屋子时，却发现孩子正在兴奋地打扫马粪，把散乱的马粪铲得干干净净。看到父母来了，乐观的孩子兴奋地叫了起来："爸爸，这里有这么多马粪。这些马粪可以作为种花的肥料，而且附近肯定会有一匹漂亮的小马，我要给它清理出一块干净的地方来！"

这个乐观的孩子就是后来的美国总统里根。他从报童到好莱坞明星，再到州长，直至当上了美国总统。

乐观者与悲观者之间，其差别就在于：乐观者看到的是油炸圈饼，悲观者看到的是一个窟窿；乐观者在每次危难中都看到了机会，悲观者在每个机会中都看到了危难。

做父母的都应该让自己的孩子成为乐观的人，从小就培养孩子的乐观精神。对于做任何事来说，乐观精神都是非常重要的。要让孩子有一种乐观精神，这样孩子做起事来就会非常顺利。要知道，乐观精神会影响孩子的未来。

乐观是一种心态，是一种积极的心态。这种乐观积极的心态对孩子的成长起着重要的作用，因为它会改变孩子看问题的态度，由态度的改变成就孩子人生的改变。

乐观是需要保持的一种心态，一旦具备这种心态，孩子就会在人生的道路上始终把握一个积极向上的方向。让孩子拥有乐观的心态，这样有助于孩子的身心健康，因为乐观心态能增强孩子免疫系统，身体和心理上的疾病一般就很少去造访他。

美国前总统林肯，也是一个有着乐观心态的人。有一次家里失盗，很多人去安慰他，见他还是很高兴。很多人都不理解为什么。他说了三点：一是幸亏丢的是东西而不是我；二是幸亏丢的是一部分而不是全部，不然损失更大；三是幸亏偷东西的人是他人不是我，所以他进去了，我没有进去。

孩子需要这种乐观的心态，因为孩子希望成为自己心灵的主人。

让孩子保持乐观的心态吧，让孩子把解决问题当成是一种享受，这样孩子在遇到问题的时候一定不会悲观，孩子也会由此成为自己命运的主人。

乐观的心态对孩子一生的成长都有重要的影响，但现实生活中，并不是所有的事情都尽如人意。当面对不幸、灾难和厄运时，都应该保持一种乐观的心态，才能让孩子更好地把握人生，孩子的未来才能充满阳光。

乐观的孩子容易成功

乐观与悲观的最大区别就是对有利和不利事件原因的解释。

乐观者认为，有利的、令人愉快的事情总是永久的、普遍的。他们能够促使好事发生。而一旦不利事件发生，他们也能视为是暂时的。

悲观者则认为，好事总是暂时的，坏事才是永久的。在解释坏事发生的原因时，他们不是责怪自己，就是责怪别人。

威廉·詹姆斯说："我们所谓的灾难很大程度上完全归结于人们对现象采取的态度，受害者的内在态度只要从恐惧转为奋斗，坏事就往往会变成令人鼓舞的好事。在我们尝试过避免灾难而未成功时，如果我们同意面对灾难，乐观地忍受它，它的毒刺也往往会脱落，变成一株美丽的花。"

乐观是成功的一大要诀。悲观者遇到挫折时，总会在心里对自己说："生命就这么无奈，努力也是徒然。"由于常常运用这种悲观的方式解释事物，无意识中就丧失斗志，不思进取了。因此，父母要重视培养孩子性格。

孩子对那些能够满足自己需要的事物或对象，会产生一种积极的情绪体验，而对无法满足自己需要的事物则会产生消极的情绪体验。乐观的性格是孩子应对人生中悲伤、不幸、失败、痛苦等不良事件的有力武器。如果孩子无法乐观地面对人生，就会意志消沉，对前途丧失信心，而且长此以往，还会损害身体健康。

如何把孩子培养成乐天派

面对各种各样的不如意，教会孩子保持乐观的心态。首先，要教孩子战胜自己，战胜了自己也就是战胜了别人。孩子一旦在最困难的时候战胜了自己，自然也就能顶住外来的压力，成就自己。

乐观心态成就孩子，悲观想不开只能害了孩子。

孩子乐观的性格是可以培养的。人的性格是在后天的环境中逐步形成的，乐观的性格可以通过实践逐步培养，悲观的性格也可以在实践中逐步改变。孩子的乐观首先来自家庭和谐、幸福的气氛，来源于父母的乐观、自信、幽默、豁达，来源于父母能够切实地帮助孩子正确对待并战胜面临的困难，用自己的乐观精神感染孩子。这样，即使在孩子以后的生活中碰到困难挫折，他也能始终保持健康的心态，具备心理承受力，克服困难，实现既定的目标，因为父母已使他相信在困难和挫折后面，还存在许多美好的东西。一个有着童年的幸福与温馨回忆的人，胸中会永远充溢着幸福。

只要个人足够乐观，他就有可能成为一个足够优秀的人。当然，优秀并不单单指物质条件的优秀。父母肯定都希望把自己的孩子培养成具有乐观精神的人，那么，应该怎样培养孩子呢？

1. 营造乐观的家庭氛围

父母是孩子的第一任老师，也是孩子的终身老师；家庭是孩子的避风港湾，生活的基地，也是孩子健康心灵接受熏陶、获得精神安慰的场所。孩子的乐观心态首先源自父母，源自家庭，所以，培养孩子乐观的心态，首先从父母自身做起。我们要做乐观的父母，给孩子营造乐观的家庭环境，这对培养乐观向上的孩子有很大的益处。

孩子的模仿能力极强，父母的优点与缺点一并吸收。如果父母是悲观主义者，孩子就会受其影响以悲观的态度思考问题。如果父母希望孩子具有乐观的品性，父母必须首先改变自己的思想与行为方式。培养孩子的过程是父母不断充实与学习的过程。父母不仅要尽量在孩子面前表现出乐观，营造快乐的气氛，更重要的是要拥有一颗乐观的心。父母乐观处事的实例是孩子最好的教科书。

做乐观的父母，营造乐观而温馨的家庭环境，在这样一种氛围下长大的孩子，耳濡目染父母乐观向上的心态，受家庭乐观环境的熏陶，注定会是一个乐观向上的孩子。

2. 接受现实　学会乐观

为了让孩子的未来道路走得更好，一定要对孩子进行乐观向上的心态教育。这种教育包括让孩子接受不可改变的现实。当面对不可改变的现实时，要保持乐观的心态，让孩子接受现实是保证乐观向上心态的前提。

人不可能事事称心如意，再乐观的人也不可能永远快乐。乐观者可贵之处在于能很快从失意中振奋，把一时的沮丧丢在脑后。当孩子遇到困难时，父母要多留心情绪变化。如果孩子闷闷不乐，父母无论多忙，也要挤出时间和孩子交谈，教育孩子学会忍耐和坚强面对，鼓励孩子凡事多往好的方面想，不要尽往消极方面想。

乐观的人是幸福的，悲观的人是不幸的。乐观的人可以坦然地面对一切——成功和失败，痛苦和幸福。要让孩子做一个幸福的人。

诗人惠特曼说："面对黑暗、风暴、饥饿、意外的挫折，我们应该像树木一样顺其自然。"让孩子学会乐观，接受现实，坚定信念，迎接成功的到来，这将是铸就孩子一生的财富。

3. 保持一颗平常心

现在的孩子多是在温室中长大的，没有经历风雨，自然意识不到艰难。要让孩子接触各类事物，接触得多了，见多识广，心胸自然就开阔了，就会用平静的心态对待世界。

父母要培养孩子平常心态：胜不骄，败不馁；优势不浮，劣势不躁。要始终以乐观向上的心态面对生活，面对社会。

父母告诉孩子“人生不如意事十有八九”，失败了一次不要紧，失败是成功之母。失败不值得伤心，那不过是一不小心走错的一段路，纠正方向从头再来。要让孩子明白，只有经历狂风暴雨的洗礼，空气尘埃才能被洗刷掉。这就是平常心。

当然，父母要想培养孩子从容自若、遇事不惊的心态，父母自己也必须先要有一颗平常心。这样，孩子在父母平常心的潜移默化下才会逐渐形成这种健康的良好心态。

4. 鼓励孩子多交朋友

父母要鼓励孩子多交朋友，为孩子创造与同龄人交往的机会，例如，带孩子到邻居家串门，邀请其他孩子到家里来玩，让孩子多到同学家去玩等。

不善交际的孩子大多性格抑郁，因为他们往往受着孤独的煎熬，而且享受不到友情的温暖。不妨鼓励孩子多交朋友，特别是同龄朋友。本身就性格内向、抑郁的孩子，更应多交一些性格开朗、乐观的同龄朋友。

与他人融洽相处，有助于培养快乐的性格。因为与他人融洽相处者，心中的世界较为光明，较为美好。但要与他人融洽相处也并不容易。家长可以带领孩子接触不同年龄、性别、性格、职业和社会地位的人，让孩子学会与不同的人融洽相处。当然，首先要学会跟父母和兄弟姐妹融洽相处，然后再学会跟亲戚朋友融洽相处。此外，家长自己应与他人相处融洽，做到热情待客，真诚待人，不势利，不卑下，不在背后议论他人，给孩子树立榜样。

5. 爱好广泛

开朗乐观的孩子心中的快乐源自多个方面。孩子如果仅有一种爱好，就很难保持长久快乐。只爱看电视的孩子如果没有合适的电视节目看，他就会郁郁寡欢。如果爱好广泛，当孩子看不成电视时，却能读书、看报或做游戏，同样乐在其中。鼓励孩子爱好广泛，以免对某项爱好过分关注，对其他活动兴趣索然。父母要鼓励孩子广泛地阅读，在阅读中增加知识，升华思想，可以阅读伟人的故事、童话、小说等。

让孩子积极参加活动。父母可多搞一些活动（如带孩子外出游玩）；也可让孩子做一些创造性活动（如利用废物制作小作品），通过丰富精神生活，让孩子体会生活的乐趣，增强对生活的信心，培养乐观的性格。

在活动中，可以暗示孩子主动提问，主动要求，主动学习。当孩子主动行动了，用表扬、奖励等方法强化孩子的自主观念。

6. 及时排除不良情绪

在孩子成长过程中，总会遇到不称心的事情，即使天性乐观的孩子也是如此。父母要多留心情绪变化，发现孩子闷闷不乐，无论自己多忙，也要抽出时间了解孩子，帮助孩子排解烦恼，使悲观情绪、不良情感及时化解。

生活中，父母要注意观察孩子的情绪。在尊重孩子的情况下，耐心引导孩子用乐观的心态看待事物。当孩子遇到困难和挫折的时候，要让孩子保持乐观的情绪，积极寻找战胜困难的办法。有时候父母可以给孩子提供建议，帮助孩子想办法，促使孩子摆脱消极情绪，有利于培养乐观心态。

值得注意的是，及时排除不良情绪并不代表不让孩子悲伤、哭泣，而应该让孩子自由地宣泄。父母强制孩子停止哭泣，孩子会把心中的悲伤积聚起来，久而久之，会造成消极心理。

7. 不要压抑快乐

快乐是一种基本的情绪，人本性中就有快乐的成分。快乐的重要来源是成就或创造的成果以及完成了有意义的活动。许多孩子不快乐，主要是他们没有自由。父母对孩子太过溺爱，往往会抑制孩子们的一些行为和举动，甚至替孩子包办一些事情，这样，孩子就事事不用做，也无法在做事中得到乐趣。

其实，孩子在出生后 2 个月左右，就有了社会性微笑。对于孩子的想法、兴趣爱好，不要过分限制，不要压抑孩子的天性。尤其在学龄前，尽量给孩子自由自在的活动空间。在有意义的活动中感受快乐。例如，刚学会走路的孩子蹒跚着走到母亲面前，他体验着的是真正的快乐，因为他做完了一件事，他有了成就感。在孩子体验成就感的同时，也体验到了力量、信心和肯定。因此，快乐是一种动机力量，有利于孩子成长。

要培养乐观开朗的性格，就不要对孩子限制过多，允许孩子在不同的年龄段拥有不同的选择权。例如，对于 2 岁孩子，应该允许他选择早餐吃什么，3 岁的孩子允许选择上街时穿什么衣服，4 岁的孩子允许选择假日去什么地方玩,5岁的孩子允许选择买什么玩具,6岁的孩子则允许选择看什么电视节目……

一般来说,只有从小就享受到“民主”的孩子,才会感受到人生的快乐。因此,聪明的父母不妨做个“懒惰”的父母,让孩子自己去选择、处理自己的事情。

8. 学会幽默

幽默是一种智慧,体现了一种豁达的人生态度和乐观积极的处世方式,同时,幽默也是一种生存的技巧。

所谓幽默感,就是通过语言或肢体语言,让与自己互动的对象感到愉快的言语或举止。有这种言行举止的人,我们称为具有幽默感的人。为什么要让孩子学会幽默?因为具有幽默感的孩子通常乐观。

其实,幽默感有助于父母做到“让孩子充分展示自己的天性,有属于自己的快乐的童年时光”。

孩子学会幽默后,就在生活中不断地制造欢笑,让周围的人感到轻松愉快,自己也会富有成就感和自信心。因此,具有幽默感的孩子,也较容易获得友谊。

美国是一个崇尚幽默的国家。美国人不但认为幽默是一种可爱的性格,还把幽默视做可贵的品质。在很多父母看来,培养孩子的幽默感是对孩子进行素质教育的有机组成部分。幽默感三分天生,七分培养,所以在儿童教育专家的倡导下,许多家长甚至早在婴儿出世才6个星期时便开始了“早期幽默感训练”。实际上,不少聪明的婴儿在这个时候开始萌发了与开玩笑有关的“幽默意识”。

1周岁左右的孩子对他人的脸部表情十分敏感;3岁幼儿的智力,已发展到能认识在概念不和谐中潜藏的幽默;5～6岁时,对语言中的幽默十分敏感;8岁以后的孩子已初具幽默感。父母们对于能起到增强孩子幽默感的活动,大多予以无保留的支持。

孩子的幽默性格一旦形成，对其一生将产生重要影响。具有幽默感的孩子大多开朗活泼，受欢迎度高，人际关系相对好得多。重要的是，幽默能有效帮助孩子缓解压力和痛苦。所以，幽默的孩子比较快活、聪明，能较轻松地完成学业，拥有乐观向上的人生。

如何培养孩子的幽默感呢？

首先，父母注意营造幽默氛围，与孩子说笑话或表演滑稽动作，用幽默感感染孩子；第二，让孩子读一些高雅的幽默书籍，但千万不要让他们读粗俗的笑话书；第三，注意训练孩子的幽默思维，如脑筋急转弯等。

幽默能增加快乐

幽默是一种轻松的心态。它是人与人之间关系的润滑剂，对个人心理的健康有非常重要的作用。父母的幽默感可以给孩子带来快乐，也是孩子奋发向上的精神动力。

父母都希望自己的孩子健康快乐地生活，想尽办法满足各种各样的需求，让孩子慢慢培养兴趣，从而健康快乐地成长。

父母在满足孩子种种需要的同时，还应该有一定的幽默感。这样对孩子的生活来说无疑是多了一味调节剂，孩子的生活会更快乐、更健康。

心理学家指出，有幽默感的父母，孩子一般都会乐观、积极、开朗。父母的幽默感，甚至可以影响孩子的一生。作为父母，不妨尝试一些幽默感：面对孩子不及格的考卷，幽默一下；面对孩子打碎的花瓶，幽默一下；在孩子失败痛苦的时候，幽默一下。相信孩子也会变得乐观，在幽默中逐步走向成熟。

任何一个家庭，都是不缺乏幽默感的。如果孩子能够在轻松幽默的环境中成长，那一定是健康快乐的。

比如，我们经常看到这样的情况：

孩子很小的时候想学自行车，哭着闹着折腾。父母没有办法，只好满足孩子的要求。

孩子在练习的时候，总是把握不好方向，摔倒了。有的孩子脾气比较大，就用脚踢自行车，结果脚被自行车给顶疼了，坐在地上“哇哇”哭起来。

幽默的父母会说：“你以为人家(自行车)是傻子，白让你踢啊？脚疼了吧？来，让爸爸妈妈看看。”

没有幽默感的父母会说：“自己笨，学不好还怨自行车。好好练习去!”

有幽默感的父母还会说：“你把它当成朋友，它才能把你当朋友，你才不会摔倒。你把它当朋友了吗？”

孩子往往会破涕为笑了，马上站起来，把自行车扶起来。

父母的幽默是对孩子的鼓励，是对孩子的支持，是孩子奋进的力量。

父母要有幽默感，没有幽默感可以培养。父母的幽默是孩子奋发向上的动力，是孩子健康成长的重要元素。

很多父母认为孩子应从小培养认真负责的态度，整天嘻嘻哈哈，不像样。其实，孩子成熟和成长，除了跟孩子的态度有关，还跟孩子的幽默感有很大的关系。一个有幽默感的孩子对事物的兴趣会更浓，有幽默感的孩子更乐观，更积极，兴趣更持久而稳定。

在现实生活中，我们仔细观察可以发现，有幽默感的孩子拥有很多优势。首先，这类孩子通常会比较关心别人的感受，容易受到周围人(父母、老师、兄弟、姐妹及其朋友)的喜爱和社会欢迎。此外，有幽默感的孩子看待事物更积极，更乐观。

一般来说，凡是具有幽默感的孩子，都会有一种积极的、乐观向上的人生态度，还会拥有较好的人际关系，孩子的一生也会因为幽默感而变得丰富多彩。幽默感是衡量人才素质的一项重要标准。

有幽默感的孩子，更容易对新鲜事物产生兴趣。在发展兴趣的时候，有幽默感的孩子往往具有很强的韧性，更能坚持到最好。

对于孩子来说，幽默不但能够增强对事物的兴趣，也是对事物展开想象的基础。父母应该善待和挖掘孩子的幽默，将幽默转化为求知的动力。这是一笔巨大的财富，通过它，孩子可以从平凡的事物中发现更多的乐趣。

从生活中发现快乐

快乐是人们的追求，但是快乐又总是从自己身边悄悄地溜走。生活的艰辛，家庭的矛盾，素质的差异，激烈的竞争，使得人生烦恼不断。人生处处有烦恼，甩不开也躲不掉，那就微笑着接受吧！

对生活持快乐态度的人，性格特征通常是开朗、豁达、豪放的；而生活中不能感受快乐的人，通常是那些心胸狭窄、脾气古怪、性格孤僻、好挑衅或顾影自怜的人。林黛玉之所以难以开颜，跟她的小心眼儿，处处爱使性子分不开。要使快乐成为自己的生活态度，还须从改变性格入手。萧伯纳说过："如果我们感到可怜，很可能会一直感到可怜。"一位哲学家指出：人受困扰，往往不是由于发生的事实，而是由于对事实的观念。

快乐取决于一种平和的心态，拥有一种宠辱不惊、去留无意的心态，就会生出许多快乐。快乐是相对的，再快乐的人也会有烦恼，人不是生活在真空中的，矛盾总是层出不穷的，旧的烦恼排除了，新的烦恼又会出现，关键是要学会在矛盾中摆脱，在烦恼中解放自己。

人生太长，生命太短。得与失，输与赢，荣与辱，都要看淡一些，别给自己的烦恼找借口，要明白快乐不是上天恩赐的，也不是金钱买来的，快乐是自己创造和争取来的。当我们觉得不开心时，不妨分析自己的性格弱点，是因为急躁易怒而不快呢，还是因为妒忌自大的性子？学会耐心，冷静地对待生活。如果是后者，那就更需要加强思想修养，学会宽厚待人，培养谦虚美德。美好的性格，高尚的品德，是快乐的支柱和依附之处。

不管何时，无论遇到怎样的困难，都应该以快乐的心情去面对。这个时候不快乐，只会使事情越来越糟。无论如何，都要让自己快乐。如果稍稍留意，就会发现快乐无处不在，无时不在。快乐在与人的交流中，在风过的痕迹中，在落叶的舞蹈中。而人之所以不快乐，是因为常常自寻烦恼，是因为缺乏体验快乐的心态。

心理学者指出，只要熟练地运用“90∶10法则”，就能决定自己的快乐。

什么是“90∶10法则”呢？简单地说就是，生活的10％是由发生在你身上的事情组成的，另外的90％则由你对所发生的事情如何反应所决定。“90∶10法则”的内在含义是：我们无法控制发生在我们身上的10％，但另外的90％完全决定于我们自己。

比如说，某同学说了你的坏话，你可能耿耿于怀，结果是形成一个永远解不开的心结，很可能长期造成你见到那位同学或想起此事就不愉快。如果换一种方式，和那位同学交交心，或者干脆一笑而过，置之不理，结果是快乐照样陪伴你。

诸如此类你不能避免的事情很可能每天都发生，或许你在上学的路上坐车赶路，恰巧遇上塞车。如果你心烦意乱不停地抱怨，担心迟到，烦恼自会涌上心头。相反，你平静下来，看看川流不息的车辆和熙熙攘攘的人群，你觉得生活多美好，活着是多么快乐。

下面的这个故事或许对经常烦恼的青少年有所启示。

一个小男孩梦想成为画家，一有空闲就画画。父亲见他如此痴迷，便领他去拜访一位老画家。老画家看了他的画后问："孩子，你为什么要学画画呢？"

"我想成为一个画家。"他说。

"但不是每一个学画画的人都能成为画家。"老画家提醒他说，"孩子，你画画时觉得快乐吗？"

"快乐。"他回答说。

"有快乐就够了！"

老画家还告诉他，世界上有两种花，一种花能结果，一种花不能结果；不能结果的花却更加美丽。比如玫瑰，又比如郁金香，它们从不因为不能结果而放弃绽放自身的快乐和美丽。人也像花一样，有一种人能结果，成就一番事业；有一种人不能结果，一生没有什么建树，只是一个普通人而已。普通人只要心中有快乐，脸上有欢笑，照样可以像玫瑰和郁金香那样，得到人们的欣赏和喜爱。临走时，老画家拍拍他的肩膀，鼓励说："孩了，去做一个快乐的人吧。因为有快乐人生就有幸福，有快乐生活就充满阳光。"

现在，他仍然保持画画的习惯，但目的不是成为画家，而是在画画的过程中领略和享受人生的快乐。

仔细想想真的很有道理，成就一番伟业的人毕竟是少数，平凡也有平凡的快乐。

仔细阅读和品味下面的故事，对于我们调整心态、寻找快乐非常有意义。

一群学生在到处寻找快乐，却遇到许多烦恼、忧愁和痛苦。他们向大哲学家苏格拉底请教："老师，快乐到底在哪里？"苏格拉底说："你们还是先帮我造一条船吧！"这群学生把寻找快乐的事儿放在一边，找来造船的工具，用了七七四十九天，锯倒了一棵又高又大的树，挖空树心，造出一条独木船。独木船下水了，他们把苏格拉底请上船，一边合力划桨，一边齐声唱起歌来。苏格拉底问："孩子们，你们快乐吗？"他们齐声回答："快乐极了！"苏格拉底说："快乐就是这样，它往往在你为着一个明确的目的忙得无暇顾及其他的时候突然来访。"

原来，快乐就在生活中的每一件小事中隐藏。认真地热情地去做每一件事，快乐就会来找你！

快乐就是现在

马斯洛说："心若改变，你的态度跟着改变；态度改变，你的习惯跟着改变；习惯改变，你的性格跟着改变；性格改变，你的人生跟着改变。"

我们必须相信：目前我们所拥有的，不论顺境、逆境，都是对我们最好的安排。若能如此，我们才能在顺境中感恩，在逆境中依旧心存快乐。

从前，一个富人和一个穷人谈论什么是快乐。

穷人说："快乐就是现在。"

富人望着穷人的茅舍、破旧的衣着，轻蔑地说："这怎么能叫快乐呢？我的快乐可是百间豪宅、千名奴仆啊。"

有一天，一场大火把富人的百间豪宅烧得片瓦不留，奴仆们各奔东西。一夜之间，富人沦为乞丐。

7月流火，汗流浃背的乞丐路过穷人的茅舍，想讨口水喝。穷人端来一大碗清凉的水，问他："你现在认为什么是快乐？"

乞丐眼巴巴地说："快乐就是你手中的这碗水。"

大卫·葛雷森说："我相信，现在未能把握的生命是没有把握的，现在未能享受的生命是无法享受的，而现在未能明智地度过的生命是难以过得明智的。因为过去的已去，而无人得知未来。"

智慧的人多能顿悟人生，看淡尘世的物欲，抵御各种诱惑，舍弃烦恼和痛苦，惜时如金，提高生活质量，丰富人生内涵，踏踏实实做些有利于社会的事情，从而流芳百世。愚蠢的人一般是混沌人生，一生只会贪求名利，在烦恼和痛苦中过早地耗尽生命的"灯油"。昨天已是过去，明天还未到来，最重要的还是今天。昨天只是一种记忆，随着时间的流逝，这种记忆会逐渐被淡忘。明天是一种虚幻，只会增加莫名的痛苦。

我们的眼、手、整个的心灵和身体都生活在现在，也只能生活在现在，为什么要去一遍又一遍地回顾往事、忧虑未来呢？实际上，过去的事情不论多么值得留恋或是多么需要悔恨，那只是毫无意义的心理反应，"过去"已经过去了、已经不存在了，而未来尚未到来，也是不存在的。人生就像爬山登高，爬在中途的时候，不必往下看，也不要过多地往上看。因为你不大可能看到顶峰，不大可能看得很远、很清楚，何必为看不清楚的未来费神费力，分散注意力呢？

有一位国王，常为过去的错误而悔恨，为前途而担忧，整日郁郁寡欢。于是，他派大臣四处寻找快乐的人，并把这个快乐的人带回王宫。这位大臣寻找了好几年，终于有一天，当他走进一个贫穷的村落时，听到快乐的歌声。循着歌声，他找到了正在田间犁地的农夫。

大臣问农夫："你快乐吗？"农夫回答："我没有一天不快乐。"

大臣喜出望外地把自己的使命和意图告诉农夫。农夫不禁大笑起来，他又说道："我曾因为没有鞋子而沮丧，直到我有一天在街上遇到了一个没脚的人。”

快乐是什么？快乐就是珍惜现在拥有的一切，如此简单。

人生最可怜的事，不是生与死的诀别，而是当面对自己所拥有的，却不知道它是多么的珍贵。

从前有一个流浪汉，不知进取，只知道拿着一只碗乞讨度日。终于有一天，人们发现他潦倒而死。

他死后，只剩下要饭的碗。有人看到这只碗，觉得有些特别，带回家里仔细研究后才发现：原来流浪汉用来乞讨的碗，竟是价值连城的古董。

我们应该多注意手中所捧那只碗，不要总是眼高手低，一味地羡慕别人，而忘了本身原有的价值。

传统观念和社会环境总是要求人们为将来牺牲现在。按照这种逻辑，采取这种态度生活，那就意味着没有现在，只有未来，不仅要避免目前的享受，而且要永远回避幸福。我们所指望的将来的那一天一旦到来，也就成为那时的现在；而在那时的现在又要为那时的将来做准备。如此明日复明日，今天为将来，幸福岂不是永远可望而不可即吗？

当然，寄希望于未来，如果作为奋斗目标，期望生活改善、事业有成，这并不错。人应该生活在希望中，促使自己从消沉的情绪中解脱出来，其实质仍是为了抓住现在的时光，去做脚踏实地的努力，而不是回避现实去空想未来多么美好。当那一天真的到来时，却往往是平淡无奇的，不如想象的那么美好。激动一时之后，又会面临新的矛盾和难题。这种把未来理想化的想法是脱离实际的幻想，所以我们应该生活在现时和希望中，而不能生活在幻想中。如果未来复未来、可望不可即的做法已成为一种习惯性的循环和固定的生活方式，那就要改变这种病态，打破这种恶性循环，因为它让你放弃了现在。

第九章　给孩子爱的阳光

◎ 让家庭充满爱的阳光

◎ 营造快乐的家庭氛围

◎ 要平等地对待孩子

◎ 要多与孩子进行沟通

◎ 对孩子的爱要明确表示出来

◎ 应该怎样爱孩子

◎ 溺爱不是爱

◎ 学会拒绝孩子

让家庭充满爱的阳光

孩子都需要培养积极向上的乐观心态，这样才能迎接未来的生活中不可避免的困难和挫折。心理学家认为，乐观既是一种心境，也是一种性格。乐观的心境来得快，去得也快，而乐观的性格则是比较稳定的，它表现为一种良好的情感倾向。

有时候，家庭的氛围完全取决于你下班后带着什么样的心情回家。如果你带着笑脸走进家门，快乐的孩子会更快乐；而如果把工作中的烦躁带回家，家庭的气氛就会变得压抑。

用快乐感染孩子，让他感受你的快乐。那么，快乐就会传递开来，家庭就会变得温馨和美，自然也就少了争执，家人之间的关系就会变得融洽。

帮助孩子寻找持久快乐的最佳方法之一，就是父母要生活得快乐，家庭中时刻洋溢着充满爱与温馨的气氛。

多数人以为刚生下来的小孩子什么都不懂，大人的喜怒哀乐和他们没有关系。其实，婴儿对母亲心情的体察就像天线一样灵敏。成人的心情、家庭的气氛对儿童情绪行为的影响之大是不可估量的。

如果父母总是吵架，孩子就会在表情中流露出阴沉忧郁，虽然他不能理解父母吵架的原因和内容，但他能感觉到父母间互相憎恨与仇视的情感，并在头脑中留下深刻的印象。

据说，那些前往婚姻指导中心请教离婚问题的年轻妈妈和她们怀里抱着的婴儿，都是同样一副黯然神伤的表情。

很多少年犯的资料记录显示，他们中的大部分人是在一个不幸的家庭环境中度过幼儿期的，或是父母离异，或是父母常年不和，或是父母不在身边，缺少关爱。

人从懂事时起，所有的心理变化和行为的方式，都是婴幼儿时所受的无意识经验造成的。孩子积极性格的培养，其实也无需用什么特别的方法，只要父母和睦相处，给孩子一个温暖的家庭，就是最好的办法。

营造快乐的家庭氛围

良好的家庭氛围是孩子健康成长的保障。父母应该有意识地为孩子营造一个快乐的家庭氛围，孩子置身其中，不但会感到快乐，而且还能进一步增进亲子关系。

家庭就是一个组织，每个成员都是构成这个组织的个体。如果每个人都带一些快乐、欢乐回家，家里自然就充满笑声。相反，如果每个人都携烦恼与不快回家，那么，家庭中肯定会乌云密布、雷电交加。当然，这样说并不是让人们回家时“报喜不报忧”，家庭成员应分享快乐，也应分担忧愁，这是家庭之所以被称为家庭的原因之一。但分担的意义是通过沟通来达到的，而不是整天板着脸，将心中的怨恨毫无理由地扔给其他人，或是总觉得别人对不起自己。

作为父母，应该为孩子营造一种快乐的家庭氛围，这是最基本的责任。营造这样的气氛不一定非要有太多的钱，也不要求父母有多高的学历，它完全是个人可以主宰的。

父母如果想为孩子营造一种快乐的家庭氛围，需要做到以下几点：

1. 理智

父母要学会控制自己的情绪，碰到让自己感到不愉快的事情时要克制冲动，不要任其发泄。如果实在不能保持常态，可以单独待一会儿，待能够冷静地表达时再来解决。

2. 平等

家庭是一个整体，家中发生的事情，每个人都有知情权。中国的父母大都喜欢把爱埋在心里，喜欢含蓄，如果不说出来，又怎么能让孩子理解和体会呢？不能把爱埋在心里，应该把它放在嘴上。

有工作上的快乐或烦恼，建议讲给孩子听，不要认为孩子太小理解不了，或是怕孩子伤心，不想让他知道。父母这样做是出于对孩子的爱与保护，结果却事与愿违，孩子会觉得自己游离于家庭之外，会有孤独感。父母应该保证家庭成员之间的平等的关系，不因年龄大小、地位高低而区别对待，家庭中每个人都应该受到尊重，每个人都有发表意见的权利。

3. 激励

家庭成员之间要互相激励，各自设立一些目标。当其中一个人达到目标时，其他成员要给予祝贺和鼓励。全家形成积极向上的生活气氛。

4. 开放

家庭成员之间可以开放地谈自己的想法，父母要鼓励孩子发表意见，说错了也没有关系。只有这样，家庭成员之间才不至于积下一些不可调和的矛盾。当一个人遇到问题的时候，其他人能够很好地理解，达到一种默契，成为心心相印的一家人。

5. 带快乐回家

父母在外边受到苛责，不能把对别人的怨气和委屈之情发泄在家人身上。比如，无端指责女儿乱翻东西，儿子弄坏了电视。正确的做法是心平气和地告诉家人自己在工作中出错了，受到上司批评，请家人帮自己出主意。这样家人就能够体谅，千方百计地开导，家中很快充满笑声。

要平等地对待孩子

社会快速发展，家庭等级关系逐渐消失，父母与孩子渐渐平等。作为新时代的父母，应当彻底抛弃高高在上、板起面孔说教的架子，与孩子平等相处。这样，孩子才愿意向父母倾吐心声，让父母了解自己的真实想法。孩子虽小，也是独立个体，他也有自尊心，他想要的不是高高在上的长辈，而是和自己做朋友的父母。

随着时代发展和孩子早熟，父母与孩子之间的隔阂和代沟越来越明显。很多父母不能公平地对待孩子，以长辈的身份压制孩子，将自己认为对的事强行灌输给孩子。这样孩子怎能心悦诚服呢？不平等的方式会引起孩子反感，甚至导致父母和孩子形同陌路。

孩子在成长过程中，难免会有不听话或是犯错误的时候，父母要想改变孩子所谓“不听话”、“对着干”等叛逆现象，必须摆脱传统的教子观念，不要用居高临下的姿态对待孩子。应用平等、真诚的态度与孩子沟通，教孩子反省和改正，走近孩子的心灵，让孩子由“不听话”转变为听话。

孩子有时需要忠实的听众，有的父母没有意识到这个需求，总觉得听孩子说话是在浪费时间。如果老是这样，孩子受到的委屈或者某种想法就会得不到疏解，心里的怨气和不满会越积越多，一旦爆发，后果不堪设想。

父母不要以忙为借口不耐烦地搪塞，不愿意花时间倾听孩子说话，这样的做法对孩子来说缺少了应有的尊重。通常孩子一句话没说完，父母就毫不留情地打断，让孩子的心事无处可说。

父母对孩子的关心，不应当只表现在冷暖、吃住等物质方面，还要关心他感兴趣的事。需要父母倾听孩子的心声，对孩子关心的话题产生兴趣，同孩子的谈话更加愉快。

面对孩子哭泣，很多父母不知所措，不知道该怎么哄孩子。有的父母会赶紧过去哄劝和安慰孩子，甚至为了让孩子不哭而满足孩子一些无理要求。这样的做法只会让孩子变本加厉，把哭当成向父母提要求的武器，以此让父母妥协。

有的父母会用简单的一句“别哭了”来制止孩子，如果这样没效，甚至会用责骂的形式制止孩子哭泣。这样做不仅起不到教育孩子的作用，而且会让孩子更加委屈和难过。他本来因为委屈难过而哭泣，父母还不分青红皂白地训斥，能不让他更难过、更委屈吗？

这时候，如果给孩子倾诉的机会，反而能化解委屈，使他不再坚持某些无理要求。父母应当心平气和地听孩子诉说事情的经过，弄清哭泣的原因，然后对症下药，有的放矢地教育孩子。这样才能真正起到教育作用，不仅让孩子停止哭泣，也增加对父母的信任。

要多与孩子进行沟通

沟通需要敞开心扉。只有敞开心扉，才能有效沟通。

父母向孩子敞露内心，表现了对孩子的尊重与依赖，加强了与子女的情感联系。这种交流在孩子逐步成熟时尤为重要。父母与子女间在感情上有这样密切联系的，就容易沟通，从而有效地避免少年期容易遇到的问题，而要使孩子顺利成长，父母与子女间的这种关系是需要长期、有意识地培养才能获得。

如果父母不向孩子透露自己的内心世界，习惯于对孩子进行训导，却要求孩子向自己暴露一切，这种不平等的企求，当然不能取得好的效果。孩子们到了一定年龄，便不愿向父母吐露心事，只好去和同龄人交流。同龄人的经历有限，经验往往肤浅，思想也不成熟，孩子们虽在一起有过所谓更深的交流，但大家都被同样的问题困扰，相对来说并得不到多大提高，父母却因不平等的待遇失去与孩子交流、引导的机会，这对孩子的心理发展是一种妨碍和伤害。

世上没有完美无缺的人。在孩子面前，以一种轻松的方式接受自己的不完美，承认自己的错误，不仅让孩子觉得你更亲近，加深亲子之间的感情，而且能把一种坦然、放松的处世态度传达给孩子。

沟通是孩子成长过程中父母与孩子之间建立良好的亲子关系、父母对孩子施加科学教育，从而促进孩子健康成长的重要的、不可或缺的环节。建立良好的亲子关系，父母总是让孩子敞开心扉是不行的，父母也需要向孩子敞开心扉。

和孩子进行有效沟通，可以达到以下效果：

1. 分享喜怒哀乐

一位哲人说得好：快乐让别人分享，就多一分快乐；把忧伤告诉给愿意为你分担的人，就少一分忧伤。父母和孩子是世界上最亲密的关系，应该分享彼此的喜怒哀乐。如果父母向孩子敞开心扉，跟孩子分享自己的喜怒哀乐，那么，孩子就会感觉到父母对他的信任和尊重，孩子就会更加尊敬父母，也会向父母敞开心扉。

2. 让孩子了解你的工作状况

父母应该明确地告诉孩子：我现在做什么工作，我的工作细节有什么，它对整个社会、国家甚至人类有什么意义。现在许多父母的确都很忙，但花点儿时间陪陪孩子，和孩子说说自己的工作细节，谈谈工作的酸甜苦辣，聊聊成功的幸福体验，对孩子是十分重要的。

很多父母埋怨孩子不知道节约，自私，花钱大手大脚。如果孩子不知道父母是如何靠辛勤工作挣钱的话，他们就不会把金钱与工作紧密地联系起来。孩子们到了上小学的年龄，父母就可以把自己如何靠努力工作来谋生，如何创造属于自己的事业的道理讲给孩子听了。

3. 告诉孩子你的隐私或秘密

很多父母认为孩子太小，很多事情不能告诉他们，尤其是自己的隐私或秘密，如果让孩子知道了，则是很丢面子的事情。其实不然，如果孩子知道他是跟父母共享隐私或秘密的人，他就会更加信任父母，父母也就能更加容易地走进孩子的心灵深处。

4. 让孩子明白你对他的期望

父母对孩子的期望不能过高，否则会对孩子造成压力和伤害。应该根据孩子的实际情况，确立合理的期待。最好能够让孩子明白，父母的期待并不过分，而且要让孩子明白父母的具体期待是什么。

父母能够做到这些，那么，孩子会从父母的期待中汲取前进的力量，会努力成为一个不让父母失望的好孩子。

总之，父母与孩子沟通一定要讲艺术，只有敞开自己的心扉，才能引起孩子感情上的共鸣，从而建立相互信任的关系，使亲子关系融洽。

对孩子的爱要明确表示出来

没有爱的世界是冷酷的，没有爱的世界是悲惨的，没有爱的世界是阴暗的。作为父母，应当通过不懈的努力，让孩子感受到自己深深的爱。

父母深深的爱，恰似大江大河的源泉，当孩子面临危险时，给孩子带来希望;父母深深的爱,恰似不灭的灯塔,当孩子面对黑暗时,给孩子带来光明;父母深深的爱,恰似激昂的旋律,当孩子意志消沉时,给孩子带来鼓舞;父母深深的爱,恰似嘹亮的号声,当孩子深陷烦恼时,给孩子带来力量。

时时刻刻生长在爱的环境中,孩子就会快乐与满足,就会用一种深深的爱意去感悟生命,迎接挑战,健康地成长。

人生的启蒙教育,对于一个人的成长很重要。孩子的心灵充满了天真、好奇,父母的拥抱和期待是最好的回应。调查表明,当今,有近70%的孩子喜欢父母的拥抱,有近1/3的孩子认为人的一生都需要父母的拥抱。西方心理学研究发现,人都有一定程度的"皮肤饥饿感"。在父母给予孩子的众多接触中,以抱着孩子和搂着孩子的肩膀最为有效。因为在此时,孩子的幸福感和安全感十分强烈。

拥抱孩子——亲子之间身体接触,是传达爱意和亲情的良好沟通方式。父母通过这样的亲昵表达自己的爱。孩子在这种父母之爱的浸润中成长,造就了健全的心理和良好的道德品质,为将来的发展奠定基础。

孩子一切生活的基础和未来的认知及行为几乎全部归结于早期教育,而早期教育中的爱是孩子的人格、心智、道德等各方面发展的最重要的基础。

父母的爱是奔腾的热血,是跳动的诗句,是陪伴孩子一生旅程的花朵。爱的教育是飘入孩子耳朵的一个清音,是拂过孩子眼睛的一抹新绿,是流过孩子心灵的一条溪流。用爱心去关爱孩子,就能发现孩子的闪光点,保护孩子的自尊心,树立孩子的自信心。父母在教育孩子的过程中,应把对孩子的爱放在首位,关爱孩子,尊重孩子,保护孩子,充分地挖掘孩子的潜力。

每个父母都应该懂得:爱是教养孩子的基础。没有爱,就没有资格谈教育孩子。

教育孩子是一门科学,关爱孩子则是一门艺术。研究表明,把

"关爱"强加于孩子,极易扼杀孩子的天性和童真,导致孩子性格缺陷和心理障碍。教育专家认为,对孩子过度的关爱与对孩子采取棍棒教育如出一辙,只不过后者的伤害是从肉体到心灵,前者的伤害是从心灵到肉体。

为了孩子健康成长,每一位父母都应该适度地爱自己的孩子,让孩子体验爱的力量,引导孩子走向成功。

1. 身体接触

身体接触是最易于使用的爱的语言。常被人握着、拥抱和亲吻的孩子,比那些长期甩在一边且无人碰触的孩子容易发展出健全的感情生活。

2. 言辞肯定

作为孩子,再也没有比听到父母肯定的话更能使他们感受到被爱了。父母应该每天对孩子说几句夸奖和赞美的话,即使觉得掌握不好夸奖的尺度,起码也要做到不再挖苦、数落、讽刺孩子。

3. 时刻关注

时刻关注就是给予孩子全心的关注。这种关注向孩子传达的信息是:"孩子,你很重要,我喜欢跟你在一起。"这会使孩子觉得他对父母来说是世界上最重要的人。他觉得自己真正被爱着,他拥有父母。

4. 赠送礼物

赠送礼物是表达爱的有力方式。赠送礼物的效果常常会延续到好几年以后。最有意义的礼物会变成爱的象征,那些真正传达爱的礼物,则是爱之语的一部分。赠送孩子的所有礼物,最终都会成为展示爱的东西。

5. 行动支持

父母对孩子的行动支持，不仅是对孩子表达爱的一种方式，还是给孩子以身作则的人生示范。父母为孩子所做的服务，最高目的在于帮助他们成为成熟的人，并学会借由服务的行动去爱别人。而服务不单包括帮助自己爱的人，也要帮助那些根本无法回报或偿还自己付出的人。

父母的爱是无私的，但并不是每一个子女都能感受到。有的父母害怕娇惯孩子，采取严格的方法对待孩子。这样的结果，常常会引起孩子自尊心的缺失。自尊心是一种很难培养的德行，独有爱可以为之。

应该怎样爱孩子

父母都爱自己的孩子，希望孩子好。怎样爱孩子，却不是每个父母都会的。父母的爱不应该是盲目的。父母不能溺爱和娇惯孩子，否则，孩子长大后就很难独立，甚至会成为意志薄弱、自私自利的人。

1. 给孩子无条件的爱

爱孩子是一种天性，父母对孩子的爱应该是无条件的。有的父母对孩子说："我们养你这么不容易，你一定要好好学习。""你考上大学，才是最可爱的孩子。"在孩子心里，孩子会认为父母爱的是他的成绩，爱的是他为父母带来的荣誉，并不是他。这样，孩子与父母就会产生一种沟通障碍，孩子会封闭自己的内心，拒绝与父母进行思想沟通。

当孩子考试成绩不理想时，有的父母会说："你怎么这么笨，只考这么一点儿分。”这是很伤孩子自尊心的。更重要的是，他会觉得你根本就不爱他。

父母可以试试这样对孩子说：“这次没考好，不要紧。爸爸妈妈永远是你坚强的后盾，我们愿意帮助你提高学习成绩。你希望自己的学习成绩好起来，得到同学和老师赞赏吗？”不管发生什么事，你都应该让孩子明白，父母对他的爱是无条件的，是永恒不变的。

只有当父母无条件地爱孩子时，即不管他的优点和缺点，也不管他是否做错事，父母都能展现出对孩子的爱时，孩子才会真正敞开心扉，愿意与父母沟通。

2. 爱孩子不代表替孩子做任何事情

孩子首先是一个独立的人，因此，父母应该教会孩子怎样去生存，而不是事事替孩子去做。爱和独立并不矛盾，爱孩子就应该教会孩子独立生存的能力，让孩子在任何时候都能够学会自己照顾自己。

爱孩子不等于孩子要什么就给什么，而是要给孩子自由成长的空间，给孩子成长所需要的精神养料。因此，在孩子开始有了主观愿望并试图独立发展时，父母要对爱有进一步的了解。

父母都爱自己的孩子，爱孩子就不要剥夺孩子发展能力的机会。为了孩子的未来，父母不要过分管束，让孩子在自由的空间中成长，让他们学会应付危险的局势，培养克服困难、迎接人生挑战的心理素质和实际能力。

3. 爱需要耐心

父母爱孩子，需要很大的耐心。不管孩子遇到什么问题、犯了什么错误，都应该耐住性子，不要发火。当然，耐心并不是消极等待，而是要让孩子说出自己的想法，然后进行启发，解开孩子思想上的疙瘩，帮助解除心理障碍。孩子感受到父母的关爱与愿望，会产生奋发向上的强大动力。

4. 爱就是关心、理解和责任

关心是爱的基本层面，每一位父母都关心孩子。关心物质生活还是精神生活，都是因人而异的。因为物质生活是初级层面，只有精神生活才是高级层面。

理解就是了解孩子的内心，并从孩子的角度去思考问题，帮助孩子解决问题。理解的基础就是对孩子在精神生活上的关心，只有关心孩子精神生活的父母，才会真正站在孩子的立场去思想，同孩子进行沟通，帮助孩子解决问题。

责任是更高层次的爱，父母应该对孩子负责任。在现实生活中，许多父母经常抱怨自己的孩子不听话。孩子不听话，父母有不可推卸的责任。父母应该从自身的角度出发，想想自己为孩子做了些什么，有没有对孩子进行良好的教育。当然，父母应该明确的是，不要想当然地把教育孩子当成管孩子。教育应该是引导，父母应该是教练，引导孩子在幼年时期学习各种技能和方法，为孩子进入社会进行彩排，使孩子将来能够独立生存于社会之中。

5. 爱就要平等对待

爱孩子就必须把孩子当成与自己人格平等的人来看待。在现实生活中，有些父母把孩子当成“私有财产”，孩子必须听从父母的命令，父母叫他好好读书，他就得好好读书，父母让他不要乱动，他就得乖乖不能乱动。有的父母认为，孩子长大了应该给自己光耀门庭，否则自己的爱就白白付出了。

父母这种爱孩子的方式本质上也是一种交易，这样教育出来的孩子往往很难有自己的个性。

父母爱孩子，只有把孩子当成一个具有独立人格的人来看待，才能发现孩子内心的需求，才能用心去体察孩子的感觉，满足孩子心灵上的需求。

溺爱不是爱

世界上没有父母不爱自己的孩子，然而爱孩子也要爱得理智、有原则，这样才能让孩子健康成长。凡事都应有个“度”，爱得过度了就变成了溺爱。溺爱和放任一样，对孩子的健康成长都是有害的。那么，溺爱有哪些表现呢？

一切满足于孩子，有求必应，百依百顺，没有原则，没有条件。

包办孩子的一切，一味照顾，孩子自己可以做的或应该做的，也不让孩子做。

给孩子提供的物质生活过分优越，甚至超出了家庭经济条件。

不给孩子接触困难和艰苦环境的机会，不让孩子受一点儿委屈。

经常当众夸耀孩子的长处和优点，处处为孩子的缺点辩解。

家长应该认识到，被溺爱的孩子可能身体健康，聪明伶俐，这些孩子的非智力素质却未必完美，如任性，自私，依赖性强，不能与人平等相处，性格软弱等，必然影响智力发展。这样的孩子长大后，难以适应正常的社会生活和竞争环境，有可能产生行为问题。

现在的孩子大多是独生子女，在家中备受宠爱。然而事实证明，父母过分地溺爱与娇惯，会使子女遭到毁灭。对子女的爱过了头，爱才变成了“害”。水之所以溺死人，是因为人被水淹过了头，吸不到氧气而窒息。

过分地关心溺爱，实际上是剥夺了孩子遭受挫折、困难和学习爱护别人的权利。这样的孩子从小只会享受，不知奉献；心中只有自己，没有他人；情感世界中只关注自己，不知体会别人。这样的话，“爱”的种子很有可能会结出恨的果实。

从孩子降生开始，到孩子成长的每一天，父母都带着望子成龙的心情为孩子倾注了无限的爱。但是，过分地溺爱并不能使孩子成才。仁爱是人类最光辉灿烂的人性，最崇高伟大的品德，教子做人，首先要赋予他一颗仁爱之心。

正确引导和教育孩子，是父母、老师、学校及社会各界关心的问题。事实上，在孩了成长阶段，如果溺爱孩子，就会适得其反，不仅不利于健康成长，反而会害了孩子。

溺爱并不是爱孩子，而是把孩子往火坑里推。因为，被溺爱的孩子很难遵守规矩和自我约束，他们以自我为中心，凡事只会想到自己，他们还认为规矩都是为别人制定的，与他们无关。孩子只知享受别人的爱，却不知爱别人，久而久之，就会形成自私、冷漠、任性、放纵等不良习惯。

其实，父母爱孩子，可以智爱。用慈爱而坚决的方法教育孩子，培养孩子，会对孩子的成长更有好处。当孩子做了错事，父母要讲明是非，纠正错误，再以适当的方式表示亲昵，使其感到父母仍然是爱他的。这样能激起孩子对父母的由衷的爱戴与尊敬，也能使他感觉与体会到父母养育自己的艰辛。

高楼大厦是靠一沙一石建成的，爱的海洋靠一滴滴水汇集而成。培养孩子的同情心和怜悯心，就是在他身上培养善良仁爱之心。培养善良仁爱之心，是父母教育孩子首先要做的事情。儿童最初的同情心和怜悯心是成人同情心和怜悯心的反映。所以，父母同情别人的困难，他们的言行会深深打动孩子的心灵，感染和唤起孩子对别人的关心。经常让孩子看到大人是怎么同情、关心、帮助别人的，对于培养孩子的善良品质是最好不过的了，孩子会把自己痛苦时的感受与别人在同样环境下的体验加以对比。体会别人的心情，可以使孩子学会理解别人，学会移情。

父母溺爱孩子，还会造成孩子生存能力丧失。今天，父母也许有能力帮孩子铺平眼前的道路，那么将来呢？能让羽翼未丰的孩子永远不离开自己的庇护吗？当父母不能常在孩子身边时，孩子又能依靠谁呢？

在溺爱中成长的孩子会有很强的优越感，常常眼高手低，不善于与人相处。当他们看到别人进步时，又很容易产生怨恨与沮丧的情绪。

孩子是家庭的希望，社会的未来。关爱孩子是一种神圣而伟大的情感，全世界的父母都在为孩子的成长付出心血。当孩子逐渐长大，父母应该给予孩子更大的空间去独立思考，让他们学习面对问题与解决问题的方法，而不再是处处被照顾得无微不至，这样做才是真正地爱孩子。

父母是孩子的第一任老师。一旦父母对孩子采取溺爱、迁就的教育方式，把孩子放到比父母还高的位置上，包办孩子的一切，孩子就会变得依赖且以自我为中心，这样的孩子往往软弱，也不会过多地考虑别人的感受。

1. 不搞特殊待遇

如果时时处处给孩子特殊照顾，有好东西都给孩子留着，会让孩子感觉自己高人一等，就会自感特殊，习惯于高高在上，必然变得自私，没有同情心，不关心他人。

2. 不过分注意

很多家庭习惯以孩子为中心，家里事务安排围绕着孩子。亲朋好友来访，围着孩子逗他玩。对孩子过于注意，孩子容易骄傲。他会觉得自己是家里的中心，而且人人喜欢自己。

3. 不要轻易满足

对孩子的要求要慎重考虑，不能孩子要什么就给什么。有的父母害怕孩子哭闹，对孩子百依百顺。容易被满足的孩子，必然养成不珍惜物品，讲究物质享受，浪费金钱和不体贴他人的坏性格，并且无忍耐和吃苦精神。

4. 不包办代替

很多父母担心孩子做不好事情，于是任何事情都代替孩子做了，结果导致孩子三四岁了还要父母喂饭、穿衣，五六岁了还不会做简单的家务。这样孩子就不会变得勤劳、善良，缺少同情心和上进心。

5. 不要过分保护

孩子并不是天生就胆小的，往往是父母对孩子过分担忧而导致孩子胆子越来越小。如果父母在确保孩子安全的情况下，少一些担忧，多一点儿鼓励，摔跤后不大惊小怪，而是让孩子自己爬起来，孩子就不会变得懦弱胆怯。

6. 不剥夺独立

没有父母陪伴，就不让孩子走出家门和别的小朋友玩，孩子脱离自己的视线，父母就变得十分紧张，生活在这种环境中的孩子无异于被剥夺了独立性，长此以往，就会变得胆小无能，丧失自信。

7. 不当面袒护

很多时候，孩子在外面和别的小朋友有了争执，总是有父母偏向、保护自己的孩子，而不管是否有错误。有的家庭，孩子受惩罚时，总有爷爷奶奶替孩子说好话。时间长了，孩子就把家里管教较松的那个人当做自己的“保护伞”，结果不仅使孩子性格扭曲，是非观念混淆，甚至影响到家庭和睦。

学会拒绝孩子

现在的孩子备受爱护，在家里成了“小皇帝”、“小公主”，变得越来越骄横，有时令父母难以招架。

其实，孩子的心灵是纯洁的，他们的思想、行为与父母的思想、教养方式、行为准则息息相关。孩子生活在现实社会，从电视上、大街上、游乐园中看到多姿多彩的繁华世界，视野宽广，欲望强烈。父母不忍心拒绝他们的要求，千方百计予以满足，唯恐落在他人之后。人的欲望无止境，孩子亦是如此，甚至更为强烈。不要说满足孩子无休无止、花样翻新的欲望几乎是不可能的，对孩子的需求全部予以满足的想法也是一大错误。过于迁就孩子，等于促使孩子养成随心所欲、唯我独尊的不良思想，势必导致迈入社会碰得头破血流。

在日常生活中，父母必须学会拒绝孩子。对孩子非分的要求应当拒绝，对孩子正当的要求，有时基于家庭经济条件，或者出于教育孩子的目的，也未必全部满足。

过分满足孩子的需求，从长远来说，有百害而无一利。人总有贪恋，不断的要求都得到满足，欲望就会越来越强，对孩子成长后的人格必然有深远的负面影响。

拒绝孩子，必须讲究方法。小孩虽小，可心里明白，自己所依靠、所依赖的就是父母。轻易、粗暴、简单化地拒绝孩子的需求，会导致孩子心理受到伤害，产生无所适从的感觉。当准备拒绝孩子时，首先要三思，把拒绝的理由认真地告诉孩子，要相信孩子的认知能力，使孩子最大限度地理解自己的做法，让孩子感到父母不是不愿意满足自己的需求，而是自己的要求过分，或者确有困难。孩子从小接受拒绝教育，明白其中的道理与克己节制，心理能够承受一定的挫折，对今后的生活大有裨益。如当父母不给孩子买东西时，孩子大发脾气，无理取闹。那么，父母和孩子逛街前，应该跟孩子说好，这次外出不能买任何东西。如果孩子同意，就出去；如果孩子不同意，就不出去。当孩子真的做到上街不吵着买东西时，回到家，要对孩子进行表扬和鼓励。

有些父母当时拒绝了，可是经不住纠缠，过一会儿又予以满足，这是失败的做法。父母出尔反尔，只会养成孩子的坏习惯。因为，孩子会以为通过死缠硬磨的手段就可以达到目的。也有些家长不注意相互之间的通气和默契，爸爸拒绝了，妈妈又同意了；又或许父母达成了一致意见，爷爷奶奶却悄悄地予以满足；当父母提出批评时，老人出来偏袒，背后又在孩子面前唠叨——这样会造成孩子心理失衡，误以为父母不疼爱他，能做的事情不做，不愿意为自己花钱。

有些孩子性格倔强，思想上一时想不通就闹情绪，不吃饭，不理人，父母须硬起心肠，不屈服迁就，可以冷处理，或者想别的办法，转移孩子的注意力和兴趣，随后再找一个适当的机会向孩子做出解释。

孩子的很多要求并非出于自己的想法。有些因为在幼儿园、在学校与小朋友、同学在一起，产生了攀比心理。

不论家庭条件好或差，父母都应认真地对待孩子的攀比心理，让孩子明辨是非，培养适当消费习惯，把注意力放在学习上，放在与同学发展良好的关系上。

适当地拒绝孩子，要掌握一些方法。比如，拒绝孩子的同时，可以答应他如果条件许可，一定会满足合理要求。父母应切记，必须信守诺言，绝不可敷衍了事，自以为孩子过后就会遗忘。信守诺言，不仅会树立父母的威信，也会让孩子感到父母是真正关心爱护自己的。再者，父母假若眼光敏锐，注意观察孩子，出乎孩子的预料，主动满足孩子渴望而又没有说出来的，会事半功倍，令父母与孩子间的感情融洽，逐步建立相互理解、相互信赖的关系。

与正确运用拒绝孩子的方法相反，有少数父母不自觉地走向另一个极端——用物质或金钱来刺激孩子学习。当孩子成绩不佳时，父母想尽一切办法，或者请家庭教师，或者反复给孩子讲述学习成绩的重要性。当所有这些都不奏效时，他们便给孩子一笔钱，让孩子去买高级玩具，或者许愿一旦成绩达到多少分，便给孩子买高档跑鞋、旅游等。这种做法能对一个孩子的行为产生影响，提高孩子的积极性，可效用往往是短暂的。从长远看，这种手段注定会产生不利影响。当一个小孩受到多次物质诱惑时，他们会变得越来越依赖物质和金钱鼓励，甚至做点儿普通的事也是如此。这种做法还会带来一个严重问题，它可能成为孩子追求的首要目标，而不是起着使孩子内在动机发生转变的作用。父母不再对孩子继续进行物质或金钱奖励，孩子就不大可能再做某些事情。

那么，父母对孩子不合理的要求如何拒绝呢？

1. 让孩子知道哪些需要是合理的，哪些需要是不合理的

孩子的欲求心理是单纯的，所以，要用孩子可以理解的语言和能够接受的方法教孩子明白哪些欲求是过分的，为什么过分。这样孩子就会慢慢地分辨出哪些欲求是合理的，哪些欲求是不合理的，对欲求有所控制。

2. 坚决对孩子的不合理要求说“不”

对待孩子不合理的要求，父母要干脆说“不”。有些父母看到孩子哭闹就狠不下心，无端迁就，这样只能强化孩子“欲求过分”的心态。为了孩子的发展，父母必须狠狠心，坚持说“不”。

3. 转移注意力

当孩子出现过分的欲求行为时，父母应设法用孩子感兴趣的东西、感兴趣的活动或感兴趣的话题去吸引孩子，让孩子的注意力从欲求对象上转移。

4. 体验需求满足来之不易

为孩子买个新书包，告诉孩子用了多少钱，相当于父母几天工作的报酬。孩子比赛得了一等奖，满足了成就的需要，受尊重的需要，父母在给孩子送去表扬的同时，要引导孩子思考获得一等奖的不容易。

第十章 给孩子尊重的阳光

◎ 尊重孩子的天性

◎ 尊重孩子的个性

◎ 尊重孩子的自主权

◎ 尊重孩子的隐私

◎ 不要伤害孩子的自尊心

◎ 想得到孩子的尊重，就要尊重孩子

尊重孩子的天性

孩子的天性是好问的，他们对周围的事物都感到新鲜有趣，上至云电风雨、日月星辰、太空宇宙，下至海洋生物、河流山川、地核地幔，他们什么都想弄清楚，并且认为家长无所不知。从会说话起，孩子就不管家长有事没事，缠着提些稀奇古怪的，或被家长看来根本就不值一提的问题。对孩子提出的问题，家长要正确对待，切莫等闲视之，更不能批评孩子不该提有时连大人也说不清道不明的问题。

家长应该懂得，好问是一种好习惯，是追求知识的开始。古今中外的科学家和所有取得了不凡成就的人，他们的学识多是从"问"开始的。俗话说，学问学问，一半学一半问。就是这个道理。实际上，孩子这种好奇好问的天性说到底是渴求知识欲望的"幼芽"，且这株幼芽十分娇嫩和脆弱。如果精心保护，耐心教育，为之"施肥浇水"，"除草灭虫"，就会呈现勃勃生机；如果保护不当，就会遭到摧残，甚至被扼杀。

学习过程中，重要的不是得出正确的答案，关键要保持一种怀疑的精神，保持强烈的好奇心。

尊重和保持孩子的好奇心，其诀窍在于家长有一颗童心，学会换位思考。家长对孩子的好奇心不能理解，甚至不耐烦，是因为孩子问的问题，大人早就知道了。站在大人的角度，没什么可问的。因此，要解决的问题是尊重孩子的好奇心，允许他提问，而不应压制和打击。

对孩子提出的问题，家长应尽量给以圆满、正确的答案，不失时机地肯定、表扬孩子爱动脑筋的习惯。答案和表扬一方面满足孩子的求知欲，另一方面激发孩子的好奇心。如果孩子提出的问题较深奥，家长弄不明白，或者有些问题的答案可能不健康，或不便于直接告诉孩子，遇到这种情况，要正确处理，不能打击孩子爱问的积极性。正确的做法应该是，谦虚地告诉孩子："你提的问题真好。但这个问题我也不懂，等我查完书再回答你，或者你自己查书找答案，好吗？"

另外，家长要学会说这样一句话："我真喜欢你提问题。"对孩子的提问，有时可以不马上提供答案，而是进一步提出疑问和悬念，激起更强的好奇心。

如果孩子问了超出他的年龄应知道的事，怎么办呢？这时，家长不要责备。因为孩子并不知道什么该问，什么不该问。有个家长的做法很好，每逢孩子问这样的问题时，他就告诉孩子："我把这个问题记下来了。到了你15岁的时候，我就会回答你的这个问题。"这个问题也许以后用不着父母回答，孩子自己慢慢也会明白，但是，这种做法让孩子感到自己的提问受到了尊重和鼓励。

孩子都有刨根问底的天性，不止是亲口问大人问题，有时还把不知道原理的器具拿来亲手试验一下（如拆东西）。家中如果有贵重东西，要尽量放在孩子看不到的地方，如果他看到给拆了，千万不要责备，否则对孩子的好奇心是致命打击。

尊重孩子的个性

少儿阶段最可贵的就是孩子的个性，教育不是要限制其个性发展，而要创造更广阔的空间，让其个性继续拓展。应该给孩子一个宽松的环境，鼓励他们拓展想象空间。丰富的想象力对孩子的智力发展是举足轻重的。

孩子是有思想、有感情的人，如果父母包揽了孩子全部的生活，从不或很少尊重孩子的愿望，久而久之，孩子的个性培养被抛到脑后，压抑其个性品质发展。殊不知，正是家长这种看似爱，实则相反的教育方式导致孩子胆小、羞怯；正是成人的这种唯我独尊的教养方式，扼杀了孩子创造的火花，导致孩子只知服从和听任摆布，丧失了独立的意志、独立的人格。结果，不仅没有促进孩子健康成长，反而将无数的苦楚和哀怨积压在幼小的心灵深处，从而使孩子的内心世界得不到良好发展。

真爱孩子，应该将“尊重”和“平等”放在首位。孩子是一个独立的人，他属于社会，也属于自己。孩子虽小，同样有信任、独立、自尊、上进等方面的需要。如果家长没有顾及和满足这些需要，就会影响孩子的发展。尊重孩子，就要平等对待孩子，对孩子说话，不要大嗓门，音量要中等，尽可能用商量的口气，不要经常说“不许这样”、“不许那样”，鼓励孩子自己去尝试。尝试是独立的开始，要多做示范，多加鼓励，帮助他成功。

真爱孩子，就要耐心地倾听孩子诉说痛苦和烦恼，真诚地与之交谈，渐渐地，孩子的独立性增强了，和父母成了相互信赖的知心朋友；就应给孩子营造一片自由锻炼的空间，努力为他们提供丰富多彩的锻炼机会，比如上哪个兴趣班，由孩子去选择，凡是孩子自己能做的事，像打扫卫生、削铅笔等，都让他们自己做；还应让他们在复杂纷繁的人际交往中学会合作与处世，勇于面对挫折与失败。

真爱孩子，就要尊重孩子的个性，而不要压制孩子个性发展的空间。每一种性格都有它的优点。即使孩子的性格中存在着某些缺陷，也不要为此而烦恼，更不要试图完全改变它。家长所要做的就是发现它的价值，把握优势，引导孩子健康成长。

当然，尊重孩子的个性，最根本的是尊重他们的发展权利、发展潜能、发展机会，以及在群体中的同等地位和独立人格，不能把尊重个体变成尊重个别，把尊重个性变成尊重差异，把尊重孩子变成尊重习惯。如果这样做了，就偏离了对个性的真正意义上的尊重和理解。

尊重孩子的自主权

孩子不可避免会受到周围人的影响，家长没有必要刻意强迫孩子远离不良的生活环境，也不必帮他们安排自认为适当的环境。我们所需要做的是引导他们面对环境的态度和方法，让孩子做出自己的选择。

学会自我选择，是人成长过程中一项重要的能力。然而，许多家长并不重视，甚至认为，等孩子长大了，才需要他自主选择。殊不知，自我选择能力是从小培养起来的。

许多父母不放权给孩子自主选择，因为对孩子没有信心，害怕他们会做错事。不少父母对孩子照顾得十分周到，从起床、吃饭到上学、回家、做功课，能想到的都替孩子包办了。这样就养成了孩子的依赖性。其实，孩子希望父母信赖他们，让他们自主选择。家长应多鼓励孩子去尝试，如告诉孩子：“你行。”“你能自己做主。”

自主选择不是盲目选择。在孩子做出重大决定时，父母可以帮助孩子收集资料，了解和熟悉相关情况，这有助于孩子进行科学选择。在把选择权交给孩子时，还要教育孩子如果选择错了，就要自己承担后果。对于孩子来说，即使选择错了，也是一次教训，是值得的。有一位家长，带孩子到少年活动中心去报名，本来，她希望儿子参加美术班，孩子却在武术班门前看得入神。于是，这位家长尊重孩子的选择，但要求孩子必须为自己的选择负责，学有所成。

正确的教育方法是：尊重孩子，重视给孩子自主权，让孩子学会在社会允许的条件下自己决定，独立地解决所遇到的问题。

父母只管孩子的安全，其他生活上的事，如游玩、学习等，都由孩子自理、自主、自我选择。比如，让孩子从小收拾自己的房间，整理、布置属于自己的“小天地”，父母最多从旁提醒、参谋。在国外，很少见到父母训斥和打骂孩子的现象，更多的是家长对孩子说“谢谢”、“对不起”、“请原谅”、“这样好吗”等等，用商量的口吻对话。要让孩子真正成为家里的小主人，就要让孩子参与各种活动，参与家庭大事的决策。

对于孩子的游玩和兴趣活动，家长不应该强迫孩子去做什么，而应该尊重孩子的意愿，让孩子独立地支配课余时间。选择学什么乐器和其他技能时，家长要给予支持、鼓励和指导。

人的兴趣、爱好和才能本来就各不相同，孩子适合做什么就做什么，人生的路让孩子自己去走。成功的家庭教育，应是家长舍得拿出时间跟孩子以平等的态度对话、交流，对孩子正确的想法和行为给予肯定，让孩子在尊重和鼓励中成长。

尊重孩子的隐私

很多父母总感觉自己和孩子亲密无间，并以爱为借口，为孩子安排一切。心理学研究表明：不管成人还是孩子，每个人都是独立的个体，都希望有自己的秘密和个人空间，也就是所谓“隐私”，这是人类的心理需求。

但是，大多数父母习惯于对孩子过于保护和包办孩子的一切。于是当他们发现孩子对自己有所保留后，就千方百计地去翻看孩子的书信日记，然后把其中一些内容当做孩子错误行为的证据，用以指责孩子，结果，伤了孩子的自尊心，失去了孩子的信任。父母关心孩子的心情可以理解，但过度保护、过度干涉，不允许孩子保护隐私的做法是不正确的。

当孩子的隐私被侵犯时，如果父母不善于采取正确的方法补救，其结果必定是孩子对父母反感、不信任，严重的导致孩子走向极端。那么，后悔莫及的将会是父母。

不管父母认识到与否，也不管父母承认与否，孩子的确是在慢慢长大，他开始拥有了自己的情感空间，拥有了一些不愿意也不能和父母分享的隐私，这是正常的事情。每位父母都应该承认孩子拥有自己独立的世界，尊重孩子的隐私。

父母和孩子之间，是需要互相尊重的。很多父母要求孩子不要随便乱翻大人的东西，因为大人要有自己的空间。其实，孩子也有自己的小天地，也需要有自己的空间，他们也不希望别人随意闯进自己的空间，哪怕是最亲近的父母。父母和孩子只有亲密无间，家庭才能既成为一个亲密生活的共同体，又成为一个个性自由发展的和谐世界。

不要伤害孩子的自尊心

人类最不能伤害的就是自尊心，孩子也一样。父母要想在家庭中建立和谐的亲子关系，就要从尊重孩子开始，从尊重孩子的隐私开始。只有尊重孩子，才能培养出懂得自尊的孩子。

做个好父母是件很不容易的事，要亲身体验孩子的感受，要从孩子的角度想想，反思：我的做法对不对？我有没有这样的权力？如果我是孩子，我的感受又是怎样？

孩子毕竟是孩子，需要成长的空间和善意的理解。他们也有自尊心，也需要尊重。不适当的责骂、管教，会产生负效应。

没有不犯错误的孩子，孩子犯错误是难免的。孩子犯错误并不可怕，可怕的是犯了错误后，父母不批评教育，使孩子犯错不知错，坚持错误不改正。有的父母在孩子犯错后，劈头盖脸地呵斥一顿就完事了，这是不科学的。

胡乱把孩子训斥一顿，未必能收到良好效果。对孩子要批评得好，批评得有效果，需要掌握批评的艺术。批评艺术的高低往往决定效果。

父母在批评孩子时，要注意态度。批评孩子，切忌话里套话，火上浇油，话中带刺，言过其实。为了不伤害孩子的自尊心，父母不要不分场合地训斥孩子。有客人来访的时候，不批评孩子；家人都在场的时候，不批评孩子。另外，在饭桌上不批评孩子，否则会影响饮食健康。父母遇上不顺心的事情，在气头上的时候，不批评孩子，这个时候容易说话走火，影响批评的效果。

当孩子犯了错误需要批评引导时，父母要提醒自己，无休止的训斥，会伤害孩子的自尊心。当然，不是说不能批评孩子，应该以尊重为前提，在尊重孩子、关爱孩子的基础上，采取恰当的、孩子愿意接受的方式实施教育和引导。只有这样，才会收到意想不到的效果。

不要以为孩子没有尊严，不要以为只有成年人爱面子。当父母悄悄地告诉孩子这样做不对，应及时改正，甚至用一个微笑和眼神制止孩子的某些行为时，孩子还是乐于接受的。教育家爱默逊有句名言："教育成功的秘诀在于尊重。"尊重是一粒种子，把它撒进教育的土壤，就会不断地生长出更多的信任和爱。

随着年龄的增长，孩子的思想、观点和对事物的认识逐渐成熟。他们有独立的思想、鲜明的个性和个人隐私，这些都是孩子成长过程中的特征。此时，父母应该理解他们，尊重他们，信任他们，与他们平等交流。否则，相互之间容易出现沟通障碍。

父母利用权力单纯地命令孩子或强迫孩子去做事，对孩子是一种伤害——孩子无法与大人抗争，会导致孩子用其他方法抗争。正确的方法是和孩子好好沟通，知道问题出在哪就好解决了。

父母应该明白：在人格上，孩子是和自己平等的主体。孩子生来就有权利得到尊重。请像尊重自己，尊重领导、同事、朋友一样尊重你的孩子。给孩子自尊，孩子才会有健全的人格。

作为精神意义上的一个人，如果没有自尊心，就像肉体意义的人没有脊梁骨一样，无法站立。

作为父母要知道，孩子的自尊是必须呵护和精心培养的。内心充满自尊的人，才会成为生活中的强者——他们勇于攀登，敢于拼搏，勤于耕耘，能够克服人生道路上的困难，不断向前迈进。

培养孩子的自尊心，首先要尊重孩子。

尊重孩子要爱和严相结合。父母不要给孩子太多的压力，要多与孩子交流，及时掌握动向，及时给予鼓励和理解。父母答应孩子的事情一定要照办，这样才会赢得孩子的信任和尊重。

事实证明，受到父母尊重的孩子大多愿意与父母合作，他们待人友善，懂礼貌，同大人说话没有拘束感，独立意识强。

其次，鼓励和赞扬有利于孩子的自尊心、自信心的建立。

在孩子成长过程中，需要父母给予更多的鼓励、赞扬、支持、理解，营造这样的家庭环境，有利于孩子健康成长。而在鼓励与赞扬中成长起来的孩子必然充满希望和自信。

自尊心来自对自我的评价，积极的自我肯定形成较强的自尊心，消极的自我评价导致较弱的自尊心。一个人对自我的评价常常受他人意见的影响。孩子很小的时候就开始受到他人评价，所以父母很早就要让孩子感受到亲人们对他的认可、接纳和喜爱，充当孩子自尊心的催化剂。父母要改变一些容易伤害孩子自尊的做法。最容易伤害孩子自尊心的是讽刺、挖苦、嘲笑、命令和惩罚，在家庭教育中应该杜绝。

想得到孩子的尊重，就要尊重孩子

孩子到了一定的年龄，总会有一些小秘密，喜欢藏着、躲着、锁着，这些行为让父母产生了好奇，甚至犯了疑心，以为孩子有什么事瞒着大人。于是，他们采取不甚光明的手段，不自觉地侵犯了孩子的“隐私权”。

在有些父母看来，那些都是小事，他们觉得：孩子的生命都是我们给的，他的日记或是信件为什么不能看？他们没想过，对于孩子来说，这些行为表现出了对他的不信任和不尊重，严重伤害了自尊心。

实际上很多孩子的日记里，都没有什么“不可告人”的事，更多的只是孩子的一些思考和心情。当父母的，应当允许孩子有自己的秘密。孩子有秘密，说明内心世界丰富，正从幼稚走向成熟，有了独立见解，自尊心更强，他需要的是尊重。

如果孩子从小受到尊重，他就更懂得自尊，也会更加懂得怎么去尊重别人。如果父母想让孩子成为高素质、有教养的人，首先要学会尊重孩子，这样孩子才会尊重你。

只有尊重孩子，跟孩子做朋友，才能赢得孩子的信任和尊重。有的父母总是怪孩子不知道敲门，有没有想过自己进孩子的房间时，有没有敲过门呢？父母总是怪孩子乱翻自己的东西，有没有想过自己乱翻过孩子的东西？

要想孩子尊重自己，就要先尊重孩子。不尊重孩子的行为严重伤害到了孩子的自尊，而人类最不能伤害的就是自尊。要想建立和谐的亲子关系，就要从尊重孩子开始。尊重孩子，要允许孩子有自己的空间。用尊重换取孩子的信任，让孩子主动说出他的想法，这是父母应该做到的事情。

尊重孩子，是密切亲子关系、获得孩子信任的基础。在现实生活中，父母要密切注意孩子在态度和行为上的细微变化。当孩子关着房门时，是希望没有人打扰，父母进去一定要敲门，得到孩子允许；孩子写日记，父母不要偷看，更不能责骂，而是应当尊重孩子的意愿，直到孩子愿意和你分享。

当你这么做的时候，孩子会记住你对他的尊重，同样会尊重和信任你，进而把你当成他的好朋友。当他遇到什么事情或困扰时，会主动向你提起。父母应该明白，越是尊重孩子，你与孩子的距离越近。

当孩子感觉到自己受到尊重时，他会用同样的心态对待老师、同学和父母，甚至包括学习。虽然孩子还小，但他从出生开始就已经是一个独立的个体，和每一个成人一样，他期待得到尊重。作为父母，应该用尊重的心态去包容孩子，帮助他改正缺点，战胜困难，获得进步。

人与人之间的关系是相互的，往往一个微笑就能把距离拉得很近。父母和孩子之间的距离也会因为“尊重”而走得更近。记住，只有尊重孩子，才能培养出懂得自尊和尊重他人的孩子。

第十一章　给孩子自信的阳光

◎ 自信的孩子心态好

◎ 自信的孩子最乐观

◎ 自信的孩子最有希望

◎ 成功来源于自信

◎ 自信可以激发潜能

◎ 孩子的自信来自父母的信任

◎ 孩子的自信需要鼓励和赞赏

◎ 怎样培养孩子的自信心

自信的孩子心态好

乐观自信的孩子不但具有快乐的能力，还能创造奇迹，完成不可能完成的任务。他们凡事都会看到“阳光”的一面，即使再苦的事，也会认为没有什么，甚至以苦为乐，积极克服，再大的困难，也坚信终能解决。他们常常能完成被别人认为不能完成的任务，创造骄人的成就。

“许多奇迹，我们相信，才会存在。”在生活和事业之中——许多奇迹，只有相信，才会积极努力地去行动，只有积极努力地行动，才能创造出奇迹。

从现实生活中我们可以发现，许多奇迹发生在乐观的人身上，或者说，发生在乐观人身上的几率更大一些。为什么呢？因为他们相信奇迹的存在。

我们知道，乐观的人通常都很勇敢，他们不会一直考虑失败的后果，更多想到的是成功，所以他们比悲观的人更加勇敢，更加无畏。即使在别人看来成功的可能性不大，他们依然会看到阳光的一面——万一会成功呢？所以，很多奇迹就在他们身上发生了。

乐观的人，具有一种积极的性格因素。无论在什么情况下，都能保持良好的心态，相信乌云总会散开，相信阳光总会再来。

乐观的人总能发现事情有利的一面，并且无畏地做，这对于工作和开创事业都很有益处。家长要孩子有所成就，就应该培养孩子的乐观心态。

乐观心态对孩子的健康成长和日后取得成就都非常有利。心理学家发现，乐观的心态是可以培养的。注意自己的一言一行，恰当地使用一些方法，就可以培养出“小乐天派”。

教育专家建议，培养“小乐天派”，最好从胎教时开始。孕妇怀着孩子的时候，肚子里的宝宝已经能感受妈妈的情绪了。准妈妈在高兴或伤心时，身体会出现不同的变化，这些变化胎儿会感受得到，并对其心理产生一定的影响，所以孕妇一定要把心态调整好。怀孕期间，准妈妈还要适时地跟肚子里的宝宝进行感情交流，可以柔声细语地跟宝宝聊天，说自己有多爱他，多么期待他的到来。如果经历了什么开心的事，准妈妈可以讲给宝宝听，还可以告诉他生活中美好的事物。准妈妈还应该多看漂亮的东西，多听优美的音乐。这样，有助于把宝宝培养成为平和乐观的孩子。

孩子刚出生后虽然不懂事，也听不懂大人的话，但家长还是要不失时机地培养孩子的乐观心态。心理学家经过调查得出这样的结论：非口头方式的交流在培养乐观孩子的过程中起主要作用。我们知道，虽然孩子年龄太小，听不懂大人的话，大人的表情、手势和动作传达出的信息，他们却能准确地领会到。如果妈妈笑了，他们也会跟着笑。大人若是温柔地抚摸，他们不但感觉舒服，也会有一种安全感，自然能够体会到来自大人的爱意。

家长可以通过轻柔的语气、温和的笑容和充满爱意的抚摸表达对孩子的爱，给孩子营造美好、温馨、充满爱意的环境。慢慢地，所有这一切都会给孩子传达这样的信息：周围的世界是美好的，可靠的，顺利的。有了这些美好的信息做基础，孩子就会很乐观地看待周围的世界了。

在孩子逐渐长大后，开始学习独立地用杯子喝水，用勺子吃东西，穿衣服，系鞋带等，这个时候，家长一定要注意，在孩子争取自己做这些事时，一定要尊重孩子的努力。尽管孩子做得很慢，看上去笨手笨脚，家长也不要干涉。当孩子求助时，家长要热心帮忙，细心指导，告诉孩子应该怎么一步一步地做，并给予鼓励和肯定，让孩子有信心，这样孩子就会认为自己能胜任一切，面对一切，从而逐渐形成乐观的心态。

孩子懂事后，家长要注意自己的言行给孩子造成的影响，在面对问题和处理问题时，一定要保持乐观的心态，这样就会逐渐影响到孩子。有些家长说话不注意，比如下雨影响出行，就会咒骂："该死的天气，又下雨了！"孩子一听，也会认为下雨不好，下雨是一件不好的事情。没有人能改变阴天下雨的事实，对于这种情况，家长应该教孩子乐观地接受，虽然下雨影响了外出办事，但是可以说："哟，下雨了，正好可以在家看书了。"然后把孩子带到窗边："快看看外面的雨。看，小树多绿呀，它正渴了，大口大口地喝雨水呢！喝完雨水后，过几天它就长高了！"这样就会把快乐传递给孩子，让他无论面对何种环境，都保持愉悦的心情。

为了培养孩子的乐观心态，家长在任何糟糕的环境之中，都要看到积极的一面。这对孩子看待问题是一个很好的示范。

自信的孩子最乐观

自信的孩子最乐观，自我感觉较好，喜欢与别人交往，愿意追求

新的兴趣，从不轻视自己。遇到难题时不说“我不会”，而说“我暂时还不理解”。

反之，缺乏自信的孩子比较悲观，说话不够自如，很少主动与他人说话，总是感觉“我不行”或“我什么事情都做不好”，往往表现出被动、抑郁和孤独。

年幼的孩子天性自信，他们相信只要努力，任何事情都会获得成功。做父母的首先要知道不是如何建立自信，而是如何保护孩子的自信心。很多幼儿表现得不够自信，因为婴儿期天性中的自信心未得到良好保护。

父母应该首先判断自己的孩子是不是自信。孩子的自信心表现在语言、情感、行为等各个方面。

对孩子来说，成功的快乐是一种巨大的鼓励力量，成功的积极体验会增强学习动机，激发再尝试的欲望。许多孩子出现一个明显的转折点后，常常是各方面突飞猛进，一发而不可收。因为成功体验的正性强化作用，使他们走上了战胜困难、超越自我的良性循环。

成功体验是一个人的心理财富。具备这种财富的人会自信而坚毅。人们不难发现这样一种现象：一个人越是在某一方面有成就，他就越来越多地得到成就。这就是社会心理学中著名的“马太效应”。

幼儿期正是各种能力发展的时期，自信与成功相伴，自卑与失败相依，成功，是孩子成长过程中不可缺少的体验。父母应充分注意培养幼儿各方面的能力，耐心细致地培养和训练他们的技能技巧，使孩子实现成功的愿望。无论怎样的孩子，一定要让他体验到努力带来的成功，不管这种成功多么微不足道。

家长或老师经常表扬，会促使孩子的心态发生变化。受到表扬后那份成功的体验会给孩子信心，成为上进的动力。

如果孩子不能得到及时的表扬，不能体会到正常的成功心理，就会通过自己的方式去获得——制造“出格”行为，通过别出心裁的恶作剧引来惊异与关注的目光，使渴望成功的心理得到满足。长此以往，为此付出的代价将是，远离了战胜困难、战胜诱惑、战胜自我的痛苦过程，也远离了真正的成功体验，逐渐走向心理的软弱与残疾。

因此，不要苛求孩子，父母给孩子设定的目标应是他们通过努力可以达到的，这样他们就能通过战胜困难，体验成功而形成正面的上进心，逐渐培养健康、乐观而坚强的心理。

如果发现孩子的自信心不够强，父母应该帮助孩子建立自信。如果孩子的自信心很强，父母也不应该放松警惕，要时刻小心保护孩子的自信心。

自信的孩子最有希望

爱默生说过："有史以来，没有任何一件伟大的事业不是因为自信而成功的。"自信是一种潜伏在人的意识中的能源，一旦开发，能产生巨大的能量。自信就像发动机、推进器，不断给人提供前进的动力。自信具有感染力，所有和自信的人有过接触的人都将受到积极的影响。当自信成为习惯时，实际上已经为成功做好准备。

在许多伟人身上，都可以看到超凡的自信心。他们不是从未被击倒的人，而是在被击倒后，还能够高举自信之剑，继续为成功打拼。正是在自信心驱动下，他们敢于提出更高的要求，在失败中看到成功的希望，鼓励自己不断努力，从而获得成功。

任何幸运都不会无缘无故地光临。决定事业成败的关键，在于人的坚定信念。没有什么比自信更能改变人的处境，拥有自信就等于拥有无限的可能。自信是成功的源泉，拥有自信，人们就能在千百次失败中，重新筑建人生乐园。

缺乏自信的人，多是瞻前顾后，拿不定主意的人。他们往往以缺乏经验为理由，或以曾经失败为借口，制造前进的障碍，束缚自己的手脚，使自己寸步难行。其实，在人的一生中，很多工作都是无经验的尝试。如果人们相信自己，就会发现，成功并非遥不可及。婴儿出生后，什么都不会，却在短短两年时间内学会了走路，学会了说话，甚至唱歌、跳舞。在学会之前，他们从来没有摇摆不定，想过自己能还是不能。他们要做的就是尝试，摔倒了，爬起来；说错了，重新试一次。试想，除了有生理残疾以外，又有哪个孩子没有成功呢？

自信对孩子的发展有巨大的作用。如果孩子是个自信的人，那么，他处世乐观进取，做事主动积极，勇于尝试，乐于接受挑战；如果孩子缺乏自信，那么，他会在任何事面前表现出柔弱、害羞、恐惧的心理，不敢面对新的事物，不敢主动与人交往，从而失去学习和锻炼的机会，影响自身发展。长期缺乏自信，会让孩子产生“无能”的感觉，产生自卑等不良心理，甚至自暴自弃，破罐破摔，那将是很可怕的。

成功来源于自信

家长要让孩子知道，要想成功，除了了解成为胜利者的才能之外，更要毫无倦怠地学习和工作。

依赖运气的人们常常满腹牢骚，只是一味地期待机遇来临；至于获得成功的人，他们觉得唯有信念方能左右命运，因此，他们只相信自己的信念。

在普通人看来不可能的事，如果当事人能从潜在意识去认为“可能”，也就是相信可能做到的话，事情就会按照信念的强度，而从潜意识中流出极大的力量。这时，即使表面看来不可能的事，也可以完成。

人类是思想的产物。我们应当提高自信心，执著、认真地相信必能成功。

人人都想成功。最实用的成功经验，就是“坚定不移的信心能够移山”。真正相信自己能移山的人并不多，真正做到“移山”的人也不多。

关于信心的威力，并没有什么神奇或神秘可言。信心起作用的过程是这样的：相信“我确实能做到”的态度，产生了能力、技巧与精力这些必备条件，每当你相信“我能做到”时，自然就会想出“如何去做”的方法。

绝大多数青少年都期望有朝一日出人头地，过上幸福的生活。他们绝大多数不具备必要的信心与决心，因此，无法达到顶点。也因为他们相信自己达不到，以致找不到登上巅峰的途径，他们的作为一直停留在一般人水准。

有少部分人真的相信总有一天会成功。他们抱着“我就要登上巅峰”（这并不是不可能的）的态度来学习，认真地做好工作。他们善于学习，不怕付出艰苦的努力。最后，他们终于凭着坚强的信心达到了目标。

只要知道你在想些什么，就知道你是怎样一个人，因为每个人的特性，都是由思想造成的。命运决定于心理状态。爱默生说：“一个人就是他整天所想的那些。”

不错，如果我们想的都是快乐的念头，我们就能快乐；如果我们想的都是悲伤的事情，我们就会悲伤；如果我们想到一些可怕的情况，我们就会害怕；如果我们想的是不好的念头，我们恐怕就不会安心了；如果我们想的净是失败，我们就会失败；如果我们沉浸在自怜里，大家会有意躲开我们。

如果你想成功，首先必须希望成功。积极心态和想象的力量是强大的，它引导你走向成功。

自信可以激发潜能

教育学有这样一个实验，将学习成绩较差的班级的学生当做学习优秀班级的学生对待，而将成绩优秀的班级当做问题班级来教。一段时间下来，情况发生了变化：原来成绩相差甚远的两个班级，在实验结束后的总结测验中，平均成绩竟然相差无几。原因就是：老师们用对待好学生的态度对待差班的学生，使学生们的自信心得到鼓励，因而学习积极性大增，而优秀班级学生受到怀疑态度的影响，信心受挫，致使学习态度转变，影响了学习成绩。

心理学有这样一个实验：一个女孩长相一般，因为缺乏自信心，不爱打扮，整天邋邋遢遢，做事不求上进。心理学家为了改变她的心理状态，让大家每天都对这个女孩说“你真漂亮”、“你真能干”、“今天表现不错”等赞扬的话语。经过一段时间，人们惊奇地发现，女孩真的变漂亮了。其实，她的长相并没有变，而是精神状态发生了变化。她不再邋遢了，变得爱打扮，做事积极，爱表现自己了。怎么会发生这么大的变化？其根源正在于自信心。女孩有了自信，大家觉得她比以前漂亮了许多。

父母要教育孩子，一定要相信自己，对自己的能力要有信心。如果自己对自己没有最起码的、适度的信心，是根本不可能获得成功或快乐的。有恰当的自信心，才会成功。

生活中许多人对自己“信心不足”。世界上有2/3的人营养不良，差别只是程度不同。同样地，世界上信心不足的人也有2/3，也只是有着程度的不同。营养不良，使人的身体无法正常发育；信心不足，则使人的潜能无法发挥。

自信非常重要，所以，一个人要发挥潜力，获得成功，首先必须充分相信自己。

自信心就像催化剂一样，它可以将人的潜能调动起来，将各部分功能推进到最佳状态。在许多成功者身上，可以看到超凡的自信心所起到的巨大作用。这些事业取得成功的人，在自信心驱动下，敢于对自己提出更高的要求，并在失败的时候看到希望，最终获得成功。

纵观历史上众多的成功者，就会发现，许多人开始时甚至比你起步的条件更糟，但他们成功了。原因是他们自信心十足，有成功的愿望。成功的条件只需要一个，那就是：希望成功，并始终相信自己会成功，永远不停止努力。

许多人在一些细微的地方费尽心思，却没有较大的目标。这种目光短浅的人，远不如有雄才大志者有竞争力。

当一个人想取得成功的时候，不是以大学学位、家庭背景及其他为标准，而是以思想的远大与渺小为准绳，一个人思想的"尺寸"将决定成功的大小。

人类最大的弱点便是自我贬值——自己瞧不起自己。自我贬值的表现多种多样。比如说，某人在报纸上看到一个招聘广告，那正是他朝思暮想的位置。但是，他什么也没有干，因为他想："我不够格干这事，为什么自寻烦恼？"想与喜欢的姑娘约会，却不敢打电话，因为他觉得自己配不上她。很久以前，哲学家便给我们一个极重要的忠告：认识你自己！但是大部分人，看上去，把这一劝告仅仅理解为了解消极的自我。他们过多地看到自己的错误、短处和无能。

知道自己的先天不足是一件好事，因为每个人都有缺陷。但是，如果仅仅知道自己消极本质的一面，情况就很糟了。这就会觉得，自己的生活价值不大。这种状况必须扭转，一定要让孩子正确地认识自己，充分地相信自己。

(1) 了解自己的五个主要的长处。请几个朋友帮助寻找优点，他们将给予你真实的看法(最常见的优点多与教育、经验、技术、长相、和谐的家庭生活、态度、性格和主动性等有关)。

（2）在每个优点之下，写下三个人的名字，这三个都是你认识的，在某种程度上取得成功的人；在这几方面，他们却不如你做得好。结束这一练习时，你会发现你至少在某个方面超越了许多成功者。你就会得出这样一个结论：你比你想象中的自我要伟大得多。为此，让你的思想跟上真正的你，再不要瞧不起自己。

（3）把自己当做世界上最重要的人，认清自己的重要性。你必须明白，当你了解自己是世界上最重要的人时，并非自大。当你排除掉生活中琐屑无关的事，而为内心的“我”注以应得的关注时，并非自负或自私。对于“看重自己”这句话，你不该解释成自我崇拜。自我崇拜是全神贯注于自己，而将别人排除的自我迷恋。你只需顺着可能发展的方向，耐心地做自己的工作，使自己成长，并且接受成长——因为你是重要的。然后你应该出去见见世面，让别人共享你的成就，而使世界充满温馨。每天这样的磨炼，会使你看重自己真实的一面；当有所需时，产生呼之即来的创造力。

每天不断地尝试，努力，激发诚挚的热情，加强自信，你就会拥有完全不同的人生——以自己的标准，成为一个有所作为的人，在个人自由上创造新的局面。

孩子的自信来自父母的信任

让孩子健康快乐地成长，有个美好的明天，应该从相信孩子开始。信任是人与人之间的一种亲密关系。朋友之间、同事之间需要信任，父母与子女之间同样需要信任。

孩子学习走路，哪怕摔了10次、100次，甚至更多次跤，父母都会鼓励孩子重新站起来。这就是父母对孩子的信任。相信孩子能行，才让孩子学会了走路。

其实孩子都信任父母，觉得父母的信任才是最真实、可靠的。在任何时候，父母看到孩子与别人的差异同时，也要坚信自己的孩子能行。

父母与孩子的这种互相信任，可以让孩子像朋友一样和父母平等交流，这样教育的效果会更好。

如果父母对孩子持不信任态度，就没有办法了解孩子的愿望和要求。孩子的自尊心和自信心必然会因此而受到伤害，孩子对父母的信任感也会减弱。这样，家庭教育的效果相应降低。

一位家庭教育专家说过，教育的奥秘在于坚信孩子“行”。每个孩子都渴望得到肯定和信任，父母的信任就是孩子前进的信心和动力，哪怕是一次不经意的信任，都会让孩子激动很长时间，甚至改变整个精神面貌。

父母对孩子信任，做孩子的好朋友，能激发孩子的信心和动力，让孩子体会到被尊重和认可的快乐。而他也会在父母充满信任和友好的目光与言语中，一步一个脚印地走向成功，实现心中的目标。

在教育史上，有这么一个著名的实验——“暗含期待效应”。这个实验的原理就是“信任”。这种效应渐渐被广泛运用于现代家庭教育中，它要求父母从对孩子的信任出发，培养孩子的积极性，在父母的鼓励和信任中不断地进步。

追求他人的信任是一种积极的心态，是正常人的普遍心理，也是一个人奋发进取、积极向上、实现自我价值的内驱力。父母对孩子的信任，能让孩子拥有良好心理素质，形成具有积极鼓励作用的力量。

有时候父母不经意间说出一句不信任的话，会无情地刺伤孩子那颗稚嫩向上的心。也许父母的一句嘲讽，就抹杀了孩子走向成功的信心。在孩子成长过程中，再没有比父母的信任和鼓励更重要的了。父母要善于通过表扬和激励帮助孩子保持积极的心态，建立对潜能开发的自信心。

与大人相比，孩子个子小，力量弱，知识少，但是他内心有着想成为大人或者想跟大人一样威风的愿望，渴望父母的信任。如果父母经常嘲笑孩子幼稚，把他看成他恰恰不想成为的那类人，那么，孩子内心这种“不如大人”的意识会越来越强烈，很可能使他真的无法摆脱幼稚。

孩子的理解往往简单，而且天性敏感，那些嘲讽的话语，它传达出的信息就是对孩子的不信任，对他取得的成绩的蔑视以及人格的侮辱。它就像一把锋利的剑，深深扎进孩子幼小的心灵。父母或许不知道这种由语言带来的伤害，其实比起皮肉上的痛楚造成的后果更为严重。

这种语言的伤害不像皮肉伤害，可以一眼看到，正因为如此，有的父母往往忽视了语言带来的伤害，尤其是用嘲讽这样“恶毒的武器”，给孩子带来精神上的创伤。即使这种语言“攻击”已经停止，伤害仍会在孩子内心继续存在，像一个巨大的阴影笼罩着孩子的一生。

在生活中，每一位父母都可能说出不信任孩子的话来。父母们可能不知道，当你说出这种话时，孩子的心会受到伤害，他会随着你的不信任而对自己失去信心，他会觉得自己是一个非常无能的人。

父母在孩子成长过程中起很大的作用，父母不要把自己孩子的缺点与其他孩子相比，相反，要把自己孩子的优点与其他孩子相比，从而让孩子产生成就感。

美国成功学家戴尔·卡耐基说过，千万不要取笑孩子的野心，对孩子来说，这种取笑就是嘲讽，而嘲讽是极具刺伤力的。不论孩子的想法多么不着边际，也不要取笑孩子，应该赞扬他想象力丰富，应该尽可能鼓励他勇往直前。

实际上，每一个孩子都需要父母的信任。那么，父母应该如何表达对孩子的信任呢？

1. 把对孩子的信任告诉他

在教育孩子的时候，给予孩子信任感是非常重要的。在成长过程中，孩子总是渴望得到成人的赏识、赞赏、尊重和信任来肯定自我，发展自我。如果父母处处不信任孩子，孩子往往会感到沮丧，从而产生消极心理。

如果父母总是对孩子说："去做吧，我相信你能行！""相信你能够安排好时间！""我相信你会把自己的房间收拾整洁的。"孩子的内心感到愉悦，能力得到肯定，他的自信就会树立起来，与父母的关系就会更加融洽。

2. 相信自己的孩子是最好的

许多父母总是喜欢拿自己孩子的缺点与其他孩子的优点比较。殊不知，这种做法给孩子的感觉就是"父母不信任我"、"我在父母眼里是没用的家伙"。这种消极的想法让孩子产生不信任父母的情绪，从而造成亲子沟通困难。成功与否，应该根据成长情况衡量，不要根据其他人的情况衡量。

许多父母认为，拿孩子与他人比较是希望孩子上进。实际上，每个孩子都有个性特点，若父母一味地拿他人的优点与孩子相比，会使孩子产生比不上他人的感觉，从而忽视自己的优势，产生沮丧、颓废心理。这种消极心理一旦产生，孩子就很难与父母保持良好的关系。

3. 信任孩子的决定

许多父母怕孩子选择不好，不相信孩子的决定，所以，总是插手孩子的决定。实际上，每个孩子都有自己的理想，有自己的决定，他们对于自己的决定总是能够全力以赴。

事实上，如果父母选择信任孩子的决定，孩子就会对父母的信任表示感激，并全力以赴为自己的决定而努力。

孩子的自信需要鼓励和赞赏

家长赏识孩子，是培养孩子自信的重要方法。如果经常打击孩子，认为孩子各方面都很差，比不上别人，时间一长，孩子就会失去自信，变得自卑。

人一旦形成了自卑心理，就会影响上进心、自尊心，变得胆小怯懦，不敢表现自己，从而引发人际关系障碍，妨碍学习、生活和人际交往。

孩子一旦以为自己就是天生不如别人，就会失去上进心，从而停止发展自己。可以说，孩子失去了自信，等于还没有起飞就折断翅膀，而家长打击正是主犯之一。

家长训斥孩子时，一定要嘴下留情，即使孩子真的有某些缺点，也要认为孩子是有优点的，是在进步，而且可能做得更好，并把这种信息及时地传达给孩子。

孩子年龄还小，不能全面理性地评价自己，他对自己的评价只是来源于其他人的评价，其中家长占很大比重。孩子收到这些评价，会产生心理定势。

这种心理定势分为两种情况：一种是认为自己很行，做什么都没有问题；一种是认为自己不行，做啥都不行。两种不同的心理定势，会对孩子的心理和行为产生不同的影响。如果孩子认为自己行，就会激发积极性，甚至把不可能变成可能。

在日常生活中，家长应该经常告诉孩子，他在长大，在进步；他是有用的，被需要的，被喜爱的；他是有能力的，会做越来越多的事情……

每个孩子都有优点，家长要善于发现、赏识，引导孩子向健康方向发展，培养孩子的自信，这对孩子的人生道路十分重要。

一个人的成长不但受制于先天遗传，更离不开后天环境的影响。在这些因素中，社会评价和心理暗示的作用非常大。父母一定要嘴下留情，不要随意给孩子贴上标签。如果孩子真的有缺点，家长也不要指出来，而是想出弥补办法，使孩子摆脱缺点的限制，以积极向上的心态来面对生活。

父母应该恰当地鼓励孩子。要知道，父母对孩子适当的鼓励和赞赏，会激发孩子的潜力，使孩子向着父母期望的目标发展。

怎样培养孩子的自信心

1. 要言传身教

家庭是孩子学习的第一所学校，父母是孩子的第一任教师。孩子模仿性很强，父母的言行举止对孩子有重要的影响。在孩子面前，父母要表现出很强的自信心，特别是遇到困难或挫折时，决不能流露畏难情绪。孩子是父母身边的镜子，最初的自信来源于父母言传身教。

2. 要信任孩子

儿童教育专家认为：人在满足了基本的生存需求后，会自然而然地产生精神追求，其中最大的渴望就是得到赏识。从这个角度讲，孩子在吃饱穿暖后的等待就是被人关爱和赏识。

孩子是为了得到爱和快乐而来到人间的，要相信孩子都有很多优点，应该信任、喜爱、接纳，并让孩子感觉到来自父母的爱，从而产生自信。

3. 要给孩子以鼓励

父母是孩子最信赖的人，父母的话能造就一个孩子，也能毁掉一个孩子。清代教育家颜元说过："数子十过，不如奖子一长。"无数事实说明，过多的批评指责可以使一个人自卑内向，甚至毁灭一个孩子；而夸奖、赞美和鼓励，常常给孩子以巨大的力量。试想，当孩子想做一件事的时候，父母总是说"你不行的"、"你做不好"这类的话，孩子潜在的能力或许就此被遏制了，永远无法发挥。

自信这一可贵素质，正是靠一点一滴的鼓励培养起来的。

4. 让孩子认识到自己的长处

父母要帮助孩子认识自身价值和潜力，发现自身的长处。自信心是建立在充分估价自己的基础之上的，要增强孩子的自信心，必须帮助他们认识到自身拥有的潜能和广阔的发展可能性，使他们深信：只要在某些领域持之以恒，就一定能做出成绩。一个成功的家长所要做的，就是帮助孩子获得这方面的认识，使他们学会善于分析自己的长处和短处。同时，考虑到自身的特点，在保证孩子全面和谐发展的同时，针对孩子的特点和优势，帮助他们及早确立奋斗目标和远大理想，用美好的前景激励他们形成顽强的自信心和奋斗精神。

5. 建立合乎孩子能力的目标

父母怀有一颗期待之心，帮助孩子建立每一阶段的适合的目标。目标不能定得太高，如果超过了限度，容易使孩子产生失败感，丧失信心；也不能把目标定得太低，如果孩子完成得轻而易举，就会变得轻率和骄傲。

6. 让孩子做力所能及的事情

那种事事依赖、处处顾惜的孩子总是期待照顾，怀疑自己的能力，缺乏自信。对此，父母可以创设宽松的心理环境，允许孩子尝试，放手让孩子去想，去做，多提建设性意见，少为孩子做不必要的帮助，每天给孩子简单的任务，让他独立完成。

7. 让孩子从成功的喜悦中获得自信心

培养孩子自信心的条件是让孩子不断地获得成功的体验，而过多的失败体验，往往使孩子对自己的能力产生怀疑。因此，应根据孩子发展特点和个体差异，提出适合其水平的任务和要求，确立适当的目标，使其经过努力就能完成。

8. 让孩子有成就感

孩子有成功的表现或得到肯定的评价，就容易建立自信心。例如，一个孩子给爸爸画了一幅画像，拿给妈妈看，妈妈若称赞他“这个爸爸画得真好”，对孩子建立自信心就起了重要的作用。相反，如果妈妈说“你画的爸爸一点儿都不像”，就会伤害孩子的自尊心，可能使孩子从此失去绘画的乐趣和信心。

9. 善于发现孩子的闪光点

最胆小怯懦的孩子，偶尔也会有大胆的举动，也会做得很好，也许在常人看来这微不足道，但做父母的必须努力捕捉稍纵即逝的闪光点，给予必要的乃至夸张的表扬鼓励。同时，不要对孩子有过高的期望值，要发展地看待孩子，肯定孩子的点滴进步，改变不良行为习惯。

10. 坚持正面教育原则

孩子年幼无知，天真活泼，心灵纯洁，好像一张白纸。父母要相信孩子最容易接受良好的教育，相信孩子有培养前途。否则，对孩子不相信或信心不足，认为孩子“没出息”、“不可救药”，流露于言谈，表现于行动，势必影响孩子的信心，动摇培养孩子的决心，伤害孩子的自尊心，挫伤孩子的自信心。

教育实践证明：那些缺乏成功体验，经常受到呵斥责骂的孩子往往丧失自信心。在一般情况下，即使聪明好学的孩子，如果经常受到各方的消极评价，久而久之也会动摇甚至丧失自信心。

要使自己的孩子获得坚强的自信心，保持积极进取的精神状态，父母要多表扬、鼓励，少批评、贬低，肯定取得的成绩，对孩子充满信心和希望。

第十二章　给孩子宽容的阳光

◎ 宽容是一种良好的心态

◎ 孩子的宽容之心来源于父母

◎ 要允许孩子犯错误

◎ 帮助孩子分析错误的原因

◎ 给孩子解释的机会

◎ 要宽容孩子的错误

◎ 失败是成功之母

◎ 学会宽容　受益一生

◎ 怎样学会宽容

宽容是一种良好的心态

什么是宽容？宽容就是你把一只脚踩在了一朵紫罗兰上，紫罗兰却把花香留在了你的脚后跟。

“世界上最宽阔的是海洋，比海洋宽阔的是天空，比天空更宽阔的是人的胸怀。”这是文学大师雨果对宽容的形容。宽容是海，能容下江河，也能容下小溪，能容下争流的百舸，也能容下漂浮的扁舟；宽容是山，能容下灿烂的鲜花，也能容下带刺的荆棘，能容下参天大树，也能容下低矮的小草。

宽容是一种美德，是每一个人成就大业必备的素养。宽容是坚强，不是软弱。宽容是以退为进，是一种积极的应对。宽容地对待身边的人，我们就会有“退一步海阔天空”的感觉和“化干戈为玉帛”的喜悦。

宽容是一种高尚的境界。一个人如果能够真诚地宽容别人的过失，那么，他的境界就上升了一个层级；一个人学会了宽容，就等于找到了一种提高自我的有效方法。

宽容能让别人感到松弛，也能让自己感到宽慰。宽容是金。做人宽容一点儿，我们的生活便会更加和谐美好。

“海纳百川，有容乃大。”一个人善于宽容，他的人格才会像海一样伟大。宽容看似退缩，却扩大着心灵的外延。

宽容不是无端退让，不是怯懦容忍，不是无原则的和稀泥。宽容是饱含自信的微笑，是面对他人的从容。宽容是一种良好的心态，是一种难得的处世佳境。

孩子的宽容之心来源于父母

生活中需要有宽容，宽容后面是阳光。它是人际关系的润滑剂，是强者接纳生活的一种乐观态度。

宽容是一种品德，也是一种智慧。父母让孩子学会了宽容，孩子就掌握了跟任何人交往的智慧。

孩子的宽容心是一种珍贵的感情，它主要表现为原谅别人对自己所犯的错。这种感情对于孩子的个性发展，尤其是情感的健康发展，以及对于孩子良好人际关系的建立，有着非常重要的意义。富有宽容心的孩子往往心地善良，性情温和，讨人喜爱，受人拥护；缺乏宽容心的孩子性情怪诞，易走极端，没有亲和力，人际关系往往不好。

做父母的，既可以把自己的孩子培养成胸怀宽广的人，也可以把孩子培养成心胸狭隘的人。为了孩子的幸福，同样为了孩子的学习，为了孩了将来有所作为，应当教孩子学会宽容。

宽容之心主要来源于父母的言传身教。孩子最初是从父母那里学习待人接物的方式的。父母宽容大度，遇事不斤斤计较，与邻里、同事融洽相处，孩子就会学着父母的样子处理同学之间的关系，也会变得宽容、好善，乐于与人相处。同时，家庭成员间要友爱宽容，让孩子从小生活在温馨、和谐、友爱、宽容的家庭环境中，潜移默化，逐步形成宽容忍让的良好品质。

宽容决不是纵容，不是无原则的宽大无边，而是建立在自信、助人和有益于社会基础上的适度宽大，必须遵循“大事讲原则，小事讲风格”的态度。宽容也不是软弱的象征，而是能以博大的胸怀理解、宽恕别人，是有肚量、有能力的表现。

父母要教会孩子，懂得站在对方的立场思考问题。当孩子和同伴发生不愉快时，引导孩子设想：如果你是对方，此时会怎么想，怎么做？

要允许孩子犯错误

犯错误是孩子成长的必修课程。孩子是一个正在成长的个体，有很多事情，父母不能代替孩子去感受并告诉他，只有当孩子亲身经历过，才能有所感悟。这些其实是孩子成长的资源，孩子能从错误的体验中获得成长资源，然后一步步地完善。

作为父母，要做的不是竭尽全力地预防孩子犯错，也不是在孩子犯错的时候一味责罚，而是要给孩子尝试并改正的机会。父母不妨把犯错看成一个教育的良机，让孩子从错误中获得成长的资源。

然而有很多父母面对孩子的错误总是又打又骂，他们要求孩子做事百分之百正确，不能容忍任何错误。这种行为对孩子来说是不公平的，因为孩子各方面发展还没有成熟，犯错误是他成长过程中的必修课，不犯错误的孩子长不大。

心理学家认为，孩子小的时候，会将所有的情绪，比如快乐、愤怒、悲伤、骄傲、灰心等情绪都体验一次，并在人生道路上留下痕迹。这些痕迹，也会成为孩子成长道路上可利用的资源，通过

“心理反刍”，找到解决问题的办法。

如果父母一味地防止孩子出现错误，就会使孩子失去实践的机会，缺少这样的体验。如果哪天父母没在身边，孩子遇到同样事情时就会缺少免疫，有可能犯更大的错误。父母不可能一辈子跟随在孩子身边，让孩子体验错误，也算是教了孩子人生的课程。

当然，不是说鼓励孩子犯错，而是应当顺其自然，顺应孩子的天性，让他在相对宽松的环境中自由、快乐地成长。在成长过程中，应该多些体验和感知，多一些不同的经历，获得书本上学不到的教训。虽然表面上是在犯错误，其实孩子能从中学会预见行为的后果，更能承受不愉快的处罚和压力，开始懂得什么是好，什么是坏。

帮助孩子分析错误的原因

其实，每个孩子都容易犯错误。如果每次犯错，父母都采取斥责打骂的态度，只能治标不治本。有的孩子也许会慑于父母的威严，短时间内变得循规蹈矩；但对于那些固执倔强的孩子，打骂只会更加激起反抗心理，父母越是打骂，他越是我行我素。

在对待孩子犯错误问题上，有比斥责更有效的方式，那就是在赞赏鼓励中帮助孩子认识错误，改正错误。孩子的自我约束力毕竟有限，犯错误在所难免。父母不能粗暴对待，应该帮助孩子分析错误出在哪里，为什么会出现这样的错误以及如何改正。

父母掌握对待孩子错误的更好方法，明白只有用宽容和赞赏才能让孩子认识到错误，并改正错误，他的这个方法显然成功。让孩子在宽容和理解中更深刻地认识到错误，并从错误中找寻原因，帮助孩子分析错误的根源所在，引导和帮助孩子尽快地改正错误。

父母们应该明白：犯错误是上帝给孩子们的权利。好像曾经迷路的孩子才不会忘记回家的路，而孩子只有在犯错然后改错的过程中，才能不断走向成熟，迈向成功。

给孩子解释的机会

当孩子犯错时，父母一定要冷静地对待孩子的过错，因为一件看似简单的事情，它的背后却往往没那么简单。也许孩子做错事的初衷是好的，也许孩子做错的事的确情有可原。总之，应当尽可能给孩子解释的机会，以便了解事情的真相，只有这样，孩子才能心悦诚服地接受教育。

往往有很多父母在知道错怪了孩子后，总是一句："是我错怪你了，但你这孩子怎么不早说呢?"父母大概没想过，自己到底有没有给过孩子解释的机会?

在现实生活中，这种情况也经常发生，当孩子犯了一个小错时，父母总是单凭自己了解的情况，就对孩子的行为做出一些不中肯的评价和指责。当孩子要申辩和解释的时候，父母通常会更加生气，认为孩子是在狡辩，对孩子说得最多的也是"不用解释"。可以想象，孩子这个时候该有多么委屈啊！虽然父母在事后为冤枉了孩子而道歉，对他的伤害却是无法弥补的。

当孩子出现错误时，父母的第一反应就是责骂孩子，而不给他解释的机会。如果父母不管孩子是否做错了事情，都不问缘由，直接把责任推到孩子身上，一味地批评和处罚孩子，那么，孩子就会对父母产生不信任感，甚至产生逆反心理，和父母对着干。

父母看到孩子犯错误时，不要劈头盖脸地斥责，应该给孩子解释的机会，让孩子把事情说清楚，然后下定论。

要宽容孩子的错误

在孩子犯了错误时，父母应当宽容地对待。这样不仅可以安慰孩子的心灵，更重要的是能让孩子通过这件事情吸取经验和教训。如果一味地批评和责骂，只会让孩子感到恐惧，反而淡忘了事件本身。这样再犯错误的时候，就只会想到隐瞒父母，逃避责罚。

其实有时候，孩子犯错误出于好心，正所谓好心办坏事。孩子的心灵单纯，不明白也许好意会给父母造成伤害。这个时候，父母更应当宽容地对待孩子，要让孩子在宽容中吸取教训，得到成长和进步。

孩子成长过程中，难免会犯错误，不小心摔坏或是毁坏了东西是常有的事。对于不小心所造成的破坏，孩子其实很后悔。如果父母不懂得宽容，也许会造成难以弥补的伤害。

面对孩子的错误，父母应当宽容和安慰，而不是批评和指责。批评和指责不仅于事无补，还会对孩子造成伤害，甚至影响孩子和父母的感情。孩子会害怕受到批评指责，故意隐瞒或欺骗父母，养成说谎的坏习惯。

失败是成功之母

俗话说："失败是成功之母。"平心而论，我们谁没有经历过失败呢？我们每个人都是从失败中成长起来的，只有允许失败，才能看到成功。当孩子出现失败时，如果过分苛责，只会加重紧张情绪和心理负担，让孩子不停地重复失败。

没有一个人的成长道路是一帆风顺的，总会或多或少地遭遇挫折和失败，孩子也是这样。有些父母望子成龙，望女成凤，不允许孩子出现失误，为了孩子的前程，他们处处防患于未然，不让孩子有失败的机会。这样做真的对孩子的前程有好处吗？

其实失败也能带来好处，孩子的失败并不可怕，相反还能对成长有所帮助，可怕的是父母不允许失败，造成对自己没有信心。只有当父母允许孩子失败，并从失败中了解孩子，指点孩子，找到教育的契机，才能让孩子不断成长和进步。

世上没有不犯错误就能成长起来的人。从某种意义上讲，孩子的成长过程就是不断犯错又不断改正的过程。多给孩子一些宽容和理解，帮助孩子从错误走向成功。

学会宽容　受益一生

宽容不仅显示一个人的礼仪风貌，也突显一个人的道德境界。宽容其实是一种大度，一种涵养，是一种积极的生活态度，对孩子的为人处事非常重要。

宽容是一种美德，当别人不小心伤害了你时，宽容他的同时你也会感到莫大的快乐。父母要告诉孩子，对于有损自己的事情，尽量不要耿耿于怀，能不计较的尽量不去计较，笑一笑就解决的问题，就洒脱地笑一笑。

宽容是做人的风度和境界。就像“赠人玫瑰，手留余香”一样，宽容别人也是为自己赢得被宽容的机会。告诉孩子，宽容可以消除许多无谓的矛盾，化干戈为玉帛。懂得宽容的孩子，容易受到人们的欢迎，这是与人相处及合作的重要条件。

教育孩子无小事，每一时、每一刻发生在父母和孩子之间的事，都应该谨慎对待。这些小事可以透视孩子在做人处世方面的不足或缺陷，父母应该随时给孩子正确的引导，教会孩子做人的道理，让孩子学会宽容别人，学会关爱别人，使孩子健康成长。

学会宽容，孩子才能与人友好相处，使孩子融入集体之中，更好地学习和快乐地生活。孩子长大后，才有可能有良好的人际关系，才能被人们接纳和认可。这样，孩子才能在为人处世中看到自身价值。

父母应该让孩子知道：宽容就是不计较别人的不妥之言，虚心学习别人的优点，容人之长；正确看待别人的缺点，容人之短；对别人的错误不记旧账，容人之过……但是宽容绝不能不讲原则，不分是非，笼统地宽容一切。宽容不是怕人，不是懦弱，不是盲从，不是人云亦云。必须让孩子知道宽容是明辨是非之后对同学、朋友的退让，而不是对坏人坏事的妥协。

让孩子学会宽容，他才不会纠缠于流言蜚语、小事瓜葛之中，他才能安下心来，按照自己的计划去实现理想。宽容是一种非常重要的品质，更重要的，宽容是一个孩子在社会上健康发展的能力，它是一个社会人必需的智慧。有了这种能力和智慧，孩子才会成就一番事业。

孩子学会了宽容，就不会为小事心烦，更不会心生怒火和仇恨，保持愉快的心情生活、学习和工作。要知道，轻易烦恼会伤及大脑，动辄发怒会伤肝脏，经常记仇会淡忘善良。为了健康成长，应该让孩子学会宽容。

怎样学会宽容

宽容是一种修养，是一种品质，更是一种美德。宽容不是胆小无能，而是一种海纳百川的大度。父母要从小培养孩子拥有一颗宽容的心。学会了宽容，他就掌握跟人交往的智慧，就会拥有一份很好的人际关系，成年后的生活就会更加快乐和幸福。

那么，如何培养孩子的宽容品质呢？

1. 教孩子学会读书

父母应该告诉孩子，书籍是人类进步的阶梯，读书是一种有效的陶冶情操的方法。要鼓励孩子读各种有益的书籍，让孩子从书籍中学习做人做事的道理，进一步锻炼自己的胸怀。

2. 让孩子学会理解他人

理解带来宽容，宽容带来和谐。父母应该让孩子明白，每个人都有缺点和不足，只要不是品质方面的，不是反社会的，就应该理解别

人，宽容别人，接纳别人。对于别人对你的无心伤害，没有必要斤斤计较。让孩子学会以一颗平常心对待别人，理解别人。每个人都有这样或那样的缺点，也会犯这样或那样的错误，而只有学会理解别人，才能容忍别人的缺点和错误。也只有这样，才能真正体会到宽容的意义。

在孩子与同伴交往过程中，父母要特别注意引导孩子学会理解他人。面对比自己强的同伴，不心生嫉妒；面对不如自己的同伴，不嘲弄和讥讽对方；面对竞争对手，不暗中算计对方。当孩子真正学会了理解，才能主动向优秀的同伴学习，帮助比自己"差"的同伴，学会与竞争对手合作。也只有通过交往，孩子才能体会到宽容的意义，体验到宽容带来的快乐。

3. 教孩子善待他人

让孩子明白，他人是一面镜子，你怎么对待他人，他人也会怎么对待自己。善待他人，也就是善待自己。对他人怀有一分善意，与人和谐相处，也会受到欢迎。

时刻怀有与人为善的心，才会做到宽容他人，也使自己获得善待。孩子一旦学会善待他人，就有了一颗友善、宽容的心。那么，自然会在日常生活中宽容他人。

4. 教孩子换位思考

父母要教导孩子站在对方的角度思考问题，思考对方行事和说话的原因。如果孩子能够做到这一点，就能够理解对方，减少不必要的矛盾。如，教孩子站在父母的角度考虑，就会理解父母的良苦用心，站在祖父母或外祖父母的角度考虑，就会理解老人那份关爱和唠叨；站在老师的角度思考，就会理解老师的艰辛；站在同学的角度思考，就会觉得大多数同学是可爱可亲可交的。教孩子学会心理换位非常必要。

5. 让孩子帮助别人改正错误

让孩子学会宽容别人的缺点和错误，并在适当时机帮助他们改正。父母要让孩子明白，每一个人都有缺点和不足，学着用一颗宽容的心去接纳别人，适当的时候用恰当的方式帮助别人改正不足，在帮助别人的同时，也修炼了自己的道德素质。

6. 利用身边的事情对孩子进行教育

在生活中，难免与别人发生摩擦。当别人不小心踩到你，应该摆摆手，说声没关系；当别人弄坏了你的东西，向你道歉时，你应该宽容地付之一笑。这样可以减少无谓的摩擦，我们的生活会更加和谐美好，孩子会从你身上学到宽容。

7. 鼓励孩子多交往

父母要让孩子多和别人交往，在交往过程中，建立彼此理解、相互宽容、相互谅解的人际关系。让孩子在发生矛盾的后果中体味到只有团结友爱、宽容谦让，才能享受共同玩耍的快乐。

8. 鼓励孩子接受新生事物

父母要引导孩子见识新生事物，让孩子喜欢并乐意接受新生事物，承受事物所发生的意想不到的变化，懂得知变和应变。如让孩子了解奇观奇迹，观察生活日新月异的变化，允许孩子独辟蹊径地解决问题等。孩子一旦养成这样的习惯，他对世间的万事万物也就具备了宽容之心。

第十三章　给孩子理解的阳光

◎ 要站在孩子的立场看待孩子

◎ 要蹲下来与孩子说话

◎ 要耐心倾听孩子的声音

◎ 了解孩子“发脾气”传达的信息

◎ 理解孩子的“坏脾气”

要站在孩子的立场看待孩子

美国一个孩子给父母写过这样一封信：

> 我的手很小，无论做什么事，请不要要求我十全十美；我的脚很短，请慢些走，以便我能跟得上您；我的眼睛不像您那样见过世面，请让我自己慢慢观察一切事物，并希望您不要过多地对我加以限制。
>
> 家务事是繁多的，而我的童年是短暂的，请花些时间给我讲一点儿世界上的奇闻，不要只把我当成取乐的玩具。
>
> 我的感情是脆弱的，请对我的反应敏感些，不要整天责骂不休。对待我应像对待您自己一样。
>
> 我需要您不断鼓励，不要经常严厉地批评、威吓我。您可以批评我做错的事情，但不要责骂我本人。
>
> 请给我一些自由，让我自己决定一些事情，允许我不成功，以便我从不成功中吸取教训。总有一天，我会自己决定自己的生活道路。
>
> 请让我和您一起娱乐。孩子需要从父母那里得到愉快，正像父母需要从孩子那里得到欢乐一样。

当孩子小的时候，父母以为自己很成熟，用成人的眼光看孩子时，总觉得孩子天真幼稚，处处以长者的身份指挥孩子的一言一行，并不曾真正走进孩子的心灵，体会孩子的感受。殊不知，用世故的眼光看孩子，除了发现孩子的缺陷外，很难理解童心的纯真，很难欣赏孩子的优点。

当孩子渐渐长大，父母猛然发现，自己已经和孩子越离越远，代沟越来越宽。正确的思想和经验已经无法逾越这道鸿沟传递给孩子，最终导致教育失败。

孩子就像一本无字的书，从童年到少年，从少年到青年，父母一页一页地往后翻，却发现真正读懂十分困难。

其实，每位父母都曾经是孩子，都有一颗隐藏的童心，只是因为生活中的种种让父母失去了童心，因此丢失开启孩子心灵的钥匙。

假如父母从一开始就能做到和孩子一起成长，用孩子的眼光看孩子，时刻保持一颗童心，那么，随着孩子的成长，你会发现，在孩子慢慢读懂这个世界的同时，你也慢慢地读懂了孩子这本书，走进了孩子的心灵世界。

如果你依然拥有一颗童心，一种孩童的眼光，那么，请继续保持下去，让它随着孩子的成长而成长；如果你已经丢失了它，请努力把它找回来。当你重新拥有一颗童心，你才可能走进孩子的心灵世界，成为孩子的心灵导师。

其实，孩子的需要很简单：要父母理解他，不要苛求完美；要父母多用点儿时间陪陪他，不要让他孤孤单单；要父母多多鼓励他，不要经常批评责骂；要父母给他一些自由，让他自己尝试去做事。

要理解孩子并不难，只要你能将心比心，站在孩子的立场上为他考虑，就会理解并感受到孩子的喜怒哀乐。

父母必须以孩子的眼光看待孩子，这是了解孩子的重要原则之一。

在日常生活中，父母要站在孩子的立场上，设身处地体验孩子的真实感受，多一分理解，少一分训斥。

只有这样，才能跟上孩子的发展变化，了解孩子不同时期的心理特点，了解孩子的兴趣、爱好、性格的变化，理解孩子的欢乐和苦恼；只有这样，才能加强与孩子之间的沟通，缩短与孩子之间的距离，奠定母子或父子心灵接近、心理相通的基础，创造孩子成长的宽松氛围。

要蹲下来与孩子说话

圣诞节晚上，一位母亲带着五岁的女儿去参加圣诞派对。五彩缤纷、灯光闪耀的房间里挂满了可爱的小饰物，糕点、糖果、火脚、烤火鸡、香槟等各种各样的美食摆满了餐桌，高大、茂盛的圣诞树挂满诱人的礼物……

母亲兴高采烈地和朋友们打着招呼，领女儿在晚会的各个角落之间穿梭。她以为这些美丽的东西和新奇、友好的氛围会让女儿开心，事实上女儿一直不高兴，甚至几番哭了起来。她耐心地哄女儿，并让她做一些诸如和大家问好、吃点儿东西一类事情，但女儿什么都不照做，甚至最后耍赖一样坐到地上，鞋子也甩掉了。

她气愤地把女儿从地上拖起来，严厉地训斥一番。然后，蹲下来给孩子穿鞋子。就在她蹲下来的那一刹那，她惊呆了：眼前晃动着的全是巨大的臀部和粗壮的大腿，刚才所看到的笑脸、美食和鲜花完全被这些大腿、臀部遮挡。

她明白了女儿为什么会不高兴。她蹲下来的高度正是女儿的身高，而在这个高度看到的世界，不仅是毫无美感和趣味的，甚至是可憎的。

她马上抱起孩子，想离开这个派对，可就在此时，原本哭闹的小女孩突然不哭了，并且指着远处笑了起来。妈妈顺着孩子的手看过去，噢，原来圣诞树上挂着一个女儿喜爱的玩具。

小女孩此时刚刚被新奇、有趣的圣诞晚会吸引。于是，妈妈一直抱着她，直到晚会结束。小女孩度过了一个美好的圣诞夜晚。

以往，我们提到和孩子保持平等时，往往指心理上的平等。这个故事提出一个新的视角——高度的平等。让孩子和我们同处一个高度时，他们才能发现、感受和我们同样的乐趣。同样，当我们和孩子同处一个高度时，才能真正明白孩子的心中所想，眼中所见。

当跟孩子讲话时，一定要蹲下身，和孩子站在同一视平线上，用孩子的眼光看世界，才能真正了解孩子。

孩子的世界和成人的世界隔着时间的距离，也隔着空间的距离。我们要穿越那几十年，回到儿童时代，也要压缩那几十厘米的高度，和孩子观看同样的世界。蹲下来，无疑是实现父母与孩子之间平等的最简单有效的方法。

要耐心倾听孩子的声音

这个世界的大多数人需要倾诉，孩子也不例外，或者说孩子倾诉的需求更强烈。

大多数家长努力为孩子创造幸福舒适的生活环境。这个环境中的物质过剩，精神却极其缺乏。孩子过得并不快乐，毕竟，幸福感并不决定于物质多寡。

心灵的快乐比物质需求更让孩子渴望。成长中的烦恼多如牛毛，孩子需要理解，需要关注，需要交流，需要有个可以随时倾诉的对象，为他提供一个发泄出口，为他搬走烦恼堆成的巨石。

实际情况是，孩子往往找不到人倾诉。有些事无法和同学说，因为有些烦恼是和同学一样的，两个孩子在一起，不会想出更好的办法；也不能和朋友讲，因为有些烦恼就是因朋友而产生的；更不可以和老师说，因为学生和老师很难站在一个立场上看问题。最好的倾诉对象是父母，尤其是脾气好、有耐心的妈妈。妈妈似乎不是上班就是忙于家务，剩下一点儿时间督促孩子学习，根本没工夫听孩子诉说烦恼。

这种对感情的忽视，妨碍了孩子心灵的成长，直接导致悲剧发生。家长不反省自己对孩子的情感疏忽，反而责怪孩子不懂事，逆反心理太强，进而和孩子发生激烈的矛盾冲突，结果不仅影响孩子的生活和学习，还影响了亲情。

从少年儿童的年龄和心理特点看，孩子需要宣泄。现在的孩子学习压力比较大，不仅要在学校进行各种课目的学习，还要参加家长强迫的各种所谓“课外活动”。

父母应该放下手中的家务，放下正要去做的要紧事，快和孩子一起谈谈心，说说话。想想看，还有什么能比为孩子排解烦恼，提供心灵营养更要紧的呢？爱孩子，就要倾听孩子的倾诉。

了解孩子“发脾气”传达的信息

抚育孩子不是一件容易的事。父母稍不注意，就会伤害孩子幼小的心灵，给孩子的成长带来不利影响。

每个孩子都有脾气。当孩子在公共场合，当着众人的面大发脾气的时候，父母通常会觉得很没面子，想好好教训一下孩子。父母却很少关心孩子此时的心情和情感需要，不去了解孩子为什么会发脾气，而是将孩子发脾气定论为“胡闹”，并加以压制。这样做只会让孩子产生抵触心理，无法改变孩子常常发脾气的症状。

孩子发脾气，其实是向父母传达某些信息，表达内心的需要。比如要父母注意自己，或是要达成某个愿望等。这个时候，父母不能急着纠正，而是要找到孩子发脾气的原因，了解孩子内心的需要。当孩子意识到你能理解他的心情，明白他的需要时，他才会渐渐平静下来，听从你的教导。

当孩子脾气发作的时候，父母总是束手无策，狼狈不堪。很多父母不问缘由地责骂孩子一通，这样做不仅于事无补，甚至会让孩子哭闹得更凶，严重影响孩子的情绪，损害孩子健康。正确的做法是，找出孩子发脾气的原因，然后对症下药。

父母应该明白：发脾气是孩子正常的情绪宣泄，应当允许孩子发发小脾气。只有找到孩子发脾气的原因，才能真正安抚孩子。假如孩子正为某件事生气，你不妨安静地坐在一帝等待孩子，允许他发脾气，直到他平静下来。你温和的注视告诉孩子一个信息：我是爱你的，我在注意你的感受。这样孩子既宣泄了心中的怒火，又感受到了父母的爱意。

作为训练有素的成人，应当以身作则，控制情绪，创设良好的家庭环境。如果父母动不动就发怒，又怎能控制孩子的情绪呢？父母的平静，能让孩子保持积极的情绪，学会控制不良情绪。

喜怒哀乐毫无掩饰地表现在父母面前，这是孩子的天性，也是及时宣泄各种情绪的通道。父母应当允许这种毫无保留的宣泄，在理解的基础上进行引导，保证孩子健康成长。

理解孩子的“坏脾气”

孩子都有耍脾气的时候。教育专家认为，当孩子耍脾气时，父母首先应当理解，然后采取适当的方法，使孩子的心情由“阴”转“晴”。

当孩子学会走路之后，就会什么都想自己来。比如，吃饭的时候，一定要自己吃，因为还不会用勺子，撒掉的比吃进去的还多，最后他会用手抓着吃。这时，很多父母都会忍不住，抱过孩子来喂他吃。为了培养孩子的自发性，父母最好不要阻止。

当孩子表现出自发性时，常常要做一些力所不能及的事情，而且一旦做不好，还会大发脾气，不是“哇哇”哭闹，就是在地上撒泼打滚，或者乱扔东西。对于父母来说，这确实是伤脑筋的事情，父母总是习惯性地训斥孩子说：“不行！”“不准！”要么立即满足孩子的要求。

我们在商店玩具柜台前常常看到这样的现象：孩子要父母买某件玩具，父母不肯，孩子就大发脾气，吵闹不止，甚至躺在地上打滚。父母怕丢面子，赶紧满足孩子的愿望，使孩子停止吵闹折腾。

这样的做法往往会让孩子脾气越来越大。孩子觉得，只要自己发脾气，在人前大闹，就可以得到想要的东西。于是，每当孩子有了新的愿望，父母又不答应时，孩子就会大发脾气，迫使父母屈从。长此以往，孩子将会得寸进尺，脾气越来越大，变得越来越任性、粗暴。

其实，孩子不是天生就有“坏脾气”，很多是父母惯出来的。当孩子第一次为了实现愿望，以发脾气为手段威胁父母时，父母担心孩子哭坏嗓子，或是怕在公共场所丢面子，往往会满足孩子的愿望。这就使孩子发脾气这一行为得到强化，让孩子懂得可以用“发脾气”获得想要的东西，最终成为有“坏脾气”的孩子。

孩子发脾气的原因很多，有的因为疲劳或受到挫折发脾气，有的为了引起父母注意而发脾气，还有恶作剧地发脾气。在孩子发脾气时，父母不能一味地责骂或顺着孩子，应当先了解孩子发脾气的原因，尽量从孩子的角度看问题，平静地注视孩子，耐心地等待孩子安静下来。

孩子这些“坏脾气”的行为，正是意欲成长的表现。这段脾气暴躁期，也是孩子成长必经阶段，父母应该了解这一点。不要因为孩子的坏脾气去责怪、训斥，或是事事顺着他。

第十四章　给孩子鼓励的阳光

◎ 鼓励孩子张开想象的翅膀

◎ 鼓励孩子的好奇心

◎ 鼓励孩子的兴趣

◎ 鼓励孩子有梦想

◎ 鼓励孩子说出内心的想法

◎ 鼓励孩子独立解决问题

◎ 鼓励孩子多交朋友

◎ 鼓励孩子知足常乐

鼓励孩子张开想象的翅膀

孩子的成长离不开家庭教育，良好的家庭教育能为孩子的成长打下坚实的基础。在家庭教育中，重心是父母；在众多教育方法中，鼓励是最重要的方法和手段。

很多人认识到，人的成功离不开自信的力量，自信又需要不断的鼓励。聪明的父母总是给孩子鼓励，使孩子的潜能充分发挥出来。心理学研究证明：鼓励能提高想象力和创造力，增强记忆力。事实证明：鼓励伴随孩子成长，能够培养勇气和信心。在父母的鼓励下，孩子会有更多成功的机会。

孩子因为好奇心强烈，总会有很多问题，作为父母，一定要鼓励孩子提问，为孩子展开想象提供宽松的环境，这样孩子才能保持想象力，进而激发创造力。

想象能力的高低可以看出孩子智力开发的水平。孩子这方面的能力突出，而且富有创造力，表现为智力开发得好。倘若想象力随着孩子的成长而成长，它就会表现为纷至沓来的灵感和自由感。奇特的思维特征，为创造力提供动力，并成为诗歌、小说、建筑、雕刻艺术乃至数学、物理、化学等各种学科革新的源泉。

只有注重想象力开发，才能培养孩子对音乐、美术、语言、绘画等多方面的兴趣或特长，使孩子逐渐养成善于联想和想象的良好习惯，日后在各种领域有所建树，创造辉煌的成果。

儿童期是培养创造力的关键时期，很多父母注重培养孩子的智力，也应该重视培养创造力。创造力的高低，主要取决于后天培养。培养创造力，就要鼓励孩子展开想象。

孩子在学习中需要借助想象力，没有良好的想象力，就无法正确理解教材内容。想象力还关系着创造力发展，生活中许多发明创造，都是从想象开始的。

想象力对孩子发展是极其重要的。父母应该知道想象力不是生来就有的，需要在生活中一点一滴地培养。那么，怎样培养孩子的想象力呢？

1. 创造宽松的家庭环境

只有在宽松和谐的家庭氛围中，孩子的人格才会受到尊重，家庭成员之间的关系才会是平等的、民主的。有什么事情，父母应该与孩子一起商量，共同想办法。如果孩子的意见比较中肯，父母就应该听从，这样可以鼓励孩子积极开动脑筋想象，培养创造力。

在孩子心目中，父母是最亲近、最可依赖的人，父母的肯定和赞许是激励孩子尝试和创造的源泉。父母在没有弄清楚之前，不能武断地下结论，断送了孩子的创造力和想象力。

父母要以开放的态度与提问回应孩子的问题，延续孩子思考与想象的空间。不要先行猜测孩子的意向，要引导孩子说明自己的创造，例如说："你花了好多时间做的，可不可以告诉我呢？"假设孩子做的是车子，那么"是个什么样的车子"会比"哦！原来是车子"更具鼓励性和开放性。对孩子的创造力要一边加以回应和赞许，一面把问题再抛出去，引出新的思考点，让孩子的表现和父母的回应像乒乓球一样，一来一往地激荡孩子的思考。

父母除了尊重与肯定孩子的创造力之外，还要做到不批评，简单武断的批评容易扼杀孩子尚处萌芽状态的创造力。

2. 到大自然中观察

把孩子带到郊外，让孩子观看环境，然后闭上眼睛，从感官的角度去想象，说出他听到了什么，闻到了什么，感觉到了什么。调动各种感官，从多方面去想象。

3. 给孩子讲述的机会

给孩子一幅画。图画不要太复杂，也不要太简单，最好有人物或动物。让孩子根据背景、人物和环境讲一个故事，让故事与图画相协调，成为图画的延伸和扩展。这样，不仅培养想象力，也可以从中了解孩子想象力的水平。

4. 在画画中锻炼想象力

知识性和趣味性强的图片，是孩子展开想象的立足点。鼓励孩子画画，鼓励他把头脑中想象的东西画出来。孩子画画时，父母不要代拟主题和内容，孩子想画什么就画什么，令孩子有广阔的想象空间。

5. 让故事丰富孩子的想象

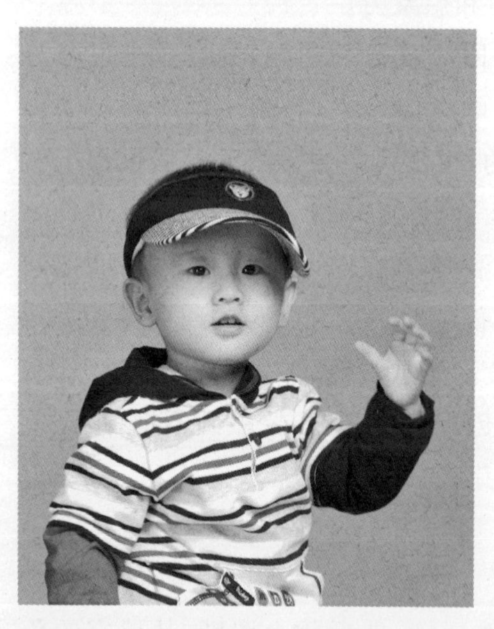

童话故事适合孩子想象的特点，经常听童话故事的孩子其想象力比不听或少听童话故事的孩子要丰富得多。最主要的是，父母讲完后，要让孩子复述。孩子可能有添枝加叶的地方，只要大意不变，父母应多多鼓励。千万不要泼冷水，以免挫伤孩子想象的积极性。

父母还可以把读到的有趣故事讲给孩子听，然后在结尾处留下悬念，让孩子发挥想象力去补充。结尾可以是一个，也可以是多个。

6. 在游戏中开发孩子的想象力

游戏是孩子的主要活动。父母在孩子游戏时鼓励他提出游戏内容，逐渐形成习惯，孩子的想象力就会提高。

7. 激发孩子的好奇心

好奇心是认识世界、探索自然和社会奥秘的重要的心理素质，是促进想象力发展的重要条件。如果把强烈的好奇心和科学的想象力结合起来，就会表现出很大的创造性。这样还能够培养丰富的情感，而丰富的情感又是激发孩子想象力的重要心理因素。

在创造性思维中，发散性思维尤其重要。发散性思维是一种从多角度、多方位探索问题、寻找答案的反常规思考方式，往往有想象和幻想成分的参与。因此，父母要鼓励孩子异想天开，标新立异。当孩子天真地向父母发问，或用自己的想象解释某种客观事物时，父母不能一笑置之或嘲笑，而应正面鼓励并积极引导孩子大胆幻想。在条件可能的情况下，促使孩子动手参与活动，在活动中寻求答案，发展创造性思维能力。

鼓励孩子的好奇心

孩子天性好奇，他们常常会指着那些新奇的东西，问这是什么，那又是什么，为什么会这样……如果一个孩子总在发问，总在剖析事物，父母会不胜其烦，认为是在添乱。这些让孩子表现出极大兴趣的新奇事物，往往只是大人们习以为常的东西。

父母不能因此而小看孩子的奇思怪想，这中间往往蕴藏着不可预测的潜能。著名教育家陈鹤琴说过："好奇是小孩子获得知识一个最紧要的门径。"

有人研究国际著名大学学生的学习动力后发现，所有的动力都来源于对知识的新鲜感，即好奇心。强烈的好奇心能使孩子产生学习的兴趣。孩子只有对学习产生了兴趣，才能从学习中体验到快乐，才会热爱学习，并主动学习。

世界上第一架飞机发明者莱特兄弟，小时候是一对富有好奇心的孩子。有一次，兄弟俩在大树底下玩，产生了爬上树去摘月亮的想法。结果，当然不仅没有摘到月亮，反而把衣服钩破了。父亲见此情况，不仅没有责骂，而是耐心地开导他们。

在父亲引导下，兄弟俩为能制作飞上天的"大鸟"而努力。这期间，父亲不失时机地买了一架酷似飞机的玩具送给他俩，激发了他们对制造升空装置的浓烈兴趣。他俩不断地学习升空技术方面的知识，翻阅了大量有关飞行的资料。在父亲的鼓励下，经过多次试验，兄弟俩终于发明了世界上第一架飞机。

好奇心是孩子们的天性，也是敢于探索新知，敢于创新的动力。创造精神就像一双巨大的翅膀，带着孩子在知识的天空里翱翔。父母可以从保护孩子的好奇心开始，培养他们的创造精神。

那么,父母怎样做才能保护孩子的好奇心呢?

1. 鼓励孩子观察生活,大胆地提出问题

日常生活中,有许多新奇的事物吸引着孩子。父母可以培养孩子从小事、细节中受到启发,引发更深层次的思考,鼓励孩子勇于发现问题。

2. 让孩子探索问题

不要只是注意丰富孩子的知识,不厌其烦地回答孩子提出的问题。要使孩子开动脑筋,独立思考。鼓励孩子查阅相关资料,寻找问题的答案。

3. 经常与孩子参加户外活动

可以和孩子多逛逛游乐园、动物园。户外活动更容易引发孩子的好奇心,是培养创造精神的环境。

4. 利用孩子好奇的事物培养创造精神

去图书馆借几本相关的书,或作为礼物送给他几本书。在书中找到事物发生发展的原因,鼓励他研究感兴趣的事,然后让他解释,研究你感兴趣的事,然后解释给他听。

鼓励孩子的兴趣

兴趣是个体以特定的事物、活动及人为对象,所产生的积极的和带有倾向性、选择性的态度和情绪。兴趣是无形的动力,是一个人走进成功大门的钥匙。爱因斯坦说:“兴趣是最好的老师。”有了兴趣,

才会有学习的动力。

一个孩子如果做他感兴趣的事，主动性将会充分发挥。即使过分疲倦和辛劳，他也能保持兴致勃勃，心情愉快；即使困难重重，他也不会轻易放弃，而是想办法克服。如果让孩子学感兴趣的知识，即使学习时间很长，也不会感到苦累，反倒像在游戏。大发明家爱迪生几乎每天辛劳工作 18 个小时，吃饭、睡觉都在实验室，丝毫不觉得苦。

作为家长，首先要欣赏孩子的兴趣，鼓励孩子的兴趣，支持孩子追求兴趣，成为善于发现孩子兴趣的家长。不管孩子的兴趣是不是你喜欢的，都应该以极大的热情去发现并支持，使孩子在他感兴趣的方面有所突破和成就。国际象棋大师谢军之所以脱颖而出，与母亲尊重她的选择有密不可分的关系。

作为孩子的第一任老师，父母应该掌握孩子的兴趣特点，重视兴趣培养。如孩子喜欢玩水，就带孩子去小溪边，给孩子提供一些辅助性材料，如盆子、木棍、游泳圈，让孩子尽情地玩水。在此过程中，孩子不仅能身心愉悦，而且可以使孩子了解水的属性，获得物体沉浮的相关经验。

兴趣可以促使孩子充分发挥主动性。

无论学习、生活还是将来的工作，都离不开热情和积极性，离不开充分发挥主动性。有了兴趣，孩子的主动性就有了保证。那些废寝忘食的学者，那些兢兢业业奋战在科学研究岗位上的人，那些夜以继日地创作的人，都是因为有兴趣。有了兴趣，他们才不会感到工作枯燥；有了兴趣，他们才会忘我地投入；有了兴趣，他们才会觉得工作是一种享受。

主动性是一种积极的心态，是一种迎难而上的作风。如果孩子在感兴趣的方面遇到问题和困难，他绝对不会轻易逃避，而是充分调动主观能动性，想尽办法努力克服困难。有了这种心态和斗志，孩子才能更好地发挥潜能，做出成绩。

兴趣还会给孩子带来乐趣。

兴趣如同给孩子安装上了强大的助推器。

鼓励孩子有梦想

梦想对孩子来说，有着非凡的魅力，对孩子的成长具有巨大的牵引和激励作用。孩子的梦想其实是自我理想化。父母帮助孩子向梦想迈进，会让孩子产生强劲的内驱力，他会在困难面前变得坚强，不退缩，主动去克服，并在征服困难的过程中得到快乐。

拥有梦想对孩子是极其重要的。如今许多父母，却根本不屑于孩子的梦想，他们总是用成人的眼光看待孩子的行为举止和想法，并轻率地给予“更正”或制止，使得孩子的想象力和兴趣受到限制，逐渐消失。失去梦想，也因此失去独立自主的能力、奋发向上的目标、勇于创新的愿望。在这种环境下成长起来的孩子，又怎么能够成为真正的人才呢？拥有自由的梦想，孩子才能健康快乐地成长。

孩子的思维常常插上梦想的翅膀，父母的责任很多时候不是告诉孩子答案，而是帮助孩子在梦想中飞得更高更远。

为了孩子有个美好的将来，父亲总是不厌其烦地提醒“要好好学习”，孩子却不明白父母的良苦用心，反而认为学习占用了玩耍的时间，从而对学习产生厌烦感。父母要求孩子“去学习”之前，不妨先让孩子谈谈他对未来的梦想，引导孩子说说想成为一个什么样的人，或是想从事什么工作。孩子很小，但会有这样一个“目标”。拥有目标，也许未必成功;如果没有目标,成功就无从谈起。

对孩子来说,梦想就是理想。孩子不仅要有理想,还要树立远大的理想。有“思”,才能有“为”,孩子将自己的理想定得高一些,便会在无形中给自己增加压力,激励自己奋发向上。

孩子的头脑就像一张白纸,可以写出美丽的诗句,可以描绘美丽的图画,可以有成人想象不出的梦幻。他们天真烂漫,热爱生活,思维活跃,善于奇思妙想。正是梦想生长时期。给孩子种上梦想的种子,它就会生根发芽,在爱的指引下长成参天大树。给他一个梦想,他将给你一个奇迹。

梦想是方向,梦想是动力。

孩子只有拥有远大的理想,才能够严格要求自己,向着目标不断努力,最终成为对社会有用的人才,实现父母望子成龙、望女成凤的心愿。

每个孩子都有自己的梦想,那是对美好未来的设计。对孩子来说,梦想有着无穷的魅力,它对孩子的成长具有巨大的激励作用,能让不可能发生的事情成为现实。儿童心理学家认为,梦想是孩子自我形象的理想化。对于孩子的梦想,父母要给予支持和鼓励。只有这样,孩子才会产生巨大的动力,才会主动想办法克服面临的各种困难,从中获得愉悦的情感体验。

人们不懈奋斗的目标就是要实现的梦想,像爱迪生、毕加索等成就卓著的人,他们的童年都有着绚丽多彩的梦。孩子没有梦想,就等于没有未来,一生将无所作为,而只有让孩子努力实现自己的梦想,孩子的梦想才会在成长的天空飞扬。从这个意义上说,孩子的梦想是珍宝。

孩子的梦想是各式各样的,与成人比较,他们的梦想更趋感性化。很多时候,他们的梦想全凭对一件事情无限度地发挥而产生。在这个过程中,只有自由自在的遐想,不受条条框框的限制,也缺乏经验和认识。这些梦想,有的是可以实现的,有的则是不可能实现的，有的看来似乎不可能实现，实际上包含着可以实现的因素，经过努力可能达到。很多情况下，梦想的实现同父母的引导、鼓励和帮忙是分不开的。

孩子是祖国的未来，家庭的重心，要想培养多方面技能，需要孩子有高涨的求知欲望，而梦想便是孩子拥有求知欲的动力源泉。孩子只有拥有梦想，才能在憧憬中勇敢地面对前进道路上的困难。

当然，在这个过程中，父母起着不可忽视的作用，因为孩子的发展方向是由梦想指引的，父母的态度左右着孩子的梦想。如何让孩子拥有自己的梦想，让孩子的梦想更加美丽，是父母思考的重要问题。

1. 珍视孩子的梦想

当孩子有了梦想，父母要感到欣慰和自豪，并给予充分的肯定。在这个过程中，父母不要给孩子泼冷水，哪怕孩子的梦想是幼稚可笑、异想天开的。只有父母的信任和支持，才能够给孩子力量和勇气，增强孩子的信心。

2. 帮助孩子完善梦想

父母要根据能力水平、志向爱好和身心发展的实际状态，对孩子的梦想给予适当的调整。梦想太高，孩子会在接连的挫折中丧失自信；梦想过低，无法激发潜能。只有给梦想一个恰当的高度，孩子才能在实现梦想的过程中逐渐建立自信心，不断向着目标攀登。

每个孩子都拥有梦想，却不一定都具有一定的高度。要想让孩子的梦想更高远，父母必须给予引导。正如法国著名作家、诺贝尔文学奖获得者罗曼·罗兰所说："生命是一张弓，那弓弦是梦想。"弦拉得越满，箭才射得越远。

鼓励孩子说出内心的想法

有很多父母，在遇到孩子叛逆的表现时，都会摇头叹气，不知道孩子到底在想些什么，不知道孩子为什么不肯告诉内心的真实想法。可是，父母有没有想过，自己有没有给过孩子表达真实想法的机会？

孩子是单纯的，考虑问题也很单纯，甚至是幼稚的。很多父母看到孩子略显稚嫩的想法时，没有倾听，有时甚至打断孩子的想法，久而久之，孩子就不会将自己的想法告诉父母。这样，父母又如何能打开孩子的心门呢？

父母应当鼓励孩子说出真实想法，即使想法很幼稚，也不要轻视或嘲笑，应该认真倾听，与孩子一起讨论解决问题的办法，让孩子体会到关爱和温馨。这样，孩子才会对父母更加信任和尊敬，愿意将自己的想法告诉父母，也有利于父母进行正确的引导。

其实，孩子懂事以后，就有了自己的思维方式，开始思考这个世界，思考他所遇到的每件事，并逐渐有了想法和观点。大人和孩子的世界不同，但在孩子成长过程中，一直在向大人靠近。孩子对大人世界的事情发表意见和想法，说明他有了独立的思考意识，这是非常可贵的。

这个时候，父母应当尊重孩子的想法，允许孩子将自己的观点表达出来，倾听孩子诉说。这样可以进一步锻炼孩子的思考意识和表达能力，还可以通过倾听孩子的观点，发现和了解孩子的真实想法，从而纠正成长过程中的一些错误思想。

孩子常常会在看动画片或漫画书的过程中产生一些想法。对于孩子世界里的这些东西，父母不能漠不关心，应当主动去了解它们，和孩子一起欣赏和思考。孩子主动和父母谈起他的世界的事情，是表示对父母的信任和依赖，是想从父母那里得到解答和安慰。这个时候，父母应当站在孩子的角度，理解和尊重孩子的想法，耐心地和孩子沟通。

大人的世界和孩子的世界应当是平等的，孩子的想法和大人的想法一样重要。所以，无论孩子想要讨论大人世界里的话题，还是孩子想要和父母讨论自己世界的话题，父母都应当允许孩子表达自己的想法，给他足够的时间和空间。

和孩子沟通应当从谈心开始，良好的沟通应由温和的言语做起，一句鼓励的话语，一次倾听，都是亲子关系的润滑剂。

鼓励孩子独立解决问题

独立自主是健康人格的表现。一个人只有学会了独立自主，才能在社会上立足。有的人会认为“独立解决问题”是成人的事情，其实真正要学习独立自主的正是孩子。只有从小学会了独立生存的能力，才能沉着地应对生活、学习乃至以后的事业。

现在的孩子多是独生子女，往往一屋子大人围着一个孩子打转，让孩子养成了衣来伸手、饭来张口的不良习惯。其实，孩子可以独立地完成某些事情，家长一味包办却剥夺了孩子的独立自主行为，造成孩子在面对需要独立处理的问题时，不知所措，一筹莫展。这样，孩子将来在社会上很难立足。

做父母的应该明白，孩子的人生

之路最终要他们自己走，父母帮得了一时，却帮不了一世，只有让孩子摆脱对父母的依赖，学会独立，才能翱翔于自由的天际。就像老鹰对小鹰一样，不断地鼓励，才能让小鹰摆脱妈妈的怀抱，冲向蓝天。

一个人的性格和习惯，一般都是在幼年时萌发形成的。有些人成年后还有很强的依赖性，与父母的教育脱不开关系。家长往往喜欢包办一切，让孩子养成依赖心理，失去了独立发展的空间。相比起来，欧美的父母更重视培养孩子的独立性格，他们总是鼓励孩子自己去思索，自己去动手，让孩子自己解决问题，领略知识。这样的做法显然比中国家长明智，对孩子的发展更有益处。

为了孩子能安心学习，父母总是说："你只要好好读书，认真备考就行了，其他事情你就不用管了，一切都有我们！"其实这种做法很不明智，会让孩子觉得什么都没关系，反正一切都有父母顶着。

国外的父母总是想方设法让孩子多吃些苦头。比如，刚刚学步的孩子跌倒时，中国的父母会赶紧将孩子扶起来。国外的父母决不会匆忙地跑向孩子，而是站在一边鼓励孩子："不要害怕，站起来，接着走！"

其实，谁不心疼自己的孩子呢？只是有的父母明白，要想孩子以后的人生更顺利，就要给孩子勇气，让孩子独立，这样他们才能从容应对挫折和失败，这远比扶起摔倒的孩子更具有意义。

有一句格言说："我听到的会忘掉，我看到的能记住，我做过的才真正明白。"鼓励孩子的独立意识，鼓励动手，可以让他在亲身体验中明白一些道理，有时候比父母的说教更有效。这种亲身体验对于培养孩子的坚强性格大有益处。

为什么有些孩子表现出惊人的勇敢和坚强呢？因为他们的父母舍得让自己的孩子承受苦难，善于鼓励他们独立自主，自己解决问题。

鼓励孩子多交朋友

社交是一种能力。社交智能高的人，善于以合适的行动方式，在特定的社交场合取得良好的效果。父母要鼓励孩子交朋友，不仅让孩子有了一个良好的朋友圈，而且锻炼社交能力。

孩子的健康成长离不开群体生活，孩子需要伙伴，孤独会对他们的心理造成伤害，经常产生孤独感的孩子更容易形成不健康的心理和性格。不要以为孩子只有学习才重要，从而忽略孩子的正常需求。要知道，如果孩子长大以后只会学习、工作，不知如何与他人交往，是无法适应社会的。

交往是孩子的基本需要。孩子从幼年起，就有强烈的寻找伙伴的倾向，这是合群性的反映。同时，交往能够有力地促进孩子的发展。孩子只有与环境相互作用，才能得到发展。其中，与人交往是重要的一环，对孩子个性、情绪情感、智力能力的发展都有重要作用。

随着独生子女增多，很多父母把自己的孩子看成小太阳，不让受一点儿委屈。孩子在与小伙伴交往过程中难免有摩擦。有些父母怕孩子受委屈、受欺负，不让孩子与小朋友玩。这种做法往往造成孩子性格的孤僻、怯懦、胆小，以自我为中心。很多被长期关在家里的孩子，因缺少与人交往，特别是与小伙伴交往的条件，严重影响了个性、语言、智力等方面的发展。

早在1920年，当心理学家们强调智商高低对个人生活的重要性时，爱德华·汤姆代克就提出社交智能的概念，并指出社交智能和传统智能最大的分别在于它们有不同的应用范围。智商可以帮助人理解、解决较为抽象和概念化难题，社交智能可以促进理解和解决较为具体、实际，特别是涉及人际关系的难题。

社交智能是指一些认知能力、社交技巧，以及涵盖这些能力和技巧的运用。社交能力高低，要视对这些能力及技巧的适应程度而定。学会了社交技巧，却不懂得在什么场合应用，这些技巧就等于白学了。换言之，一个人是否具备社交智能，要看他能否灵活地利用这些能力和技巧，有效地达成期待的社交目标。

人际交往成功的标志，是被人接受，是让对方对你没有排斥心理。而要孩子做到这一点，父母要注意在以下几方面引导孩子。

1. 教育孩子以信待人

诚实可信是做人的优秀品质，具备这种品质，人们才愿意与你合作。孩子要在社会交往中立足，必须将信用作为为人处世的一条准则和方法。孩子承诺一件事，就要对自己的话负责任。

2. 鼓励孩子相互信任

在社会竞争日益激烈的今天，每个人都不可能独立奋斗，而信任是合作的基础。孩子都渴望获得朋友，渴望获得友谊。父母要信任孩子，同时要教育孩子信任他人，信任自己的朋友，才可能赢得更多的朋友和合作伙伴。

3. 鼓励孩子宽容大度

宽容是一种美德，它能获得信任和支持，是与人合作的基础。应该让孩子学会宽以待人，原谅别人的过错。不论对孩子本身，还是对交往，都是重要的。

4. 教会孩子重视别人

在现实生活中，不管什么人，不管实际状况如何，每一个人在内心中都非常重视自己。每一个人来到世界上都有被重视、被关怀、被肯定的渴望。当你满足了对方的心理需求后，他就会对你重视的那一个方面焕发热情,成为你的好朋友。

5. 培养共享意识

培养共享意识是非常重要的。快乐让人分享,烦恼与人分担,那是人生之快事。父母要创造条件让孩子与朋友分享欢乐。在日常生活中,父母要仔细观察孩子的表现,启发他们加强与同伴间的交往,体验交往的乐趣,及时鼓励孩子积极的交往行为。

6. 培养自信心

一位哲人说得好,“谁拥有自信,谁就成功了一半。”自信是孩子成长过程中的精神核心,是促使孩子充满信心面对困难,努力完成愿望的动力。父母要告诉孩子,只有他对自己有信心,才能使别人对他产生信心,别人才愿意与他合作。

7. 鼓励孩子参加集体活动

孩子在集体活动中会认识到,随心所欲、任性,是无法实现自己的愿望,无法与其他孩子结为伙伴的。许多孩子在一起玩时,自然会形成一种规则。孩子加入其中就会明白,必须遵守规则,甚至抑制自己的欲望,否则就会不受欢迎。

孩子只有通过在社会生活中反复实践,才会懂得尊重他人的权利,集体成员各有其义务与责任,才会逐渐地学会协调自己与他人之间的关系,形成尊重他人、信任他人、谅解他人、愿意帮助他人的良好品德。

8. 引导孩子自己解决冲突

培养孩子化解矛盾的责任心和能力,使孩子在调解冲突过程中学会倾听对方的陈述和观点。当学会倾听多方面的意见和观点时,他就掌握了解决问题和化解矛盾的能力,同时学会了判断,能够创造性地解决争端，而不是采取被动或侵犯的方式；他还懂得了必须照顾每一方、每个人的需要，使各方都在最小矛盾的情况下和平相处。

9. 助人为乐，与人合作

凡是被同伴接受的孩子，他们的共同特点是助人、友好、合作、快乐，那些被同伴排斥的孩子往往是攻击性、破坏性强，易争吵、好打斗的孩子。让孩子与同伴友好相处，就要有意识地培养好的性格与行为。在日常生活中，父母不可对孩子百依百顺，过于娇纵，教育孩子解决矛盾时采取协商的方式，要给孩子讲道理。

鼓励孩子知足常乐

盲目攀比，虚荣心膨胀，不仅对家庭造成负担，也会导致心理扭曲，是孩子成长道路上的拦路虎。父母要教育孩子不盲目攀比，鼓励孩子知足常乐，帮助孩子健康成长。

孩子要买一件东西，往往不一定非买不可，而仅仅因为看到别人有这件东西而自己没有。这是攀比心理在作祟。

攀比心强的孩子会出现各种问题，如为了满足虚荣心而说谎，情绪不稳定，不认真学习，缺乏意志力等。虚荣心还会导致儿童产生其他心理问题，如嫉妒、自卑、敏感。这些都会阻碍孩子健康成长。

攀比是一种追求表面荣耀的自我意识。有攀比心理的人，用扭曲的方式表现自尊心和荣誉感，追求表面上的好看和形式上的光彩，面子高于一切，不顾条件和现实去追求虚假的声誉。

一般而言，孩子攀比心理形成的原因主要来自家庭。

首先，是父母自身存在的攀比思想。

有的父母看到别的孩子穿件好衣服，必定给自己的孩子买一件；

见别的孩子有高档玩具，也给自己的孩子买一个。心里总是在想，不能让自己的孩子比别人差。

攀比思想实质上是虚荣心的表现。父母则认为这是爱子之心，把钱花在孩子身上似乎体现了对孩子的爱。如此，孩子之间的消费攀比自然成为普遍现象。特别在学校里，从文具盒到书包，年龄越大的学生攀比越严重，不少学生每年几百元上千元的压岁钱就是这样花掉的。一些父母还不断地给孩子零花钱，生怕孩子缺钱花。

其次，是父母有求必应。

由于现代家庭孩子少，父母唯恐孩子受委屈，总是有求必应。自己的孩子穿的、戴的都不能少。在父母无意识的纵容下，孩子的欲望随着年龄增长愈发膨胀。

第三，是父母过分夸奖。

父母出于爱护孩子的心理，总是爱夸孩子的优点，掩盖他们的缺点，甚至在亲朋好友面前夸耀自己的孩子，孩子听到的都是赞美的声音，很少有人指出缺点。由于孩子客观评价能力差，慢慢地，孩子就从父母眼里的“十全十美”变成了自己心中的“十全十美”，再也容忍不了别人超过自己。

攀比思想对孩子的成长是十分不利的。当父母发现孩子有这方面的苗头时，要教育孩子及时改掉。那么，怎样才能让孩子改掉攀比心理呢？

1. 给孩子买东西要有度

父母是孩子的第一任老师，一言一行都会影响孩子。父母必须以身作则，为孩子树立榜样。父母首先要摆正心态，不同别人攀比，不盲目追求物质享受。不要总是给孩子买非必需品，或习惯性地买各种礼物。如果形成习惯，孩子就会感觉他得到这些礼物是理所应当的，父母应该不断地买，虚荣心就会不断膨胀。

2. 对孩子要晓之以理

有的父母为了孩子不受委屈，往往满足孩子的要求；有的父母对孩子采用先吼后打的方法，让孩子有理说不出。其实，最好的办法是多给孩子讲道理。告诉孩子，与别人攀比，拥有名牌，并不意味着拥有了较高的地位，只有依靠自己的努力取得成功，才能获得别人的尊重。教育孩子根据自己的需要买东西，而不要为了同别人攀比，买自己不需要的东西，让孩子学会理性消费。根据家庭财务状况，把收入支出讲给孩子听，让孩子参与购物计划。

3. 通过劳动获得想要的东西

如果孩子的要求是合理的，父母可以创造机会，让孩子靠自己的劳动挣钱购买需要的东西。如让孩子做一些力所能及的事，分担一些家务，然后从父母那儿取得报酬。一分劳动一分收获，一滴汗水一分回报。让孩子知道仅靠向父母张口要这要那，不仅不光彩，而且行不通。

4. 客观地评价自己的孩子

作为父母不应该过分夸大孩子的优点，也不要掩盖缺点。对那些符合道德规范的行为，父母应给予表扬，但应适度。经常表扬会使孩子认为这些并不是他应该做的，一旦这样做了，便能得到奖励，久而久之，孩子便养成虚荣的坏习惯，而且越来越严重。对于孩子的缺点要及时指出，帮助分析原因，鼓励逐渐克服。

5. 学会对孩子说“不”

在必要的时候，父母应该坚决说“不”，而不要一味地顺从孩子的要求。即使富裕家庭，也不宜无条件地满足孩子的要求。因为可能会给孩子传输错误信息：可以不劳而获。一旦孩子们独立生活，面对许多实际问题时，他们便会无所适从。

在孩子看到别人家有的东西而自己没有，向父母索要或询问的时候，父母可以告诉孩子，不同的家庭生活方式不一样，没有必要和别人比较，况且，别人家没有的，我们家则可能有。

第十五章　给孩子赞赏的阳光

◎ 赏识教育让孩子快乐成长

◎ 不要低估赏识的影响力

◎ 要多给孩子正面的暗示

◎ 赞赏要及时

◎ 多表扬　少批评

◎ 赞赏要恰当

◎ 赞赏要注意技巧

赏识教育让孩子快乐成长

赏识教育永远不会过时。所谓赏识教育,就是给予孩子肯定的教育,是承认差异、允许失败的教育,是充满人情味和生命力的教育,是热爱生命、热爱时代、热爱大自然的教育,是让所有孩子快乐成长的教育。

相信孩子,解放孩子,首先要赏识孩子。没有赏识,就没有教育。

正如陶行知先生所说:“教育孩子的全部秘密在于相信孩子和解放孩子。”

心理学家威廉·詹姆士说过,人性最深切的渴望就是获得他人的赞赏,这是人类之所以有别于动物的地方。哪怕天下所有的人都看不起你的孩子,做父母的也要眼含热泪地欣赏他,拥抱他,赞美他。每个孩子都是为了得到父母的赏识而来到人间的。父母要牢记:自己的孩子是世界上最好的孩子。

心理学、教育学研究表明:儿童年龄越小,越需要外界的鼓励和赞扬。小学阶段的儿童,尤其是小学低年级儿童,他们对自己的认识和评价大多是依据他人的评价而得来。也就是说,这时他们尚未形成对自己的稳定的评价。外界的批评或表扬,在很大程度上影响着孩子的情绪和行为。

父母要明白:你的孩子即使得不到他人赏识,你也许没有先进的教育理念,但是你可以用爱心给予孩子真诚的赞赏,把赞赏孩子当成自己的义务,让徘徊在“行”与“不行”边缘的孩子获得信心,并终有所成。

不要低估赏识的影响力

每个人都希望得到赞美。一句鼓励的话语,会给孩子战胜困难的勇气;一个表扬的眼神,会带给孩子攀越顶峰的希望;一个肯定的微笑,会让孩子体会到被人信任和支持的愉悦。

孩子的内心世界是清澈的,尚未形成一定的价值观和世界观,对于自身的评价,多数还需要父母的赞扬和赏识。父母的每一句话都会影响他的情绪和行为,不经意的一句话也许会产生意想不到的结果。

孩子的内心世界是透明的、纯净的,有时他们的行为就是家长的一面镜子。每个父母都应该明白,培养孩子诚实的品质,远比占一点儿小便宜重要得多。对于孩子的诚实,父母应该给予赏识和赞扬,用赏识留住纯洁和诚实,培养诚实正直的优秀品质。如果作为家长的你一边对孩子说"不要说谎,要做一个诚实的孩子",一边让孩子在谎言中长大,那就不用奢望孩子跟你讲诚信了。反之,如果你能做到"言必行,行必果",那你不用说教,孩子自然会说话算话。

错误可以原谅,撒谎不能宽恕。当孩子诚实地承认错误时,家长应该原谅孩子的错误,并且对孩子勇于认错的行为给予赞赏,这才利于培养孩子的诚实品质。

表扬是对一个人的肯定或鼓励,孩子都渴望得到表扬。要改正孩子的短处,最有效的办法就是放大孩子的长处。当父母表扬他时,他会更加努力做受到表扬的事,让父母继续赞美。久而久之,这个行为就成了常态,孩子将之视为自己的优点,最后成为社会谋生能力。

孩子渴望表扬好像人需要阳光和氧气一样。即使大人什么都没说,只是亲切地摸了摸孩子的头,也会让孩子一整天非常高兴,非常自豪，连走路都是抬头挺胸。孩子需要来自大人的表扬，以此认识自我，增强自信。父母要经常赞扬和鼓励孩子，让他们朝着正确的方向发展。

赞扬就像一道神奇的魔光，它照耀着孩子的心灵，让孩子心中充满了阳光，充满了自信。有时候一句表扬带来的效果，不是成人能想到的。

多给孩子一些赞扬和鼓励，努力挖掘孩子身上的闪光点，帮助他树立信心，保持良好的心态，让他在人生的道路上越来越自信，迈着坚实的步子走向成功。

要多给孩子正面的暗示

当孩子做好一件事，及时给予真挚的喝彩，比其他任何方式更能激励他热爱生活和不断努力。反过来说，一个人的努力和成绩不能得到应有的喝彩，就难以激发努力的兴趣，不可能爆发超凡的能力。这是人类心理的基本特征，是任何人无法改变的。

当孩子对自己失去信心，怀疑自己能力的时候，如果得到的心理暗示是积极的，他就会增强自信心，反之就会更加自卑。有的父母经常骂自己的孩子“笨蛋”、“狗屁不是”，当孩子在学习上、生活上遇到困难的时候，他就会想起这句话，从而怀疑自己，破罐子破摔了。如果听到的是鼓励和表扬，他就会相信我能行，能够不断克服困难，取得胜利。

在日常生活中，父母应该多给孩子积极的心理暗示，无论一句赏识的言语，还是在关键时刻的大力支持，都会让孩子感受到来自心底的力量。经常这样做，你会看到孩子越来越出色。

家是孩子心灵的港湾。在孩子遇到困难和挫折的时候，父母必须告诉他，不要因为别人说某一目标不能实现而放弃，不要因为某件事情难以办到而失去信心。父母应该和孩子一起分析面临的问题，找出解决问题的办法，鼓励孩子勇敢面对。

有时候，父母轻轻的一句“孩子，加油”，会给他带来无穷的力量。平时抽出那么一点儿时间和孩子交流，为孩子打气，家就可以成为孩子成长的加油站。

为了使孩子有做事的积极性，要不断地给孩子正面的暗示，这是很重要的。利用暗示的效果，反复强调“你头脑本来就很聪明，只要努力就行”，孩子就会发奋努力。许多父母没有意识到这一点的重要性，情绪不好的时候随口就说“你为什么这么蠢”，“你脑瓜真笨”之类的话，则会对孩子起到强烈的负面暗示作用。这种消极的、缺乏逻辑的、蔑视的口气，容易伤害孩子的自尊心。

对于孩子来说，父母是绝对的权威，简单的一句话，就会使孩子产生自己的人格全部被否定了的感觉。一再受到责备，孩子就会有怎么努力也都是白费的心理，甚至对其他方面也失去信心。不仅头脑好坏的话对其影响很大，就连贬低容貌说“你鼻子矮”、“皮肤黑”，也容易使孩子丧失自信心，感到沮丧。

父母一句不经意的消极的话，往往会伤害孩子的自尊。极端情况下，甚至给孩子心灵造成深重的伤害，使孩子对生命失去信心而走上绝路。

不少青少年犯罪因为受到父母轻视，产生挫折感，有了破罐子破摔的想法。不论年龄大小，父母对他们前途的否定，都会对他们的心理造成极大的打击。尤其是年幼的孩子，父母讲的话，更具有权威性。即使当时没有不良行为，其人格也会形成负面效应。

不管目前状况如何，只要有“今后总会有成就的”这种希望，人就会产生积极欲望。关于这种希望的心理，一位成功人士说：“当我还是孩子的时候，实际上是成绩不好的劣等生。但是，我母亲从不责怪我，而是经常说一句话：‘你肯定会成为优秀的人。’我却没有想到，当我走向社会后，当时不好意思听到的这句话，成为我受到挫折时莫大的鼓励。”

对于孩子来说，父母的每一句话，对孩子评价的好与坏，都会在其一生中具有重要意义。从这个意义讲，即使说笑话，也要避免具有负面影响的话，多说“现在就看你的努力了，你一定会学得很好”。肯定孩子有前途，对孩子表示信任，才是父母所应做的。

孩子都有值得赏识的地方，父母不仅要从心里赏识孩子，还应该把它说出来。你会发现，如同艺术家在把美带给别人时感到愉快一样，赞扬不仅给听者，也会给自己带来极大的愉快。它给平凡的生活带来温暖和快乐，把喧闹声变成音乐。

无论什么人，受激励而改过，是很容易的，受责骂而改过，是不容易的。孩子尤其喜欢听好话，而不喜欢听恶言。如果父母总是用消极的办法对待孩子，其结果，孩子改过的少，而怨恨父母的多，即或不怨恨父母，至少也会有一点儿不喜欢父母了。

许多父母不愿把表扬、赞赏带给孩子，他们以为，只有“严厉”才会对孩子起作用。他们甚至对孩子进行责骂、训斥，把严厉与鼓励、赞赏截然对立起来。孩子多么希望父母的鼓励、奖励和表扬啊！他们希望自己成为称职的家庭成员，他们需要父母的鼓励增强信心与勇气。

赞赏要及时

事实证明，及时赏识和赞扬孩子，比事后给予赞扬所起到的作用要大得多。孩子取得成绩，父母应及时给予赞扬，孩子会从中获得继续努力的动力，从而激发潜能。

当孩子达到某个既定目标，父母一定要把握机会，及时由衷地赞扬孩子；同时表现出喜悦心情，让孩子感受到是他的良好表现使父母感到高兴。这是简单而有效的一招，只要坚持去做，必有喜人的收获。

不要给孩子设立周期太长的目标，让孩子长期等待父母的赏识和赞扬。孩子的意志力和耐力都是有限的，很可能会因为等待时间过长而放弃努力。因此，应该多给孩子设立一些短期的表扬目标，一旦孩子达到目标或取得进步，就及时赞扬。

及时赞赏，不仅可以让孩子更加努力和自信，而且会促进智能发展和身心健康，增强对学习和生活的信心和勇气，从而激励孩子奋发向上，健康快乐地成长。

赏识孩子，不仅仅表现在毫不吝惜地把赞扬送给孩子，更要在第一时间把赞扬和肯定传递给孩子，让孩子感觉到父母发自内心的赏识和期望，从而满怀自信地面对学习和生活。

当孩子在生活和学习中取得哪怕微小的成绩时，都不要置之不理，也不要等事后再赞扬，而应该及时赞扬孩子取得的进步。你可以说："这次干得真不错，我真为你高兴，继续努力！"

当孩子主动向父母展示成绩时，父母要及时给予关注，停下手中的工作，真诚地给孩子一些赞美和鼓励。

多表扬　少批评

有些家长看见孩子做错了事，就恶狠狠地问道："这是谁干的？"孩子第一次可能会承认。一旦承认，惩罚就接踵而来："多大的孩子，还犯这样的错误，今天晚上不许吃饭！""我都提醒过你多少次了，你总是不听话，你是不是想挨揍了？"若是赶上脾气大的家长，还会挨上两巴掌。这种不撒谎、实话实说的结果，不是招来一顿臭骂就是一顿暴打，甚至还会有别的惩罚，那么，只要孩子聪明一点儿，下次遇到类似情况，自然就会选择撒谎了。而这种撒谎，完全是家长逼出来的。

看到孩子做错了事，家长要暂缓发怒。如果控制不住，最好在心里默数10个数，然后平和而又不失严肃地问孩子："这是怎么回事？我想听你说说。"一位儿童发展学家这样建议家长："不要上来就责难孩子，心平气和地、真诚地给他一些时间想想，也许孩子就会放松些，愿意跟你说刚才究竟发生了什么。"如果孩子勇敢地承认了，讲出了事实真相，家长要鼓励和赞赏这种勇气，免去惩罚。家长一定要给孩子安全感和不变的信任。当孩子吞吞吐吐，想说又不敢说时，他希望首先得到家长的原谅——因为他知道自己是有过错的。这时家长应该告诉他："如果你做错了什么，我希望你能告诉我。也许我会有一点点儿生气，但是，我会更高兴你能诚实地告诉我一切。"这样有利于缓和孩子的紧张心理，减轻内疚感，也排除家长会因此嫌弃自己的担心。

当然，如果孩子"屡教不改"，家长可以表达怒气，但是要对事不对人，而且不要太过了。如果家长对孩子所犯的错误反应过于强烈的话，会让孩子感觉到，自己如果承认了错误，那么家长可能就不再爱自己了，或者嫌弃自己了。

做一个诚实的孩子是需要勇气的，因为诚实的孩子也许会吃亏，也许会受骗，但绝不能让孩子因此远离诚实。对于孩子的诚实表现，家长必须给予热情的赏识和鼓励，赏识他们战胜了自己，鼓励他们坚持诚实。

有位教育家说："要称赞最微小的进步，并称赞每一个进步。这往往是点燃孩子的自信之火，给予进步向上之助力。"

赏识教育应该受到每位家长的重视。每一个成长中的孩子都渴望被父母肯定，被老师肯定，被社会肯定。一句赞美可能会极大地鼓舞孩子，让他建立自信；一句批评可能会让孩子彻底泄气，一蹶不振。只要能针对孩子的优点去夸他，肯定他，他必然会变得更好。换言之，你对孩子说什么样的话，孩子就会成为什么样的人。

当孩子不再听到别人说他"不听话"而是"很懂事"，不再是"乱吵闹"而是"很守纪律"时，他就会不自觉地用这些评价的标准来要求自己。

有些父母为了防止孩子骄傲自满，采取从不夸奖的方式，即使孩子取得很好的成绩，他们也不做任何表示；相反，当孩子出现错误时，他们就会表现出严厉的样子。长此以往，孩子的自信心必然被挫伤，因为他觉得自己做什么都不会出色，不会赢得赞扬，还不如什么都不做，进取心随之下降。

古语云："数子十过，不如奖子一长。"跟孩子讲道理，应充分肯定孩子的长处，对孩子的进步给予及时的表扬和鼓励，在此基础上再对孩子的过错予以纠正，这样孩子就容易接受大人的意见。如果一味地数落孩子，责怪孩子这也不是那也不对，只会让孩子产生自卑心理和逆反心理,甚至会跟你对着干。

有时候,孩子需要的不仅仅是一句赞扬的话,他们也需要得到重视和关心。如果父母没有对孩子的成绩表示关注,会让孩子感到失望,而这种失望很可能会让他们失去继续努力的动力。

当看到孩子打扫房间时,应该称赞:“房间打扫得真干净,家里看上去舒服多了。”当看到孩子画了一幅画,应该称赞:“很有想象力。”相信这些赞扬会让孩子更加快乐和自信。

赞赏要恰当

赞赏对孩子的成长有利,但并不是孩子任何一方面突出表现都值得夸奖,哪些方面该夸,哪些方面需要冷处理,都是有讲究的。夸对了,对孩子的成长有利;夸错了,就是捧坏了孩子。

孩子的品性最重要,其次才是各种才能和技能。对于这方面,家长只要提供支持就可以了,千万不要因为孩子得了一次好成绩,或者是获取了奖杯,就夸个没完,否则容易造成孩子的骄傲。孩子一旦骄傲了,进步速度就会放慢,甚至停滞不前。我们熟悉一个道理:骄傲使人落后。

同样是天才,同样具有很高的天赋,如果家长不会培养,不教会孩子谦虚,结果就会大相径庭。中外两个例子对比,父母就会一目了然。一是我们古代的方仲永,一是19世纪德国天才卡尔·威特。同样两个天才,因为家长教育方式不同,结局完全不同。方仲永的家长见孩子写出这么好的东西,带孩子四处卖弄,无意之间会滋生孩子的骄傲心理,结果停滞不前,长大后才能平庸。另一位卡尔·威特,同样被视为神童,长大后,依然成就斐然。

许多孩子养成了表现良好就期待奖赏和激励的习惯,他们念念不忘表扬,做好了一件事情就想得到金色的五角星,父母的夸奖或者金钱奖励。在整个童年以及少年时代,他们或许会是父母和老师心目中的宠儿,但一旦长大,成人的赏识失去作用,他们便或多或少地感觉失落。他们没有学会从行为本身获得满足和动力,他们没有学会自己为自己加油。

显然,这些孩子对表扬产生了依赖性。此时,表扬不再是教育的一种手段,成了学习或做事的目的。

赏识不是包治百病的良药,不是解决任何问题的万能钥匙。实施赏识教育时,应该注意避免评价性的、泛泛的赞扬,要表扬孩子的努力和成绩,而不是赞扬天赋。

赞赏要注意技巧

1. 在别人面前赞扬孩子

成年人有自尊心,不喜欢别人侵犯自己的自尊心。孩子们也有自尊心,做父母的,应该清楚地认识到这一点,尤其在别人面前,孩子的自尊心更是强烈。如果父母当着别人的面批评和训斥孩子,将会大大地伤害孩子的自尊心,要想再重建孩子的自信就难了。

父母教育孩子的时候,要注意顾全孩子的自尊心。多肯定他的优点,尤其是多在别人面前赞扬孩子,这样会增强他的自信心,激发积极性、求知欲和探索精神,使他各方面得到最大的发展。

赏识教育就是多赞扬和鼓励孩子,少批评和责骂孩子。尤其是当着别人的面赞扬孩子,会让孩子产生成功感和荣誉感,激发学习和做事的信心和动力。

父母应该把对孩子的赏识扩展到别人面前,要善于当着别人的面赏识和尊重自己的孩子,让孩子充分感觉到你对他的重视和欣赏,从而激励孩子产生无穷的力量和信心。

教育家苏霍姆林斯基曾说:“儿童的尊严是人类心灵里最敏感的角落。保护儿童的自尊心就是保护儿童的潜在力量。”在别人面前赞扬孩子,比普通的赞扬更能激发孩子的自信心和上进心。

2. 表扬要有针对性

要想让孩子听话懂事,就要经常表扬。正确的表扬有助于培养自我意识和独立能力。表扬要具体,有针对性,让孩子们循着父母的希望成长。

每个事物都有它的多面性,孩子也是一样,某一方面表现好,并不代表其他方面也好。家长表扬孩子的时候,应当具体问题具体表扬,言之有物。这样才能触动孩子的心灵,引起共鸣。

有的父母只知道夸奖孩子,但是不具体,让孩子不清楚自己到底是哪里做得好。长此以往,会导致自信心膨胀,容易养成骄横的性格。

泛泛的表扬不能持久,有针对性的表扬永远有效。只有针对孩子的优点,适当地表扬,才能起到事半功倍的效果。

3. 夸外貌不如夸品质

对孩子最有伤害的夸奖往往有两个,一个是夸他漂亮,一个是夸他聪明。当今社会,对一个孩子说漂亮似乎是张口即来,非常容易。这种夸奖却并不能真正起到鼓励的作用,这样的赞扬无助于建立孩子的自信,相反,会产生负面影响。

在这种赞赏中长大的孩子,不会懂得简朴、善良的美德,以及坚强、刻苦的精神才是重要的。作为父母、长辈或老师,如何夸赞孩子,需要好好推敲。

有一位中国学者,去外国朋友家里做客。一进屋,看到朋友 5 岁

的小女儿。那孩子像个天使，满头金发，眼睛大而明亮，极其美丽。

中国学者非常喜欢，他将带去的礼物给了小女孩。女孩很有礼貌地微笑并道谢。学者忍不住抚摸着孩子的头发说："你长得这么漂亮，真是可爱极了！"

那位外国朋友等女儿退下之后，严肃地对中国学者说："你伤害了我的女儿，你应该向她道歉。"学者大吃一惊，这从何说起啊？外国朋友说："你是因为她的漂亮而夸奖她，但漂亮不是她的功劳。这取决于遗传基因，与她个人基本上没有关系。你这么夸奖她，孩子还小，不会分辨，她会认为这是她自己的本领。而她一旦认为天生的美丽是值得骄傲的资本，就会看不起长相平平甚至丑陋的孩子，这就成了误区。"

外国朋友看到中国学者沮丧的样子，又说："你还有机会可以弥补。有一点，你是可以夸奖她的，那就是她的微笑和有礼貌。这是她自己努力的结果。"

最后，外国朋友说："请你为你刚才的夸奖道歉。"中国学者果然向朋友的小女儿道了歉，同时表扬了她的礼貌。

读了上面这个故事，我们不得不佩服外国朋友保护孩子心理的良苦用心。其实"夸孩子漂亮不如夸孩子礼貌"告诉我们：夸孩子的外表，不如夸内在品质。夸奖孩子本没有错，关键在于你夸的是什么。

夸奖孩子漂亮，会让孩子认为这是她的长处，进而会以容貌自傲，忽视内在品质修养，凡事以外表为重，甚至轻视外表不够美丽的人。这种夸奖只会向孩子灌输这样的思想：追求外表是很重要的，漂亮才会令人喜欢，有漂亮的外表才会成功。

这样的做法无疑会让孩子把外貌看得很重要，如此她就不会不在意吃穿用度，就容易虚荣奢华，同时会让她忽视对内在品质的修养和看重。

漂亮的外表会让孩子受到一时的欢迎，但没有什么人能依靠外表一辈子，而且光有外表而没有内涵的人无法得到别人的认同和肯定。只有良好的道德修养和内在素质，才能让孩子获得他人的认可，取得成功。

4. 夸聪明不如夸勤奋

美国心理学家经过大量研究，发现频繁地夸孩子聪明，可能会导致适得其反的结果。为什么呢？聪明和努力，本来是孩子取得优异成绩的必要因素。如果过多地夸孩子聪明，就会形成一种错觉，做成功了某件事，孩子往往归结于自己的聪明；而某件事失败了，做错了，则会让他觉得不够聪明，才没做成那件事。

一味地夸孩子聪明，有很多弊端。一是会让孩子形成过于良好的自我感觉，只能面对成功，而没有面对失败的准备。一旦失败，往往无法承受，导致一蹶不振。二是不利于培养勤奋努力的美好品德，容易让孩子形成以聪明为荣，以勤奋为耻的错误观念，导致疏于努力，一味追求“聪明”的表象。

聪明是先天特质。如果父母总是夸奖孩子聪明，就会使孩子逐渐形成过于良好的自我感觉，使孩子对自我的认识和评价与实际能力产生偏差，并且只有成功的打算，没有失败的准备，必然会反复遭受失败的打击。孩子一旦认为自己聪明，就会认为努力不重要，靠着小聪明来应对一切。

最重要的是父母要肯定孩子的勤奋和努力。在对孩子的成就归因的时候，智力属于不可控制因素，是自身无法改变的，努力与否却是可以控制的，因此把孩子的成就更多地归于勤奋。让孩子意识到只有聪明加上勤奋，才会有所成。

如果一味地夸奖孩子聪明，会让孩子变得骄傲，过分迷恋自己的“头脑”；夸孩子努力，则会让孩子认识到“勤能补拙”这个道理。

作为父母，不应该简单地夸孩子聪明，要在实事求是地肯定能力与成绩的同时，更肯定成功的原因在于努力和勤奋。让孩子意识到，聪明加上勤奋，才能获得成功。

第十六章 给孩子自由的阳光

◎ 让孩子像野花一样生长

◎ 培养孩子独立生活的能力

◎ 给孩子自由的空间

◎ 让孩子的兴趣自由发展

◎ 给孩子玩儿的自由

◎ 给孩子选择的自由

让孩子像野花一样生长

著名文学家冰心说:“让孩子像野花一样自然生长。”这是她在儿童教育方面的一个观点,这种观点对儿童教育特别是家庭教育方面是有深远意义的。

在过去的年代里,有的父母为了不让婴儿的腿变成罗圈腿,就用绷带将孩子的腿捆绑起来;为了防止婴儿的耳朵长成招风耳,始终给婴儿戴着帽子;为了防止婴儿的头长得偏斜,一丝不苟地调整宝宝的睡姿;为了让孩子长出一只挺拔俊俏的鼻子,不时地捏捏婴儿的鼻尖;更有甚者,为了让孩子长出酒窝,用针在婴儿的脸颊上扎,使脸颊上留下伤疤——酒窝;更残酷的是,某些母亲不知从哪弄来的秘方——将小耳环穿过婴儿的耳轮,她们听说这样可以增进宝宝的视力……

现在仍能发现父母帮助孩子学走路的场景。望子成龙的父母每天花费很多时间教孩子走路,他们拎起孩子,让孩子悬空,好奇地观看孩子的双腿柔弱无力地荡来荡去。令人可笑的是,这些父母竟然认为他们的宝宝学会走路了。他们并没有考虑孩子是否具备自我平衡能力。

这一时期的宝宝,神经系统的发育还不健全,动作还不能协调自如。尽管如此,由于宝宝正处于发育高峰时期,脚骨和肌肉很快就会发育完善,自然就学会了走路。这时,不明原因的母亲开始呼唤:“看,我教会宝宝走路了!”事实上,这是孩子自我成长的结果。

这些父母从心理上渴望孩子快快成长,这样的做法却不知不觉地损害着孩子的成长——不符合自然成长法则。

蒙台梭利的教育理念告诉我们,要遵循自然法则,在孩子成长的路途上，少一分障碍和伤害，多一分理解和尊重，让孩子健康成长。

培养孩子独立生活的能力

国外养育理念认为，刚生下来的孩子就像一粒种子，需要一定的生长环境。大人不可过于控制孩子，要给孩子留下自由发展的空间。比如一只手抱孩子，他的小手小腿可以自由活动，眼睛可以观察外界更多的事物，全身可以充分地与阳光、空气接触，有利于孩子适应环境和健康成长。

在国外大人到超市买东西，常常是一只手拦腰搂着婴儿，婴儿的脸朝外，小胳膊小腿伸着，好像随时会溜下地去。冷风袭来，家长不遮也不掩，随意地进出商店。

中国的父母，两只手总是小心地上上下下紧紧地把孩子抱在怀里，左掖右挡地把孩子裹得严严实实，让孩子的脸朝着大人的胸膛，担心孩子会被风吹着，被雨淋着。

在中国父母心目中，孩子永远是孩子，任何时候都需要疼爱和保护。害怕他被风吹到，被雨淋到，舍不得他吃苦受累，委屈伤心，凡事设法代为筹谋，预做安排，甚至亲手代劳。

其实，父母代劳，会让孩子缩手缩脚，遇事不敢做主，既不想动脑思考，也没有动手的欲望。这不是在爱孩子，反而会害孩子，影响独立性和动手能力发展。

对于培养孩子的独立性，家长必须有正确的认识，不要因孩子小能力弱就心疼他，而实行包办代替；也不要怕孩子做事花费时间，惹麻烦，图省事而包办代替；更不要怕让幼小的孩子做事被人误解不疼孩子，而包办代替。

父母应该站在从旁协助的立场上，扮演欣赏者、喝彩者，将孩子当做独立的人看待。了解孩子,观察他的愿望、兴趣,尊重潜在的主观能动性。给孩子充分发挥的机会和时间,看他去动手,让他去慢慢思考、揣摩、尝试,寻求最后的答案。

给孩子自由的空间

孩子的成长和创造力需要一定的时间和空间。如果把孩子限制得死死的,一点儿自由支配的时间都没有,他们怎么去创造?家长应该给孩子更多的时间和空间,让他们去“淘气”,让他们自由自在地去遐想,去活动,去创造。

给孩子一个自由空间,给他一个超越物质的精神天地,让他在凡俗生活之中释放心灵,过一种呈现自我、表现自我的生活,是多么幸福的一件事。

蒙台梭利教学中最重要的原则就是给孩子足够的自由,让孩子自己选择、自己决定。在这种教育活动中,孩子最大的感受就是快乐,因为他是环境的主人,拥有绝对的自由和尊重,快乐地成为他自己。

从心理学角度说,孩子慢慢开始长大的时候,就逐渐有了自我意识,希望“做他自己的主人”。这个时候,家长要给他一些成长的空间,让他知道你同样希望他成长,并且给他保留一定的权力,他就会不再顽固地反抗,也不会有挫败感。

孩子的天性就是喜欢无拘无束,渴望有自己的空间。只要你能给孩子一点儿空间,多照顾孩子的自尊心,你的孩子就一定能健康成长。所以,妈妈们,如果你们爱孩子,就给孩子自由吧;如果你们希望孩子快乐,就让他轻松一些吧;如果你们希望孩子健康,就给他一个私密的空间,让他自由自在地成长吧!

总之，父母要学会给孩子适当的空间，学会放手，给孩子解开束缚，给孩子自由，让孩子自己去学习。这对孩子来说，也是一种激励，一种信任，孩子也会因为父母的信任和鼓励而努力学习，在努力学习的过程中，孩子慢慢对学习产生兴趣，学习成绩上升成了水到渠成的事情。

让孩子的兴趣自由发展

每一个孩子都有发展潜力，只要父母能够给孩子自由，并善于引导孩子的兴趣，相信孩子一定可以将兴趣发展得很好，而且，还会兼顾学习等。

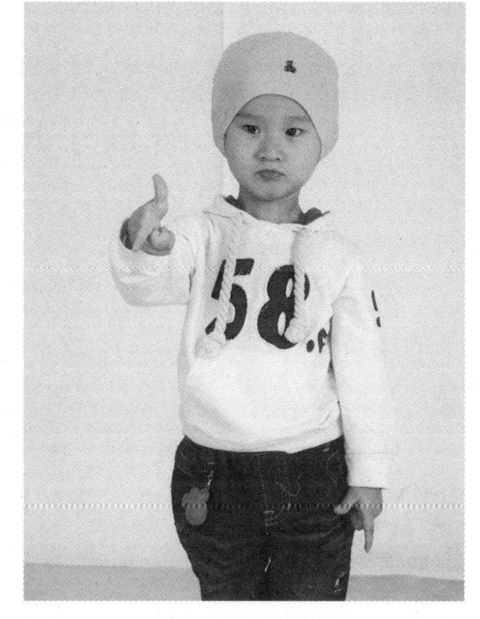

一个人首先是一个自由的人，然后才有可能成为一个自觉的人。孩子也是如此。

但是，现在很多父母简直像在扮演监工。而孩子从骨子里是不喜欢一个“监工”的，表面上，孩子很听话，心底里恨不得天下大乱，没人管自己。所以说，父母陪孩子写作业，不是在培养孩子的好习惯，而是在瓦解孩子的好习惯，是对孩子自制力的日渐磨损。

经常有父母咨询：“为什么不管多么辛苦教孩子，孩子的成绩却总是上不去？”“为什么一不看着孩子，孩子就偷偷地看电影、打游戏呢？”

很多父母抱怨：“现在的孩子怎么学习的积极性这么差？”“孩子

怎么就不能主动学习呢?”“为什么只有打骂才能让孩子安静地看一会儿书?”

在孩子成长过程中,父母不应该压制孩子的意愿和兴趣,而应该尽量让孩子按照自己的意愿做事。在孩子边做边学的过程中,父母要认真观察,通过鼓励、诱导和启发,充分挖掘孩子的潜力。有一句话说得好:淘气的男孩是聪明的,淘气的女孩是灵巧的。这句话解释了孩子“淘气”的原因,那是他们认识思考和创造的结果。

每个孩子,不管多么平凡,只要能够自由发展兴趣,都可以做出不平凡的成绩来。兴趣激发孩子的潜能,兴趣改变孩子的人生,所以,父母要支持孩子的兴趣,让孩子自由发展。

总之,只有自由的人才会拥有自由的意识,才能拥有自由的兴趣。一个拥有自由兴趣的人,才能创造出不平凡的业绩。

给孩子玩儿的自由

爱玩儿是孩子的天性,也是他们享受生活的权利。玩儿,对于孩子的成长,就像维生素一样必不可少,适合孩子心理健康和人格发展。

我们随处可以发现,孩子在玩儿的时候都很投入,很快乐。虽然是在玩儿,却像认真做事。著名教育家马卡连柯说过:“游戏在儿童生活中具有极重要的意义,具有与成人活动、工作和劳动同样重要的意义。”

可是,在许多父母眼里,贪玩儿是孩子的一种不良习性。当孩子稍稍长大以后,父母即以种种清规戒律限制乃至剥夺他们玩耍的权利,尤其是孩子上学以后,课余时间的玩耍被认为是不务正业。只有整天趴在桌前,面对课本的,才是好孩子。这些做法和想法都是不科学的。还有一些父母为了让孩子早日成才，对孩子进行种种培训，再加上应试教育，使孩子们没有快乐可言，过早地结束了童年时代。

爱玩儿是孩子的天性。满足这种天性，尊重孩子的权利，不仅能使他们充分地享受童年时代的快乐，更重要的是通过各种游戏活动，通过眼、鼻、手、脚等感官体验，孩子才能立体地有深度地理解知识，理解世界，从而促使心智、情感和体能健康发展。正如高尔基所说："游戏是儿童认识世界的途径。"

正是基于这样的认识，在当今一些经济发达国家，许多父母对孩子采取"以玩为主，以学为辅"的教育方法，让孩子在各种既有趣又有益的玩耍活动中培养兴趣，学习知识。对于孩子的兴趣，他们并不以自己的好恶武断地决定取舍，而是尊重孩子的意愿，进行启发诱导。

无可否认，儿童的玩耍总是充满孩子气，甚至带有某种风险。如果当初因噎废食的话，也许今天的人类就享受不到任何科技成果了。

须知，成人的各种发明创造，原本都是充满"孩子气"的。

既然父母都想让自己的孩子成为对人类社会有贡献的人，那么，不妨在孩子最想玩耍的时候，把玩儿的权利交给孩子，让孩子在玩儿中增长能力，促进身心发展。

把玩儿的权利交给孩子，并不是任由孩子上天入地。如果孩子过分贪玩儿，对其身心发展也是不利的。父母应指导孩子去玩儿，让孩子的天性在玩儿中得到提高，让孩子的心理在玩儿中健康发展。

首先，父母要认同玩儿是孩子的自由。在玩儿中不要教训孩子，不要总想给孩子增加智力内容，玩儿就是玩儿。如果做父母的总是用功利的眼光看待孩子的玩乐，那说明父母的努力还不够。

其次，孩子爱玩儿的东西大多和他的兴趣、爱好是一致的。父母若想了解孩子在玩儿什么，可以先了解他们的兴趣爱好，经常和孩子谈谈兴趣爱好。只有先了解了孩子，才能真正帮助孩子。

最后，孩子毕竟是孩子，他们也需要指导，父母要让孩子们知道外面的世界是怎样的，有些东西可以玩儿，有些东西最好不玩儿，有些东西根本就不能玩儿。告诉孩子规则是必须遵守的。

给孩子选择的自由

俗话说："生命的价值在于选择。"很多父母往往忘了这一点。他们害怕孩子犯错误，干脆不让孩子去做选择，总是忍不住替孩子做选择。最后，孩子习惯了按照父母的决定去做，而不会自己去选择。就算孩子想对父母说不，但他又一直被教育成听话的孩子，所以连"不"也不敢说了，有的孩子就习惯了逆来顺受，有的孩子只好用阳奉阴违的方式对父母说"不"。

其实孩子都已经有了独立的思维，可以自己思考问题，已经不再愿意什么事情都听父母的，他们想自己做出决定。如果孩子的这种需求长期不被满足，自主意识就会被抑制，自信心也会大受打击，严重影响到孩子对自己的评价，甚至导致产生消极的自我评价，对成长有着不利的影响。

这些孩子长大后，可能会变得优柔寡断，缺乏判断力和选择能力，缺乏责任感，依赖性强，什么都问别人，自己无法做出选择和决定。父母不能一辈子陪在孩子身边，孩子的人生道路终归需要他自己去走，如果等到孩子大了再去训练自主能力，就很难了。

要改善这一点，最好的方式就是适当放手，让孩子自己决定，即父母给孩子制定基本的底线——认真生活，不做坏事，然后放手让孩子去决定自己的人生，只是在必要的时候才去帮孩子。

一个经常为自己的人生做决定的孩子，会有独立果断的性格，尽管会遇到一些挫折，但那些挫折最终和成就一起，让他感觉到自己的生命是丰富多彩的。

有关研究表明，总是由父母做决定的孩子，长大后常常缺乏判断力和选择的能力，缺乏责任感，甚至不知道如何对自己负责。建议父母给孩子自己做决定的机会，让孩子学会如何做决定。

在孩子成长过程中，很多父母总是替孩子考虑得十分周到，孩子不管干什么，父母都事先安排，替孩子做好，从不让孩子自己做，更别说让孩子自己做决定了。这种做法，就是不给孩子做事、思考、说话的机会，让孩子按父母的意志行事，捆住其手脚，束缚其思想。

殊不知，这样就可能把孩子变成没有主见、胆怯怕事和依赖性很强的人，孩子好容易萌发出来的自信心和独立性被摧残了。

当孩子开始意识到自己的存在，强烈地要求自主行事时，什么都想自己去做，这种要求是合理的、积极的，是生理和心理发育的必然。父母要尊重孩子的合理要求，倾听和尊重孩子的意见，要放手，让孩子自己决定。只有选择，才能形成孩子独立的精神和自信、勇敢、沉着的品格。

第十七章　让孩子快乐地学习

◎ 兴趣是最好的老师

◎ 有兴趣　学习才会快乐

◎ 兴趣的作用不容忽视

◎ 好奇心是兴趣的源泉

◎ 怎样培养孩子的好奇心

◎ 学习兴趣贵在引导、培养

◎ 如何培养孩子的学习兴趣

◎ 如何让孩子爱学习

◎ 怎样培养读书习惯

兴趣是最好的老师

孔子说："知之者不如好知者，好知者不如乐知者。"

爱因斯坦说："兴趣是最好的老师。"

每一朵花都会在适宜的环境下盛开，每一个孩子都可以在感兴趣的领域里成才。在培养孩子方面，比知识重要的是能力，比能力重要的是兴趣。兴趣是孩子走向成功之路的先导，是帮助孩子打开成功之门的钥匙。

孩子的兴趣就像一堆干柴，期待着父母用爱点燃，使孩子的天赋、潜能得到充分发挥，让孩子拥有与众不同的特长，提升各方面能力，打造核心竞争力。

教育家爱尔维修说过："人刚生下来都一样，仅仅由于环境和教育不同，有人可能成为天才，有人则变成凡夫俗子甚至蠢才。即使再普通的孩子，只要教育方法得当，也会成为不平凡的人。"

兴趣是智力活动的巨大动力，是人进行某项活动的心理需求，兴趣比智力更有利于促进孩子的学习。只要有兴趣，投入的精力和心血就会更多。强烈、稳定的兴趣是人们从事活动、发展才能的重要保证。

每一个孩子的成长都离不开后天的培养，每一个刚出生的孩子都可以视为天才……用兴趣引领孩子成长，将兴趣转化为受益终生的能力。

每个孩子都有自己的兴趣，只要父母善于发掘，精心培养，善加引导，多多支持，任何一个孩子都可以成为爱迪生，任何一个孩子都可以成为爱因斯坦，任何一个孩子都可以成为贝多芬，任何一个孩子都可以发出耀眼的光芒。

有兴趣 学习才会快乐

很多父母以为兴趣就是对事物感到好奇，其实，这样的想法并不客观。兴趣不仅仅是人对事物表面的关心，人的任何兴趣都是由于收获某些方面的知识或者参与相关活动而体验到情绪上的满足而产生的，孩子也是这样。

比如，孩子对绘画感兴趣，要求父母讲绘画方面的知识和技能，孩子在获得知识、训练技能的过程中，感到愉悦、放松，表现出积极而自觉自愿，绘画就会逐渐形成孩子的兴趣。

兴趣和个人的认识和情感有着密切的联系。如果一个人对某事物没有相关的认识，就很难产生情感，一般不会对它产生兴趣。相反，一个人对某事物的认识越深刻，情感就会越丰富，兴趣也会随之越来越浓厚。

很多父母在教育孩子方面非常头疼，让孩子往东，孩子偏偏往西，让孩子看书，孩子偏偏玩游戏，让孩子玩游戏，孩子偏偏看漫画。其实，父母不必为此烦恼，排除故意跟父母作对的因素，孩子这样做可能是对有些东西不感兴趣。

心理教育专家给这些父母的建议是：培养兴趣，引导兴趣，在尊重孩子兴趣的基础上，培养对学习的兴趣，让孩子在轻松愉悦的情绪中获得知识。

很多父母对孩子的学习“尽职尽责”，对孩子的兴趣却不关注，他们认为学习成绩是第一位的。其实，这些父母误解了“兴趣”。

兴趣是最好的老师。如果孩子对某件事感兴趣，那么，就会调动孩子的主动性，使其充分发挥，即使做起来非常辛苦，孩子依然会兴致勃勃，乐此不疲。即使遇到困难，孩子依旧会勇往直前。

兴趣是学习的源泉和动力，是积极主动获取知识形成技能的重要心理活动。不管是读书也好，对周围世界的认知也好，只要产生浓厚的兴趣，就会积极地去获取相关知识。

在现实生活中，我们都留意过孩子垒积木的时候不知疲倦的神情。孩子对积木有兴趣，当积木越垒越高，孩子脸上的表情就会越来越兴奋。一旦积木倒塌，孩子脸上会出现难过的表情。孩子大多数是不会放弃的，他会重新开始。这就是兴趣使然。

总之，兴趣是获得知识的巨大动力，是进行某项活动的心理需求，兴趣比智力更有利于促进孩子成长。只要有兴趣，孩子对某些事物投入的精力和时间就会更多。而强烈、稳定的兴趣是孩子从事活动、发展才能的重要保证，不仅对学习有作用，运动、绘画、音乐等兴趣对孩子的成长也有很大的帮助。

孩子对学习有了兴趣，才会体会到学习的快乐。

兴趣的作用不容忽视

兴趣是人在长期的心理活动过程中形成和发展起来的,也会在心理活动中体现出来。比如,一个孩子对数学有很大的兴趣,这种兴趣就是在长期的活动过程中形成和发展起来的。表现为,孩子看到数学资料就爱不释手。

兴趣作为一种独特的心理现象,与其他心理现象有着密切的联系,对其他心理现象有很大的影响。兴趣对孩子的其他心理现象的影响,主要包含以下方面:

1. 兴趣对注意力的影响

孩子的兴趣最重要的表现就是对事物的注意。我们可以通过对某一事物的注意发现孩子的兴趣。

比如,一个孩子对音乐有浓厚的兴趣,就会对音乐全神贯注,注意力高度集中在音乐上,而不会受到其他刺激的干扰。

一般来说,对某事物或活动有兴趣,孩子才会通过自主意识注意观察该事物或者活动。兴趣特别浓厚,孩子可能会将全部精力用来学习和研究,从而做出成绩。

作为孩子第一任老师的父母来说,在日常生活中,可以通过形象、生动的事物引起孩子的注意力,从而激发兴趣。

2. 兴趣对记忆力的影响

一般来说,孩子对哪些事物感兴趣,记住哪些事物就会相对容易一些,记得也牢固。因为孩子对感兴趣的事物出现积极的思考和记忆,进行积极的思维活动。积极的思维活动,是提高记忆效果的重要条件。此外，兴趣能够让孩子保持旺盛的精力，这对加强记忆有很大的作用。

3. 兴趣对情感的影响

愉快的情感体验是产生兴趣的前提。生理学家巴甫洛夫曾经说："愉快可以使你对生命的每一次跳动，对于生活的每一印象易于感受。无论身体和精神上的愉快都是如此，可以使身体发展，身体健康。"愉快的情感体验能够激发孩子的好奇心和探究心，增强对周围事物的兴趣。

孩子在愉快的心境中学习，就会积极地探求新知识，而且会感到有趣味，学习效果也好，而学习效果好又可以帮助孩子维持愉快的心境。相反，如果将学习当成苦差事，在苦恼的心境下学习，孩子就会越来越没有兴趣，学习效果自然也不会好，而"学习效果不好"这个结果又会反过来强化不愉快的心境。

父母应该多关注孩子的兴趣，避免出现恶性循环，影响孩子的学习，同时积极发展良性循环。有广泛、深刻的兴趣，就会有轻松、愉快的心境。

4. 兴趣决定能力高低

兴趣对能力高低具有决定作用，比如实践能力、动手能力、反应能力、学习能力、欣赏能力等。需要父母在发掘孩子的兴趣时，善于发现孩子的特长，培养各个方面能力，让孩子在兴趣课堂上培养受益终生的能力。

兴趣是形成能力的重要条件，是人进行某项活动的心理需求，兴趣能够决定能力高低。只要有兴趣，对事物投入的精力和心血就会更多，而强烈、稳定的兴趣是从事活动、发展才能的重要保证。兴趣是发展能力根本的动力，孩子能力的提高需要依仗兴趣带来的动力。

兴趣锻造能力，能力改变人生。各个方面能力应该从小培养，比如独立生活能力、自主能力、学习能力等。只有培养各个方面的兴趣，才能让孩子逐渐形成能力。

好奇心是兴趣的源泉

好奇是兴趣的起点，是兴趣的源泉。好奇心是人们积极探究新事物的一种倾向，是人类认识世界的动力之一。人类的好奇心是科学的起源，好奇心不断产生，又不断摆脱，正是不断发现、不断创造的过程。居里夫人把好奇称为“学者的第一美德”。法国作家法朗士认为：“好奇心造就科学家和诗人。”美国著名科普作家阿莫尔夫说：“科学始于好奇。”“好奇的探究会引起某一方面或某些方面的兴趣。”

每个孩子都有好奇心，这是孩子的天性，需要父母保护。很多父母面对孩子的“百般逼问”总是无奈地摇头，甚至因为孩子的问题奇怪而训斥。很多父母知道孩子有好奇心是好的，能够激发求知欲，有的问题却感到头疼。

很多东西是没法教的，老师教不了，父母教不了，需要孩子去体会，去认识，去领悟。孩子既然有好奇心，那么，父母就要善于引导，让孩子自己探究问题的答案，满足求知欲。

好奇心是知识的萌芽，让孩子在学习知识过程中体会快乐和成长。

保护孩子的好奇心，就是保护孩子的求知欲。好奇心是学习知识的内在性动机，兴趣培养离不开好奇心。孩子的好奇心本来就强，而且容易被激起，稍微刺激一下，孩子的好奇心马上就会强烈起来，情绪随之高涨，一定要搞明白。

怎样培养孩子的好奇心

有好奇心,才能够主动地发展兴趣,这对父母来说,自然是一件值得高兴的事。如果孩子对什么都没有兴趣,没有好奇心,父母要积极培养。

只有培养好奇心,孩子才会对事物产生兴趣,才会进行更深层次的探索。培养孩子的好奇心,是家庭教育不容忽视的环节。

好奇心越强,观察力、研究欲、创造力表现得更强。在好奇心推动下,孩子会不断地观察和学习,最终做出成绩。

父母不仅要保护孩子的好奇心,还要培养孩子的好奇心,让智慧之花早日绽开,点燃创新激情。

很多父母认为,保护孩子的好奇心不是一件简单的事,要培养孩子的好奇心岂不是更难?其实,培养孩子的好奇心并不是一件难事。以下方法可以借鉴。

1. 给孩子充分地自由

培养好奇心,除了给予鼓励之外,还要给孩子充分的自由。一味地强制,不仅不会增强孩子的好奇心,还会令孩子产生逆反心理,必然不能取得理想的学习效果。培养孩子的好奇心,让孩子对事物产生兴趣,就要给孩子自由。小的时候正是培养好奇心的时候,父母不妨给孩子讲一些故事,陪孩子一起看看书。培养对书籍的好奇心,是培养孩子走向读书兴趣的第一步。

2. 充分接触大自然

培养孩子的好奇心,要让孩子与大自然充分接触。在大自然中,很多奇妙的动物、植物等，都能引起儿童极大的好奇心以及求知热情。当孩子无法得到答案的时候，父母不妨建议或指导孩子从书中寻找答案。

3. 善待孩子的“为什么”

随着孩子一天天长大，知识和经历不断增多，孩子的问题越来越多。孩子问及的时候，父母不能随便回答，可以慢慢把孩子吸引到问题上来，让孩子学会分析和思考，还可以和孩子一起去网上、书上寻找答案。这样自然地把孩子引入知识的殿堂。孩子读更多的书，作业做得又快又好，学习成绩上升了，对学习产生浓厚的兴趣。

4. 为孩子创造环境

每个孩子都有好奇心，有的孩子的好奇心是天生的，有的孩子的好奇心则是后天熏陶的。对于那些天生就有好奇心的孩子，父母要保护孩子的好奇心。有的孩子好奇心弱，可能比较钟情某一类东西，比如昆虫，父母会担心把房间弄脏了，不让孩子玩昆虫。其实，应该放开，给孩子创造一个环境。比如，孩子爱拆卸东西，就给他一些没用的东西，或许收到意外的效果呢。

学习兴趣贵在引导、培养

对于孩子的教育，贵在引导，学习兴趣需要培养。父母不要总是逼着孩子学习，应该从兴趣入手，引导孩子学习，从而让孩子对学习产生兴趣，成为学习的主人。这样父母才不必整天为孩子的学习操心，孩子才能体会到学习的快乐。孩子把学习当成一种乐趣，取得好成绩是顺理成章的事情。

在日常生活中，父母要善于观察孩子的喜好，刺激孩子的求知欲。如果孩子对色彩的兴趣浓一些，父母不妨多买一些颜色鲜艳的积木、图画，吃饭的时候，利用萝卜、白菜等作为教具，一方面增加知识，另一方面激发求知欲望，孩子对事物的感知和认知就会在一点一滴的小事中不断增强。父母还可以带着孩子去大街，去大自然中转一转，看一看，不仅增强适应外界的能力，还能够增长见识，刺激孩子的求知欲。

想让孩子对学习产生兴趣，父母需要不断刺激和满足孩子的求知欲，孩子在不断求索中取得进步。父母根据孩子的爱好和兴趣不断引导，刺激求知欲，就会取得良好效果。

只有不断满足和刺激求知欲，孩子才能增强对知识的渴望，才能对学习产生兴趣，从而主动地学习。当管教、压迫、物质奖励无法让孩子学习的时候，最好的办法是刺激求知欲，激发对新知识的渴望，把学习当成一种兴趣。这样，孩子学习成绩提高指日可待。

父母不要天天逼着孩子学习，否则，孩子会产生逆反心理。父母与孩子多交流，有空聊聊天。

父母跟孩子一起读书、聊书，一方面陪孩子度过一段温暖的休闲时光，建立很好的关系，而且，对孩子来说是一件快乐的事情，会让孩子慢慢喜欢书，喜欢读书。父母跟孩子一起聊书，可以让孩子知道很多观点，最重要的是帮助孩子思考。

比如读完《三国演义》，问孩子："曹操是一个什么样的人呢？"也许，很多孩子都会说："坏人。"父母应该纠正这种不全面的历史观，跟孩子一起分析，一起总结，培养读书的兴趣，对孩子来说无疑是一种成长的经历。

和孩子一起读书、聊书，除了培养学习兴趣，还可以培养思考能力、语言能力以及想象力等。作为父母，不妨每天少一份应酬，分给孩子一些时间，陪孩子聊聊书，聊聊上学的时光，一起读读书，融洽彼此关系的同时培养孩子的学习兴趣，让孩子在轻松、愉悦的环境中学习。

如何培养孩子的学习兴趣

一个人要学习好，最好的办法是喜欢学习，对学习感兴趣，以学习为乐。对某一事物良好的兴趣，是激发深入学习的原动力。心理学家指出：兴趣是学习动机中最现实、最活跃的成分。孩子对学习有兴趣，可以激起对学习的积极性，推动他取得好成绩。培养学习兴趣，成了父母教育孩子关键的地方。

那么，有哪些方法可以培养孩子的学习兴趣呢？

1. 创造学习氛围

一个良好的学习环境，能让孩子在自然而然的状态下拿起书本。如给孩子一间安静、舒适的房间，一张书桌，一个书柜，书柜里有孩子喜欢读的书，墙上有中国地图和世界地图。父母不要在这个“读书环境”里打牌、谈天、看电视，尽量造就很浓的学习氛围，让孩子进入这一环境就引发学习兴趣。如果有条件，可以邀请邻居家的孩子，放学后到自己家做作业。这样不仅方便孩子的学习和交流，更利于帮助孩子养成良好的学习习惯。

2. 不怕失败，尝试成功

“失败是成功之母。”其实，孩子承受失败的能力较低，多次失败，往往会失去兴趣和信心。因此，给孩子以信心是非常重要的。我们应千方百计地让孩子尝试成功，获得成功，以求在成功的基础上获得新的成功，在小成功以后获得大的成功。成功越多，兴趣越浓，兴趣越浓，就能产生更多的成功，周而复始，螺旋上升。

3. 激发好奇心

好奇心是兴趣的源泉，好奇、好问，渴望通过自己的探索来了解世界，是孩子的天性。当孩子带着问题去问父母的时候，父母不应该简单地将答案告诉孩子，告诉孩子答案远不如让孩子自己思考。比如说，在幼儿园一次画画课的时候，老师问小朋友："小朋友，黄色和蓝色混合涂时是什么颜色呢?"小朋友们正拿着画笔玩儿得高兴，这下兴趣被激发出来了，争着抢着，"蓝"、"绿"、"紫"、"黑"，说了好多答案。接着，老师启发说："你们可以用手中的画笔来试一下，看看会变成什么颜色呢?"孩子们积极配合，不一会儿，就给出了正确答案。这样的效果比直接告诉答案更深刻，让孩子更有兴趣。

4. 明确学习目的，激发兴趣

学习目的的教育应该联系孩子的思想和实际，把学习目的与生活目的联系起来，可以收到良好的效果。例如，孩子对背外语单词不感兴趣，对用外语交流，参加各项活动感兴趣，这种兴趣可以促使孩子去背单词。父母们既要利用孩子的直接兴趣，激发其勤奋学习，更要通过学习目的教育提高孩子的间接兴趣。兴趣在活动中的动力作用，已为不少心理学家所承认。

5. 启发求知欲

大多数孩子，在学龄前几年里，3～5岁的时候，特别喜欢问"为什么"、"那是什么"。他们所问的问题千奇百怪，没有什么不可以问的。例如：冬天树叶为什么掉光了？为什么有些植物会爬墙？小鸡为什么有两条腿，小狗却有四条腿？孩子遇到什么就会问什么，父母往往被问得张口结舌，就不耐烦地说自己头疼，不愿意被孩子缠得没完没了，就把他们交给电视和录像了。其实这些问题恰恰是求知的萌芽，父母面对一个接一个的问题，应该耐心地用通俗易懂的语言解释，引

导孩子看适合他们看的"十万个为什么",满足求知欲望。

发展孩子多方面的兴趣。比如说,带孩子到大自然中去,去公园,去野外,给孩子一个自由的空间,让他们用自己的眼睛、鼻子、耳朵去认识大自然,观察自然万物的变化,参加各种游戏活动,开阔眼界,丰富感性知识,自然也能提高学习兴趣。

如何让孩子爱学习

良好的学习习惯,让人终生受益,良好习惯的培养,则应从娃娃抓起。现在的孩子不会学、不爱学是普遍问题,许多家长和学生处于烦恼之中。

怎么让不愿意学习的孩子转变为愿意学习,让不善于学习的孩子转变为善于学习呢?如何使孩子不断地提高和发展?是父母最感困难的问题。教育的潜力就蕴藏在这里。

歌德是德国著名诗人。歌德小时候有很长一段时间不爱学习。小歌德成天只知道玩,挨了很多骂,挨了不少打,无论父亲怎么做,都不能让他安心地学习。

一个偶然的机会,父亲见到著名人类学家福斯贝先生。他是一个热衷于儿童教育的人,他讲了许多名人受教育的故事,歌德的父亲从他的谈话中受到启发。他对歌德运用新的教育方式,并改变了态度。他给小歌德讲伟人的故事,并告诉他,那些伟人从小爱读书。

父亲开始不要求小歌德什么都听从,只是让小歌德在潜意识里慢慢地把读书、学习和伟人联系在一起,对学习有一个新的认识。

一天,父亲与朋友谈一个流浪汉的故事。当他发现歌德在旁边时,便故意提高了声音,说道:"听说他小的时候也不爱读书,只知道玩,他认为不读书也可以生活得很好。长大之后,因为他什么都不懂，什么都不会，想找个工作也找不到，只好变成一个要饭的人了。”

父亲的话给了小歌德巨大的震撼。他想，要是这样下去，自己大了就去要饭吗？从此以后，小歌德主动学习，拼命地学习。他的行为告诉人们，他要做一个高尚的人。最后，歌德成了一个高尚的人，实现了自己的愿望。

其实，任何人都可能像小歌德一样转变的。在终身学习的社会里，培养热爱学习的习惯，培养终身学习的能力，越来越重要。

那么，怎样让孩子爱上学习呢？

1. 灌输责任意识

要让孩子明白，学习知识，是为了将来在社会上更好地生存，现在认真学习是对自己的未来负责。一些家长滥用物质刺激，把孩子完成学习任务与物质奖励联系起来。过分重视物质奖励，对孩子学习习惯培养未必是好事。物质奖励仅仅为了激发兴趣，如果做了一些分内的事情就奖励，孩子很快就会学会讨价还价。

2. 培养时间观念

给孩子限定时间，可以帮助他们专心地做事情，提高效率。把学习任务和时间联系起来，可以提高学习效率。比如学习一个生字，给孩子 10 秒的时间盯住生字识记，然后要求默写，孩子有紧迫感，会专心地来记。但要注意张弛有度，不可事事限时。比如用餐、沐浴，不宜限定时间，该放松的时候放松。让孩子明白工作要讲效率，生活乐趣却不能磨灭。

3. 营造学习氛围

为了促进智力发展，家长应有意识加强智力活动，不妨和孩子共同开展智力活动。比如，家长爱读书、看报，其中的好处不言而喻。对于不爱读书的孩子，家长可以做个示范，晚饭后把电视关掉，一家

人各人读自己的书。在读书、看报过程中，不断把新的信息传达给家人，有时要谈自己的认识。长久地熏陶，孩子也会喜欢读书、看报。当生活中有些知识不明白时，应该查资料，查工具书，获得答案。家长跟孩子一起做这些事情，有利于孩子增长知识，训练思维，培养能力。如果适时教给孩子一些阅读方法，效果会更好。有的家长在读书、看报过程中，画重点，剪贴感兴趣的文章，记读书笔记，孩子就会学着大人的样子去做。如果在孩子学习时，家长在一旁看电视或上网打游戏，不仅会影响孩子的注意力，还会造成心理不平衡。为孩子营造良好的学习氛围，会潜移默化地帮助他们养成良好的学习习惯。

4. 培养学习兴趣

这一步要从孩子生下来就开始。最初父母要有意识地引导孩子认识环境，认识人的日常行为。这样做不仅能帮助孩子较快地增长知识，更能帮助孩子培养学习的兴趣和习惯。“热爱是最好的老师”，当事者对学习发生了兴趣，就会像磁石一样，吸引他去自觉地学习。

到孩子能理解语言、图形和文字的含义时，要通过这些形式引导对学习的兴趣。如让他看图画，给他讲故事、读童话书等。还可以通过玩游戏来学习，如猜谜语、认字比赛等。

再一个引导学习兴趣的办法，就是设置有益于孩子学习的环境。如玩具，有吸引力的图画，同愿意学习的小朋友一起玩，特别是父母要做榜样，使周围都有学习的条件。

5. 掌握学习方法

孩子上学的时候，开始往往只是背诵，只要愿意学习，学习效果一般较好。学习内容越来越多越深，单靠背诵就不行了。由于学习吃力、跟不上，就会失去学习兴趣，不愿意继续学习。若想保持学习兴趣，提高学习效果，父母要引导孩子学会学习的方法。

“得法者事半功倍。”学习者必须掌握一套具有特色的有效的学习方法。如怎样选用学习工具，怎样从书籍和资料中学习，怎样向优秀者学习，怎样在实际经历中学习，怎样通过总结促进学习，怎样提高听课能力，怎样快速阅读，怎样提高记忆，怎样应对考试，怎样运用学习时间，等等，使之成为高效学习的有力武器。掌握有效的学习方法，不仅能够提高效率和效果，还能增强兴趣，使学习成为一种乐趣。

6. 磨练意志

磨练孩子意志，可以从练字开始。从学习角度讲，练字是让孩子把字写好，作业写工整。实际上，练字的另一个好处是磨练意志，让孩子平心静气。具体做法是：让他们把手洗净，书桌上的东西清理干净，端端正正，一笔一划地写上20分钟。日子长了，你会惊喜地发现，孩子的忍耐力有所提升。

7. 明确成长目标

学习到一定程度，如果没有人生目标，当事者就会感到满足，觉得学习没有什么意义了。人生到了一定阶段，要明确成长目标。有了成长目标，就会看到在目标与现实水平之间的差距。为了消除这个差距，就会激励自己不断提高。有了明确的目标，就有了学习的空间和动力，学习也就不再是一种负担。

8. 对进步表示肯定

父母还应让孩子知道，他的每一点进步都给父母带来喜悦。如果孩子认识到好好学习能得到好成绩，还能换取父母心灵的安慰，他就愿意好好学习。对于孩子的每一点进步，不管多微小，父母都应表现出自豪、欣慰的情绪，使孩子感到他的努力是值得的，应该更加努力。如此，孩子慢慢地就会爱上学习，不再当成一种负担。

怎样培养读书习惯

阅读可以把孩子引入神奇、美妙的图书世界，生活更加丰富多彩，还可以使孩子获得人生的经验。人生短暂，不可能事事都去亲身体验，书中的间接经验将有效地补充经历的不足，增添生活的感受。

让孩子爱读书、会读书并形成习惯，父母应做到以下几点。

1. 父母要有阅读习惯

父母有阅读习惯，对孩子来说有一种潜移默化的影响。孩子会不断地询问："书里到底有什么有趣的故事？"如果父母不读书，却想让孩子读，他就会说："你们都不看书，为什么要让我看？"

2. 激发孩子的阅读兴趣

家中摆满各种有趣的书籍，可以顺手拿来翻看与欣赏。不过，可别忘了及时鼓励。要使阅读成为孩子生活中不可缺少的内容，使阅读成为一种享受而不是负担，需要身教。如若父母视阅读为生活乐趣的一部分，孩子自然会乐于读书。父母经常津津有味地读书看报，对待书报兴趣盎然，孩子便会觉得读书一定有趣，对书籍充满好奇。

3. 把读书作为一种消遣

在轻松的气氛下，安排一小段时间与孩子一起读书。可在外出时带上一两本书，在公园里，在郊外，在河边，在清新的空气中，在鸟语花香的环境里，与孩子一起读上几段。这样，自然而然地把孩子引入图书世界，使读书成为消遣活动。

4. 帮助孩子选择好书

教育学家认为,孩子需要那些与他们的年龄、兴趣及能力相适宜的图书。专家建议,可以让孩子接触不同方面的读物,如报纸、杂志乃至标语广告、商品包装等。通过这些文字读物让孩子懂得,语言文字非常重要。

5. 与孩子一起阅读

在孩子独立阅读以后,仍坚持同他们一起阅读。专家建议,同孩子一起阅读,至少要坚持到小学毕业。大部分孩子在12岁以前,其倾听理解能力要比阅读理解能力强,所以,父母为他们念书比他们独立阅读收益会更大。

6. 让孩子带着问题阅读

在阅读过程中,父母应抽出时间看看孩子要看的书,提一些问题写在纸上,让孩子仔细阅读,然后回答问题。这样可以避免囫囵吞枣。

第十八章　让孩子在交往中享受快乐

◎ 让孩子保持理智和谦让

◎ 虚心学习他人的优点

◎ 教育孩子做事留有余地

◎ 让孩子学会善于求助

◎ 体会帮助他人的快乐

◎ 培养孩子开放的性格

◎ 尽量拓展孩子的交往空间

◎ 让孩子学会分享

◎ 培养分享意识应注意的几点

让孩子保持理智和谦让

俗话说:“多个朋友多一条道,多个敌人多一堵墙。”树敌过多,不仅会使人迈不开步,即使正常生活,也会遇到不应有的麻烦。因此,要教育孩子避免树敌。

1. 保持理智

即使最好的朋友,也难免因为性格的不同、生活方式的不同出现一些摩擦。理智就像刹车装置,失去理智好比失去刹车装置的汽车,充满了危险。很多人因为一时冲动,毁了长年累积的人际关系。其实,人最大的敌人和对手不是别人,而是自己。所谓“不识庐山真面目,只缘身在此山中”。看别人的时候,通常能做到旁观者清,及时提醒应该注意的地方;对自己往往就失去控制,把自己当成自己的“敌人”,做不到自我控制,也就是常说的失去了理智。理智是很重要的,理智就像规范言行的框架,可以让人做到自我控制。

在人际交往中,更需要理智,因为理智可以避免冲突。多一分理智,就少一分冲突。理智属于个人行为,是一种能自我控制的情绪,能否控制完全靠自己。弱者控制不了自己的理智,聪明的人才能控制自己的情绪。做一个理智的人,不让一时冲动伤害别人和自己。

2. 尽量不去指责别人

避免树敌,首先养成这么一个习惯,尽量不去指责别人。指责是对别人自尊心的一种伤害,只能促使对方维护他的荣誉,为自己辩解,即使当时不能,也会记下一箭之仇,日后寻机报复。

人的本性就是这样,无论多么不对,他都宁愿自责而不希望别人

指责。许多成功者的秘密在于从不直接指责别人，从不为了显得自己高明而说别人的坏话。面对可以指责对方的事情，你完全可以这样说："发生这种情况真遗憾。不过，你肯定不是故意这么做的，是吗？为了防止此类事情发生，我们可以分析一下……"真心诚意的帮助，远比指责的作用明显而有效。

3. 含蓄地指出别人的错误

对于他人明显的谬误，最好不要直接纠正，以免伤了自尊心。微笑、眼神、语调、手势，都能表达你的意见，唯独不要直接说"你说得不对"、"其实是这样的"等等。

商量的口吻，请教的诚意，轻松的幽默，会意的眼神，能使对方心服口服地改变失误。

4. 避免争论

为了避免树敌，还有一点需要注意，尽量不要与人争论。没有意义的辩论会伤害别人的自尊心，结怨于人，实在不足取。

5. 适当地退一步

在日常生活中，经常遇到一些突如其来的情况，尤其当与朋友之间发生"冲突"的时候，某一方可能过于冲动，为了不必要的麻烦，可以采取"以退为进"的方式缓解冲突。朋友之间应该以大局为重，不要因为对方的态度有变化或过错，以相同的方式回敬。保持友好态度，对方能意识到你的"付出"。

6. 必要时积极道歉

假如由于自己的过失而伤害了别人，你得及时道歉。这样的举动可以化敌为友，消除对方的敌意。

虚心学习他人的优点

“三人行,必有我师。”在生活中,每天接触很多人,每个人都有长处值得学习,可以成为我们的良师益友。只要善于学习,可以从身边任何一个人身上吸取优点,弥补自身缺点。

俗话说:“尺有所短,寸有所长。”每个人都有长处和短处。为了更好地打造自己,我们必须学习他人,尤其要向优秀的人学习。那些表现优秀的人,他们身上往往会有很多我们不具备的优点和品质。向他们学习,才能看清自己同别人的差距,为自己的发展和进步树立标尺。

向优秀的人学习,要求我们不能轻视别人而看重自己。我们看不到别人身上的优点和自己身上的缺点,也就少了向别人学习的自觉。长此以往,我们的缺点会越来越多,甚至导致失败。优秀的人无处不在。人各有所长,在某一方面处于劣势,并不表示其他方面也处于劣势。我们应广泛地学习,做到不耻下问。

事实上,学习优秀人物容易,大多数人都能做到,但向不如自己的人学习却为很多人所忽视。

向身边每一个优秀的人学习,学习他们的优点,然后弥补自身不足,就会不断进步。这仅仅是人生一个方面,是我们走向成功的基础。除此之外,最重要的是向成功者学习。

许多成功人士曾受到各种人的激励:有历史上的伟大领袖,也有在某个特定领域做出过杰出成就的人,甚至有小说和神话中人物。鼓舞人心的榜样,能向你展示什么是可能的,并给你提供有价值的动机、力量和希望的源泉。

许多人通过读书找到了最初的榜样,书中人物会成为他们一生的楷模。美国著名主持人奥普拉·温弗里就是典型例子。奥普拉在童年时代阅读男女英雄的事迹，并将这些榜样铭记在心。她说是这些英雄人物为她提供了一扇“开放之门”，给了她希望，让她认识到了自己的潜力。

阿诺德·施瓦辛格在《健美》杂志上发现了自己的榜样——里格·帕克。在健美界，里格是当时最强壮的人，阿诺德梦想着拥有里格那样发达的肌肉。阿诺德尽可能地学习了里格的所有东西，包括训练手段、饮食和生活方式。阿诺德知道里格的事情越多，模仿越多，也就越认识到自己能像里格那样成为健美明星。

榜样无处不在，形式多种多样。作家和演说家克里斯托弗·海格提指出：你可以建立一个你自己的“榜样资料库”。首先选择3～4个能够激发你的人。也许他们的梦想和你的梦想极其相似，也许他们遇到的障碍也是你最惧怕和担心出现的。尽可能多地学习他们怎样在艰难状况下保持前进的步伐，以及他们怎样战胜艰难险阻，才实现梦想的。找一些照片，挂在床头，或贴在课桌表面，或其他经常看到的地方。在榜样的鼓舞和激励下，你一定能够不断前进，不断进步。

教育孩子做事留有余地

俗话说：“月圆易亏，物极必反。”凡事要留有余地，留有后路。只有这样，才不容易失败，即使失败还有回旋的余地，还有反败为胜的生机。

教育孩子做人做事留有余地，就是多给别人留点儿好处，说话不要绝对，不要轻易许诺，不要让对方太难堪。如果把所有的事做绝了，不给他人发展的空间，别人也会这样对待你，将你困在死胡同里。

人在社会，无论做人还是做事，都要留有余地，要给人一个机会，一个空间，一个希望。与人方便，自己也方便，实际上就是给自己创造更多发展的机会和空间。

真正聪明的人懂得，话不要说尽，事不要做尽，心机不要用尽，好处不要捞完，势力不要使尽……总之，做事不要走到尽头，否则，就会走向反面。做什么事情都要留有余地。于人于己留一条退路，人生才会更完美。

那么，在处世和抉择的时候，怎样教育孩子把握好分寸，适当留有余地呢？

1. 用中庸代替极端

"中庸"是儒家思想的精华。中庸告诉我们最重要的一点，就是避免并拒绝极端和片面。极端的自信就成了自傲，极端的自省就会变成自卑。

2. 用理智分析情景

面临选择时，首先要避免走向极端的陷阱。其次，还要注意在复杂多变的环境中，审慎而冷静地选择解决方案。人生中的绝大多数选择都不是非黑即白、非此即彼。我们要学会在最合适的时候对最合适的人采用最合适的方法；要学会在做出决定前用理智全面衡量各种因素，以及自己的能力和倾向。

3. 用冷静掌控抉择

人生就是一场不断抉择的游戏，重要的是要用冷静的态度掌控

每一次抉择的全过程。在抉择和判定时，要避免先入为主的思维定式，避免主观倾向影响判定的精准和客观。

4. 用自觉端正态度

俗话说："人贵有自知之明。"应当对自己的素质、潜能、特长、缺陷、经验等基本能力有一个清醒的认识，对自己在社会生活中可能扮演的角色有一个明确的定位。一个有自知之明的人，既不会对自己的能力判定过高，也不会轻易低估自己的潜能。对自己判定过高的人往往浮躁、冒进，不善于合作，在事业遭到挫折时心理落差较大；低估了自己潜能的人，则会畏首畏尾，踯躅不前，没有承担责任和肩负重担的勇气。

5. 用学习积累经验

每个人最初都很难做出正确的选择，但在一次又一次的错误选择中，吸取足够的经验教训，就能学会正确的选择方法，他自然成为一个聪明的人。所以，不要畏惧失败。失败不是惩罚，而是学习的机会。

不断总结经验，吸取教训，就能够使自己逐渐成熟，经多识广，办事就会恰到好处，做到"随心所欲而不逾矩"。

让孩子学会善于求助

成功人士都有一个习惯，就是有勇气开口求人帮忙。有些人因为不愿求人，认为求人是丢脸面的事，结果与成功擦肩而过。

作为家长，要树立求助意识。求人没有什么大不了的，只不过是解决事情的一个方式和渠道而已，和脸面关系不大。

在孩子遇到难题时，家长可以建议孩子向别人求助，并指导孩子如何向别人求助，该向哪些人求助，求助时，最好不要影响人家，尽量将给别人带去的麻烦降到最小。遇到问题，最好向专业人士求助，这样有助于高效地解决问题。可以说，向人求助，是解决问题的一种方法。孩子具备这种能力，对以后很有好处。

互相帮扶，精诚合作，这是繁衍生存之本，也是成就事业的凭借。每个人的能力和精力都是有限的，通过开口求助，可以弥补自己的短处，完成自己不可能完成的任务。家长应该把这种意识灌输给孩子，当某种事情无法独立完成，或者自己去做成本更大时，应该让孩子求助别人。

学会求助，意味着少走弯路，能够积极有效地解决问题。善于借助他人力量，是聪明的人。在自己的力量没有足够强大的时候，借助他人力量，是走向成功的捷径。对于一个人来说，要获得发展，免不了求助，与别人合作，实现自己的理想。

借助于车马的人，不必自己跑得快，却能远行千里；借助于舟船的人，不必自己善水性，却能渡江河湖海。君子生性与别人无异，只是因为他善于借助和利用外物，所以就不同了。

现代社会越来越开放，信息传播越来越快捷，专业分工越来越细致。单枪匹马独闯天下的时代已经过去。要成功，就要借助他人的力量，而不是一个人艰苦奋斗。换句话说，调动一切能为我所用的资源，提高办事效率，达到预定目标。

在生活中，可供凭借的他人之力是很多的。如名人、亲戚、朋友、同学等的地位、名望、财富或权力等。他人有时是你接近成功或走向成功的桥梁与阶梯，尤其是德高望重的名人，他们能帮你走向成功。

俗话说："一个篱笆三个桩，一个好汉三个帮。"不懂得或不善于利用他人力量，靠单枪匹马闯天下，在现代社会是很难大有作为的。

现实社会很复杂，人活在盘根错节的关系网中。不会搞关系，不善于利用关系，不可能把一件事顺顺当当办成。善于利用关系，办起

事来则如鱼得水，左右逢源。所以，一定要善于利用周围的关系，把这些关系发挥到最大限度，为自己助一臂之力。

体会帮助他人的快乐

给予本身就是一种快乐。在给予中，不知不觉地使别人身上的某些东西得到新生，这种新生的东西又给自己带来新的希望。在真诚的给予中，无意识地得到别人的报答和恩惠。

一个人能给予另一个人什么东西呢？把快乐、兴趣、同情心、谅解、知识、幽默给予别人。在把这些给予别人的时候，增加了别人的生命价值，丰富了别人的生活。

在一场激烈的战斗中，他发现一架敌机向阵地俯冲下来。照常理，敌机俯冲时，要毫不犹豫地卧倒。他并没有立刻卧倒，他发现四五米远处有一个战士站在哪儿。他顾不上多想，一个鱼跃飞身将战士压在了身下。此时一声巨响，飞溅起来的泥土落在他们的身上。他拍拍身上的尘土，回头一看，顿时惊呆了：刚才自己所处位置被炸成大坑。他救别人，同时救了自己。

两人各自提着行李箱出远门。一路上，重重的行李箱压得喘不过气来。他们只好左手累了换右手，右手累了换左手。忽然，一个人停了下来，在路边买了一根扁担，将两只行李箱挑着走。他挑着两只箱子，反倒轻松了很多。帮助他人分担，不一定增加自己身上的重量。

在人生大道上，肯定会遇到许许多多的困难。我们是不是知道，搬开别人脚下的绊脚石，有时恰恰是为自己铺路？

帮助别人，其实等于帮助自己。一个人在帮助别人时，无形之中投入了感情，别人对于你的帮助会永记在心，只要有机会，他们会主动帮助你的。

人生价值和幸福，不能囿于一管之见、一私之利。要关爱别人，回馈社会，要“先天下之忧而忧，后天下之乐而乐”。

只有具备这样的心志和心态，才能抵达高尚的境界。助人，是施予而不求任何回报。能有益于他人并自感快乐，就是生活给予我们的报酬。助人也是对财富的肯定。助人等于说：“谢谢你，我拥有的多过我所需要的。”这是对财富的最深刻、最有力的肯定。

我们生活在社会中，难免碰到困难，要解决这些困难，少不了别人帮助。帮助往往又是相互的，当你去帮助别人的时候，自己也不知不觉从中得到帮助。这不正是“授人以花，手留余香”吗？

让我们极诚实地说：我们是为了自私的理由而助人的——我们助人，因为那种感觉真好。知道这一点，当你需要的时候，你对人的最大善意之一就是允许别人帮助你。

在助人过程中，谁是助人者，谁是被助者，很难分辨。一如在恋爱之中，不容易分辨谁是求爱的，谁是被爱的。将这些道理告诉你的孩子，并身体力行，让他从小生活在互相帮助的氛围中。

培养孩子开放的性格

具有开放性格的孩子比内向的孩子生活得快乐。所谓开放性性格，就是密切注视外部世界，积极进行社会交际，随时准备吸收社会上一切有益的新观念、新思潮和新信息。在开放性社会中，具有开放性性格，才能适应时代变化，跟上社会发展。培养孩子开放性格，要从以下三个方面努力。

1. 善于交际

开放性性格不但快乐，而且事业容易成功。开放性性格的明显的特征就是善于交际。也就是说，能够迅速和周围的人们建立融洽关系，很快地沟通人际间的感情，善于说服别人接受自己的观点和主张，鼓动别人和自己合作；对周围人们的思想、感情、态度、行为，能很快地了解，并能做出相应的反应。

社会交际，是保持个人和社会联系的重要的渠道，对于了解别人，了解社会，起着一种“窗口”的作用。通过这个“窗口”，人们可以自由地互通消息，交换情报，可以更快和更深刻地洞悉社会所发生的各种变化。

交际活动可以使人思想活跃，视野开阔，学到新的知识，从而扩大知识面。交际活动使人加入形形色色的社会活动，从而弥补专业的局限性，促进个性全面发展。人们在交际活动中，会遇到各种各样的人和事，通过处理各种事情和与各种人打交道，锻炼和提高观察、应变、组织等多方面能力。

社会交际是沟通感情的桥梁。通过彼此交往，增进了解和信任，既可以更好地和人融洽相处，又容易得到别人的信任和支持，对于调节感情，钝化或淡化某些无谓的矛盾，有着积极的意义。

社会交际还有着满足心理需要的功能。安全感和归宿感的需要、自尊心和表现欲，等等，只有在社会交往中，才能得到最大限度的满足。

2. 敞开心灵　坦诚相见

善于交际，是开放性性格的外在表现；敞开心灵，则是开放性性格的内在表现。

一个人交际的范围和广度，反映着性格开放的量的方面。心灵敞开的程度，则反映着性格开放的质的方面。虽然积极与人交际，但并未敞开心灵的人，虽然有开放性性格的表象，却没有开放性性格的实质。

敞开思想，坦诚相见，是现代社会的高节奏所需要的。在高速发展的现代社会，讲究的是效率。如果性格过分内向，就会妨碍正常交往，给工作带来不利。比如说，两个人在一起交流思想，如果一方保留的成分很多，那么，另一方就不能对他有较好的了解，因而对今后的协作带来困难。性格豁达，做事就爽快，生活节奏也就跟上了时代。

要孩子在性格上和时代相适应，就要敞开心灵，坦诚相见，不要城府太深，人为地造成隔膜，削弱人与人之间感情联系的纽带。

人之相知，贵在知心。在现代社会，精于世故，使人感觉莫测高深的人，没有人愿意交往。思想沟通、信息交流都是双向的。你给别人提供有用的信息，别人才愿意给你提供有用的信息；你有新的思想启发他人，他人才愿意和你交流。

敞开心灵，坦诚相见，是彼此相处中基本的情感要求，没有一个人不希望和自己相处的人都能敞开心扉，坦诚相见。你对他人缺乏了解，可能正是性格闭锁的结果。你对人敞开心灵，别人回报你以信任。只要胸怀坦荡，心地坦然，你就容易和他人建立亲密融洽的关系。

3. 胸怀宽广

开放性性格，不只是对相同的观念体系开放，也包括向不同的观念体系开放，向异己开放心灵。有一种人，对于知音，对于朋友，对于志同道合者，有一种开放性态度；而一碰到不同的观念体系，特别是碰到相反的主张，便关闭心理的大门，甚至采取抵制的态度。这种对于不同观念的“排斥异己”，正是心灵开放不彻底的表现。一个真正具有开放性性格的人，是不存“门户之见”的，他愿意接触和了解各种不同的观念和思想，而不拘泥于一种思想。他不害怕思想观念上的异己力量；恰恰相反，他欢迎这种和自己观念相去甚远甚至相反的看法，并能认真地、饶有兴趣地分析和研究这些看法。这样，至少能使他从一个全新的角度去思考问题。他也会因此而获益匪浅——人们

的思想，只有在各种思想的比较和互补中才能丰富。经过不同观念的融会贯通后，思维才能进入更高的睿智。

有的人看问题常常带有“门户之见”，分为“你的思想”、“我的思想”，争论问题，提出方案，总是希望战胜他人。不是积极地吸收对方思想中的有价值的部分，而是努力论证自己的思想，千方百计地对别人的思想加以驳斥。这种对于他人思想盲目的抵制和排斥，严重地阻碍着新观念的吸收和新思想的形成。只有胸怀宽广，才能在思想观念上排除门户之见，不分你的思想还是我的思想，应当在不同思想的碰撞和互补中闪耀出新的思想火花，组合成新的思想。

开放性性格，还应表现为对你所不习惯的东西，对某些超出常规的新奇事物，只要它不违背法律规定和道德准则，就要具有宽容态度。对于一种新的生活态度、生活方式，尽管可能持有异议，但是你不必大加指责。各人都有在道德和法律许可的范围内，按照自己所喜欢的生活方式生活的权利。西方民族是不怎么喜欢“大一统”的，他们认为过于单调就是呆板，喜欢丰富多彩，各有个性。因此，人人都想与众不同，谁也不认为这是奇异。正是这种思维习惯刺激了寻求不同点的欲望，使他们的想法丰富多彩，蹊径迭出。应当教育孩子以开放性眼光，对待社会上的新奇事物。要鼓励表现和发展个性，鼓励标新立异，鼓励丰富多彩、与众不同，以使每一个人的个性在社会中得到更充分的发展，使我们的社会生活更加丰富化、多样化和生动化。

尽量拓展孩子的交往空间

为了拥有更好的人际关系，为了拓展交往空间，必须让孩子了解：

1. 世界上的人千差万别，完全相同的人是不存在的。性格、爱好、观点、行为不一致的人在同一范围内生活相处，是自然的。

2. 你不喜欢的人，并不是你的敌人。这些人好坏自有公论，优劣自有群众明察。如果把他们当做敌人，你自己倒是彻底地孤立于众人之外了。况且，你不喜欢的人或许在某些方面对你有所帮助。如果你对他人怀有敌意，结果你会失去很多正常交往的机会。

3. 要有容人之过的雅量。所谓“容过”，就是容许别人犯错误，也容许别人改正错误。不要因为某人有过失，便看不起他，或另眼看待。

“金无足赤，人无完人。”谁能无过呢？谁都可能犯错误，这样一想，心里会平静许多。有一种宽容的态度对待这种“过”，当然是衡量人的素质的一个标准。“容过”是一种美德。对待别人的“过”，应该设身处地地为当事人着想，考虑自己在这种场合下会如何做，做错了某事之后又有何种想法。

让孩子学会分享

乐于分享，是心胸宽广、无私的表现。因为这种宽广和无私，你的世界才会变大。在你与人分享的同时，也会得到别人的回馈。与不同的人分享，你会得到不同的回报。家长应该培养孩子乐于分享的心态，不要因为担心一时吃亏，而把孩子封闭在一个小世界里。要给孩子更宽阔的心胸，更大的舞台，让孩子从学会分享开始吧。

关于分享，有过一段经典的话语：

当你拥有五个苹果的时候，千万不要把它们都吃掉，因为即使你把五个苹果全都吃掉，也只是品尝到了一种味道——那就是苹果的味道。如果你把五个苹果中的四个拿出来给别人吃，尽管表面上你

少了四个苹果，实际上你却得到四个人的友情和好感。当别人有了别的水果的时候，也一定会让你分享。你会从这个人手里得到一个橘子，从那个人的手中得到一个梨，最后你可能就得到了五种不同的水果，收获更多的友谊。

同样的道理，如果你有一种思想，我有一种思想，彼此交换，我们每个人就有了两种思想，甚至多于两种思想。

要教孩子学会分享，这会让他们得到更多的收益。学会分享，会让孩子的交际能力增强，眼界开阔。

古人说的“独乐乐不如众乐乐”，就是分享。孩子懂得把快乐和别人一起分享，不仅会使别人快乐，孩子自己也会更加快乐。分享是快乐的体验。

分享有时候并不只是物质，还有精神，就像生活中的痛苦和快乐，一定要让别人分享。

俗话说，痛苦与人分享，每人只有一半痛苦，快乐与人分享，变成两份快乐。

如果你把痛苦压在心里，就像一座没有爆发的活火山一样，早晚有一天会爆发，一旦爆发，就是毁灭性的，它可能把你摧毁，也可能把别人摧毁。当你心中有压抑和痛苦的时候，需要朋友、同事、领导分享。当别人分享的时候，你就会发现你的心灵是平静的，而人的心灵的平静是一切幸福和快乐的保证。

自己的快乐让别人分享，才是真正的快乐。懂得分享快乐，才能体验到真正的快乐。一定不要吝啬快乐的分享，这是真正的“独乐乐不如众乐乐”。

生活需要伴侣，快乐和痛苦都要有人分享。没有人分享的人生，无论面对的是快乐还是痛苦，都是一种惩罚。

分享是一种智慧行为，人们在积极的社会交往中经常采用。分享含有共同拥有、共用，在某种情形下，甚至还有均摊或参与的意思。简而言之，分享就是把自己的东西送给别人使用，在这个行为过程中，都从中得到某种好处。

有一位种田能手，由于勤奋和智慧，他所种的农作物每年都能高产，并屡屡获奖。他有一个习惯，不论自己研制的新品种、高产品种，还是奖励的优良品种，都要分给乡亲们。

对此，大家觉得奇怪：难道他不怕别人种了优良品种而超过他？他微笑着答道："我不能避免因风吹而使邻居田里的花粉飘到我的田里，所以，如果我不把好的种子分给邻居的话，那么，飘过来的不好的花粉必然使我的田地产出不好的品种。只有我的田地周围的品种都是好的，才能保证我的田里产出最好的品种。如果有人能够超越我，将会带给我一种超越别人的动力。我就有了更大的进步空间。"

还有一个故事：

很久以前，有一群挑战沙漠的人来到撒哈拉大沙漠，他们做好了充足的准备，食物，尤其是水，他们带得很多。一天，二天，三天……时间一天天地过去，许多人选择了放弃，有人饿死了，有人累死了，更多的是渴死了。这种情况并没有因充足的食物而避免，但关键不在于此，而是最终留下了两个人、一瓶水和一块饼。接下来，作者开了

个玩笑，写下了两个后续：

一个是在两个人又累又渴的时候，他们决定吃掉仅存的食物来补充体力，完成最后一天的路程。当食物拿出来，他们疯狂抢夺，凭借仅剩的体力为了一瓶水一块饼能据为己有而大打出手，结果是一个人抢到了那瓶水，另一个人抢到了那块饼。最终喝水的人饿死了，吃饼的人渴死了，黄沙弥漫，掩埋了两具不为人知的尸体。

二是两人在饥渴交加的时候决定分掉食物，但怎么分呢？最终决定将大饼掰开吃，一瓶水分着喝。最终两人体力倍增，完成了沙漠之行。他们受到世人瞩目，迎来了鲜花、掌声。

大多数人会更喜欢第二个结局吧！如果自己碰上这种情况，又会怎样？其实造物主有时就像一个作家，他往往安排两个结局，有如那沙漠中的两位探险者，选择自私就选择了死亡，选择分享则选择了生存，甚至收获更多。

当然，生活中许多事并没有生与死那么可怕，但一个人拥有一颗懂得分享的心是重要的，不管在亲人朋友或陌生人面前，其实，分享并不意味着失去。反之，它有可能是成功前的一次考试。不管怎么说，它会让你收获快乐。

要想让孩子有大智慧，必须让他具备乐于分享的品质。

让孩子懂得分享快乐，这样，他的一份快乐会变成更多的快乐，也会带给别人快乐，孩子和分享他快乐的人的友谊会更加牢固。这就是分享快乐的好处，也是让孩子分享快乐的原因。

让孩子学会分享。学会了分享，别人的生活会因你的分享而更加精彩；学会了分享，自己的生活也会变得更加美满充实。

孩子可以分享生活和学习中的快乐，分享成功与失败的体验，分享情绪的感受，分享内心的想法……有分享，就能把独立思考的成果转化为大家共有的成果。在分享的过程中，可以以群体智慧探讨学习上遇到的困难和问题，又培养了协作精神，促进共同进步。学会分享是孩子一生的财富，一定让孩子学会分享。

学会分享是建立良好人际关系的基础，是人与人情感沟通的桥梁，是人与人思想传递的纽带。乐于分享是人格构成中十分重要的组成部分，它对个体行为规范的养成，价值标准的选取，起着积极的导引和指向作用。

1. 培养分享意识

培养分享意识，让孩子学会主动与人分享，又乐于与人分享，要经过一个过程。这是一个复杂的过程。

首先要让孩子明白，分享的范围很广，不仅包括对物质和金钱等有形的东西的分享，还包括对思想、情绪、情感等精神产品的分享，甚至还有对义务和责任的分担。

要让孩子懂得，分享快乐，快乐就会增倍；分享痛苦，痛苦就会减半。

要从孩子很小的时候培养分享意识。家长不要以为孩子小，什么事情也不懂，其实不然，孩子是明白的。要正面引导分享意识。比如当孩子愿意与其他孩子一起玩自己的玩具时，愿意把自己的零食拿给其他孩子吃时，家长就该及时表扬，让孩子知道这样做是会获得赞美的。

在培养分享意识时，家长不要刻意追求分享行为，而忽略分享行为带给孩子的快乐。只有让孩子在分享中得到快乐，他才愿意与他人分享，也才能培养自动自觉的分享意识。

例如，爷爷向孩子要糖，孩子给了爷爷，爷爷就接过来了，将糖放在嘴中，高兴地吃起来，一边吃一边夸赞糖的味道好，并感谢孩子的慷慨。这对孩子分享意识的建立会起到积极作用，因为孩子从爷爷吃糖的快乐表情中体会到把糖分给爷爷吃的价值，别人的快乐感染他的情绪，这是分享带来的快乐。若是把糖还给孩子，并说是“逗他玩”，孩子会把糖收回来，觉得大人不应该跟自己抢糖吃。

家长要有意识地把看到的或听到的有意义的事讲给孩子听，让

全家一起分享快乐和忧伤，使孩子在潜移默化中获得分享情感的乐趣。慢慢地，孩子会把学校中或同伴玩耍时发生的高兴的事、新奇的事讲给大人听。

培养分享意识时，有一点需要特别注意，不要用批评的方式培养孩子的分享意识。孩子的自尊心受伤后，他会故意与父母对着干，这样做会得不偿失。

2. 创造分享氛围

培养分享意识，还要重视环境、氛围的营造，让孩子体验到分享带来的快乐。父母要努力让孩子身边所有的人、物、事件，甚至邻里关系，统统构成成长环境。当周围充满分享的意识、行为、情绪，孩子就会有一种分享倾向，这种倾向会自然而然地让孩子的分享意识从心底产生。

从家庭氛围做起，食物全家人一起享用，避免孩子独占，可以创设“孔融让梨”的氛围，让孩子体验到自己的行为带给家人的快乐。我们要有意识地把自己看到、听到的有意义的事讲给孩子听，让他一起快乐，一起忧伤，使孩子在潜移默化中得到情感分享，慢慢地，孩子也学会把高兴的或伤心的事讲给家长听，让大家分享他的心灵感受。父母与长辈之间，父母与孩子之间相亲相爱，母亲可以常说一句话：“有孩子和没孩子就是不一样。”让孩子体会自己的重要。尽量让孩子明白在生活和学习中需要朋友，需要邻居，同时帮助朋友，帮助邻居。可以带孩子与其他家庭外出游玩，体验共同游玩的快乐。

另外，大人要以身作则，注意关心别人，帮助别人，给孩子留下记忆。做了好吃的东西，要让孩子分给邻居尝尝，当别人借东西时，要毫不吝惜地借给别人，这些行为告诉孩子应该分享，逐渐形成分享的意识。隔代长辈特别是爷爷奶奶喜欢溺爱孩子，对孩子分享意识的培养十分不利。所以，尽量不要让爷爷奶奶、外公外婆宠溺孩子。

不要给孩子搞特殊化，形成一定的“公平”。教育孩子，既看到自己，也要想到别人，好东西应该大家分享，不能只顾自己不顾他人。

事实证明，孩子学会与亲人、朋友、老师、同学以及邻居之间的交流，才会彼此加深理解，增进友谊，使自己融入集体，从而建立良好的人际关系。建立良好的分享意识，也就为自己的成长创造了广阔的空间。

分享是一种良好品质。从个体发展的角度看，每个孩子都要同同龄人交往。不会分享的孩子，往往与伙伴交往不会顺利，进而感到不容易融入集体之中，不被他人所接纳，继而会感到孤独，性格变得封闭、孤僻。懂得分享的孩子则容易与朋友和同学打成一片，在其中感受快乐，越来越开朗、自信、合群。

3. 通过表扬、鼓励强化分享意识

孩子总喜欢表扬，喜欢鼓励。表扬和鼓励是孩子形成分享意识，养成分享行为的重要手段，它能使积极的行为强化和巩固。当孩子有了分享行为时，家长要及时用鼓励、赞许、奖励等外部激励的方法强化孩子的分享行为。孩子就会愉快、满足，从而加强和保持自己的行为意识，逐步转化为自觉意识。

分享行为是一种综合性行为，也是社会性行为的一个重要方面。家长可以通过有目的的教育活动和日常生活内容培养孩子自发的分享行为，让孩子体验给予及被给予所带来的快乐和满足，以及人与人之间的温暖和爱。这对全面提高孩子的素质，将来做一个有利于社会的人，具有深远的意义。

4. 给孩子树立榜样

要让孩子学会分享，首先，必须树立榜样。例如，家长和孩子一起阅读，和孩子一起看电视，有了好的想法让孩子分享，分享精彩的故事及故事中人物的分享行为。家长是孩子模仿的重要对象，行为、言谈举止和情感态度随时都对孩子产生潜移默化的影响。家长一定

要做有心人，要善于抓住有利时机为孩子做好行为示范，为培养孩子分享意识起表率作用。如关心和帮助别人，资助贫病和孤寡老人。

另外，家长不要溺爱孩子，不要把所有好吃、好玩的都让孩子一人享用。要掌握正确的教子方法，从孩子小时候起，好吃、好玩的让大家分享，养成与大家分享的良好习惯。

培养分享意识应注意的几点

家长要以商量的口气引导孩子的分享意识，让孩子从家长的反应中看到分享行为的结果——大家感谢他带来的快乐。

1. 不要强迫分享

孩子的分享行为必须是一种自觉行为，通过分享达到体验良好情绪的目的。如果成人强迫孩子分享，孩子体验到的是一种不好的情绪。在孩子不愿意分享的时候，父母要及时观察。如果因为物品缺乏，或者物品对孩子有特殊意义，应理解孩了，在此基础上引导孩子："如果你把自己的东西给别人分享，那我真是太高兴了；如果你不愿意，我想这种东西对你太珍贵了。当你有更多的时候，你会很高兴与小朋友分享的，是不是呢？"有的孩子不愿意与人分享，因为自我中心意识的限制，会认为"我为什么要给别人呢"。父母要理解这种思维限制，通过具体事实引导孩子学会分享。

孩子不断地接受着新事物，接受得快，遗忘得也快。为了使与人分享的行为变成终身习惯，家长必须持之以恒，从多个方面强化这种行为。

2. 分享是互利不是失去

家长要千方百计地使孩子明白，分享不是失去而是互利。分享体现了自己对别人的关心和帮助，同样，别人也会关心和帮助自己。大家相互关心、爱护、体贴，就会觉得温暖和快乐。

3. 树立帮助别人的意识

告诉孩子不要吝啬，要慷慨大方。比如，当同学向你借东西，如果有多余的，就应该毫不犹豫地借给他。这是帮助别人，是助人为乐，这种行为值得提倡。并告诉他这样做的话，父母会更喜欢你。

俗话说，“有福须同享，有难必同担”，世界需要热心肠。让我们的孩子学会帮助别人，从小事做起。别人学习不好，要去帮他学好；别人身体有缺陷，要关心他。让孩子知道，世界一切美好的东西和一些痛苦的事情，都需要有人分享。高尔基给儿子的信中有一句话：“给，永远比拿愉快！”

孩子有了帮助别人的意识，就会自然地行动起来，分享行为也就产生了。

4. 培养合作意识

让孩子看到一起学习和分担任务的好处。或者告诉两个孩子，他们可以得到一份好吃的东西，但必须两个人分享。

5. 掌握分享的分寸

家长要理解孩子的情感体验，注意掌握分享的度。要知道孩子毕竟是孩子，不要勉强孩子什么东西都与人分享，更不要因孩子拒绝分享而惩罚他。孩子只有从自己的分享行为中才能感受到带给别人的快乐，以及因别人快乐而带给自己的快乐。

6. 不要有等价交换意识

要让孩子分享，但不能让孩子功利。比如，有的家长不注意自己的言行，常常跟孩子这样讲：“你干吗把巧克力分给他吃？他又不给你吃。”“你干吗把小汽车给他玩？他的小汽车从来不给你玩。”把分享看成交换，抹杀了分享的本意——分享是为了让别人和我一样快乐，而不是等价交换。

7. 给孩子成长的时间

以上方法掌握以后，还要注意，不要期望孩子教一次、两次或三次，就变成一个“又懂事又大方”的小主人。要给孩子成长的时间，孩子的学习需要身心及环境因素配合。就像学习功课一样，需要时间。